U0529492

本书得到东南大学中央高校建设一流大学(学科)和特色发展引导专项资金资助

沃尔泽多元主义
分配正义论研究

张 晒 ◎ 著

中国社会科学出版社

图书在版编目（CIP）数据

沃尔泽多元主义分配正义论研究/张晒著 . —北京：中国社会科学出版社，2017.8
ISBN 978 - 7 - 5203 - 0882 - 3

Ⅰ.①沃… Ⅱ.①张… Ⅲ.①分配理论—研究 Ⅳ.①F014.4

中国版本图书馆 CIP 数据核字（2017）第 208695 号

出 版 人	赵剑英
责任编辑	卢小生
责任校对	周晓东
责任印制	王 超
出　　版	中国社会科学出版社
社　　址	北京鼓楼西大街甲 158 号
邮　　编	100720
网　　址	http：//www.csspw.cn
发 行 部	010 - 84083685
门 市 部	010 - 84029450
经　　销	新华书店及其他书店
印　　刷	北京明恒达印务有限公司
装　　订	廊坊市广阳区广增装订厂
版　　次	2017 年 8 月第 1 版
印　　次	2017 年 8 月第 1 次印刷
开　　本	710 × 1000　1/16
印　　张	17
插　　页	2
字　　数	285 千字
定　　价	75.00 元

凡购买中国社会科学出版社图书，如有质量问题请与本社营销中心联系调换
电话：010 - 84083683
版权所有　侵权必究

序　言

　　张晒博士从本科、硕士到博士一直是我的学生。如今，他的博士学位论文《沃尔泽多元主义分配正义论研究》几经修改，将正式以专著的形式出版。他托我作序，我尽管不善此道，但为了奖掖后学，我欣然应允。基于我对他的文本的整体了解，这里我主要对这本著作的主要内容做出概述，读者可以把它作为一个粗略的导读来看。

　　分配正义是一个亘古常新的话题。自柏拉图、亚里士多德以降，西方思想界一直在探讨何为分配正义、为何要实现分配正义，以及如何实现分配正义等诸如此类的问题。特别是20世纪70年代以来，随着罗尔斯的具有里程碑意义的扛鼎之作《正义论》的问世，西方思想界对分配正义的研究和讨论更是达到了一个前所未有的广度、高度和深度，并呈现出异常繁荣的学术景象。在激烈的争论当中，哈佛大学哲学教授迈克尔·沃尔泽（Michael Walzer）独树一帜地发表了《正义诸领域——为多元主义和平等一辩》，提出了多元主义分配正义论。相对于罗尔斯、诺齐克、德沃金等人的分配正义理论而言，沃尔泽及其分配正义理论受到国内学术界的关注相对较少，但它在偶然的情况下进入张晒博士的研究视野。

　　按照西方政治思想（史）研究的路径，产生于不同时期的思想或理论，要么是对永恒不变的根本问题的回应，要么是对具体现实问题的回应，前者是与思想家及其思想进行对话，后者是与现实问题进行对话。作者通过研读沃尔泽的著作后做出判断，沃尔泽多元主义分配正义论在很大程度上是对永恒不变的根本问题（分配正义问题）的回应，即是与绵延于历史中的分配正义理论家尤其是与和沃尔泽同时代的分配正义理论家（如罗尔斯、诺齐克、德沃金等）及其讨论的分配正义问题进行对话，且主要"是以罗尔斯的正义理论为其理论语境的"，基于这一判断，作者主要选择了文本中心主义的研究方法对沃尔泽多元主义分配正义论进行系统深入的研究，并在文本中心主义的研究方法的导引下形成了一个从思想缘起到理论根基，到逻辑前提，到核心原则，再到综合审思的清晰的研究思路。

循着这一研究思路，作者首先对沃尔泽多元主义分配正义的思想缘起和理论根基进行了深入的探讨。作者认为，沃尔泽对由柏拉图的朴素化分配正义、功利主义的单一化分配正义、权利政治主导的模式化分配正义（以罗尔斯的分配正义理论为典型代表）所构成的一元主义分配正义理论的批判和回应，正是沃尔泽多元主义分配正义论的逻辑起点。经过继续考察，作者进一步指出，与流行于当下学界的一元主义分配正义论完全不同，沃尔泽多元主义分配正义论拥有独特的理论根基，它是在建立以"社群"为观察对象的整体主义本体论、以"情景"为铺陈逻辑的语境主义认识论的基础之上，进而以由整体主义本体论和语境主义认识论所共同奠定的社会中的"善"和善的"社会意义"为思想内核的分配正义理论。

在对沃尔泽多元主义分配正义论的思想缘起和理论根基做了分析之后，作者深入地讨论了沃尔泽多元主义分配正义论的具体内容，即逻辑前提和核心原则。逻辑前提主要包括分配的真实场景、分配的理想目标和分配的根本法则三个方面。作者指出，沃尔泽多元主义分配正义论以政治共同体为真实的分配场景，以复合平等为理想的分配目标，并以独立自主为根本的分配法则。逻辑前提约束着分配原则，而分配原则是分配正义理论的核心内容。作者通过深入地剖析后认为，沃尔泽分配正义理论的由多种多样的善及其社会意义所决定的分配正义原则是多元的，并将这些多元的分配原则描述为三个核心原则，即自由交换的自愿性分配原则、归于应得的对称性分配原则和满足需要的保底性分配原则。在人类社会的分配实践当中，这三个原则运用得最广泛，即它们发挥着基础性作用。

在著作的最后部分，作者回到了自己所提的问题上，即与一元主义分配正义论相比较，沃尔泽多元主义分配正义论有何特色以及局限性？对于这一问题，作者主要从三个方面进行了解答：其一，作者从由整体主义本体论和语境主义认识论所构成的方法论出发，指出沃尔泽多元主义分配正义论具有实证主义、文化主义、相对主义的理论特质；其二，作者从分配正义理论的平等指向及其取得的实际效果方面切入，指出沃尔泽与马克思是分道扬镳的，与罗尔斯是貌合神离的，与诺齐克的是殊途同归的；其三，作者从"有多少分配领域""共享理解可能吗""如何控制强国家"等追问着眼，指出沃尔泽多元主义分配正义论在理论上和逻辑上存在不可避免的缺陷。不过，作者同时也指出，沃尔泽多元主义分配正义论在理论上和逻辑上所存在的缺陷，并不会从根本上动摇或影响其理论的整体思想效果，即沃尔泽的多元主义分配正义论在总体上能够自成一家之言。

在我国倡导共享发展和共同富裕的今天，对西方形形色色的分配正义理论进行全面系统的研究以为我所用，其意义自不待言。作为张晒博士的老师，我衷心祝愿他在此领域不断深耕和开拓，以便做出更大的学术贡献！

书不多言，谨此为序。

柳新元

2017 年 8 月于珞珈山

目 录

导 论 ·· 1

 第一节 选题缘由 ··· 2
 第二节 文献综述 ··· 7
  一 国外文献综述 ·· 7
  二 国内文献综述 ·· 15
  三 既有文献评估 ·· 27
 第三节 研究方法 ··· 30
 第四节 论述框架 ··· 34

第一章 多元主义分配正义的思想缘起 ························· 36

 第一节 分配正义的一元主义传统 ····························· 36
  一 柏拉图的分配正义遗产 ································· 37
  二 功利主义的单一化分配正义 ·························· 41
  三 权利政治主导的模式化分配正义 ···················· 44
 第二节 罗尔斯的分配正义观 ···································· 49
  一 正当优先于善 ·· 49
  二 原初状态与无知之幕 ··································· 53
  三 正义二原则及其现实稳定性 ·························· 58
 第三节 来自沃尔泽的批判与挑战 ······························ 64
  一 抽象的方法论 ·· 64
  二 虚幻的乌托邦 ·· 70
  三 "意义"缺失的分配正义 ······························ 77

第二章　多元主义分配正义的理论根基 ························· 81

第一节　社群本原：整体主义本体论 ························· 81
一　自我的构成 ························· 81
二　"我们"与"他们" ························· 87
三　整体主义本体论 ························· 92

第二节　知识的情景化：语境主义认识论 ························· 96
一　"厚"道德与"薄"道德 ························· 96
二　哲学的"阐释"之路 ························· 101
三　语境主义认识论 ························· 108

第三节　善的社会意义：多元与正义 ························· 114
一　社会中的"善" ························· 114
二　"意义"的流变性 ························· 119
三　多元与正义 ························· 121

第三章　多元主义分配正义的逻辑前提 ························· 127

第一节　政治共同体：分配的真实场景 ························· 127
一　世界共同体 ························· 127
二　历史共同体 ························· 131
三　政治共同体 ························· 134

第二节　复合平等：分配的理想目标 ························· 137
一　简单平等 ························· 138
二　永恒的差别 ························· 142
三　复合平等 ························· 146

第三节　独立自主：分配的根本法则 ························· 151
一　合理的垄断 ························· 151
二　反对支配 ························· 154
三　独立自主 ························· 158

第四章　多元主义分配正义的核心原则 ························· 163

第一节　自由交换：自愿性的分配原则 ························· 163
一　持有的权利 ························· 163

二　市场与再分配 ······················· 166
　　三　受阻的交易 ······················· 169
第二节　归于应得：对称性的分配原则 ············· 173
　　一　凭什么应得 ······················· 173
　　二　应得与资格 ······················· 177
　　三　应得的难言之隐 ····················· 182
第三节　满足需要：保底性的分配原则 ············· 184
　　一　做人的底线与尊严 ···················· 184
　　二　成员资格和需要 ····················· 189
　　三　需要不能承受之重 ···················· 193

第五章　审思沃尔泽多元主义分配正义论 ············ 198

第一节　多元主义分配正义论的方法论引申 ··········· 198
　　一　实证主义 ························ 199
　　二　文化主义 ························ 203
　　三　相对主义 ························ 206
第二节　多元主义分配正义论的坐标系定位 ··········· 209
　　一　沃尔泽与马克思：分道扬镳 ··············· 210
　　二　沃尔泽与罗尔斯：貌合神离 ··············· 212
　　三　沃尔泽与诺齐克：殊途同归 ··············· 215
第三节　多元主义分配正义论的局限性讨论 ··········· 218
　　一　有多少分配领域？ ···················· 218
　　二　共享理解可能吗？ ···················· 221
　　三　如何控制强国家？ ···················· 225

结　论 ································ 230

参考文献 ······························· 240

后　记 ································ 259

导　论

迈克尔·沃尔泽（Michael Walzer）出生于1935年3月3日，成长于纽约的布朗克斯区，是当代美国最重要的政治哲学家和道德哲学家之一，也是与麦金太尔（Alasdair MacIntyre）齐名的著名社会批评家和"左翼"公共知识分子。1956年，沃尔泽毕业于布兰迪斯大学（Brandeis University）历史系，获文学学士学位；1956—1957年，获富布赖特奖学金（Fulbright Fellowship），进入剑桥大学深造；1961年毕业于哈佛大学，获政府学博士学位。1962—1966年，任教于普林斯顿大学；1966—1980年，任教于哈佛大学。任教期间，主要讲授现代政治思想史、当代政治哲学问题、义务理论、目的与方法、正义战争理论、17世纪的政治学与文学、社会主义思想的问题、民族主义政治理论等课程。自1980年至今，担任普林斯顿高级研究所终身研究员。此外，沃尔泽还长期担任"左翼"公共知识分子刊物《异议》（Dissent）杂志的编辑，《政治理论》（Political Theory）杂志编委会成员，《新共和国》（The New Republic）杂志的撰稿编辑，被认为是政治学领域公有社会主义的主要支持者。同时，他还是希伯来大学、布兰迪斯大学（1983—1988年）的理事会成员。

沃尔泽是一位十分高产的理论工作者和活跃的思想家，迄今为止，已出版著作28部，撰写了300余篇学术论文，其影响遍及政治学、哲学、伦理学、宗教学、社会学诸领域。沃尔泽的主要著作有：《圣徒的革命：激进政治起源研究》（1965）、《责任：论不服从、战争和公民特质文集》（1970）、《政治行动》（1971）、《弑君与革命》（1974）、《正义与非正义战争：通过历史实证的道德论证》（1977）、《激进原则》（1977）、《正义诸领域——为多元主义和平等一辩》（1983）、《出埃及记与革命》（1985）、《阐释和社会批判》（1987）、《批评家集团》（1988）、《厚与薄：基于国内外的道德论辩》（1994）、《多元主义、正义与平等》（1995）、《论宽容》（1997）、《理性、政治与激情》（1999）、《论战争》（2004）

等。沃尔泽的著作大多被译成多国文字在世界各地畅销，但相对来说，汉语学界对其著作的关注和研究并不是很多。

第一节　选题缘由

分配正义是一个亘古常新的话题。自柏拉图、亚里士多德以降，西方思想界一直在探讨何为分配正义、为何要实现分配正义，以及如何实现分配正义等诸如此类的问题。① 特别是20世纪70年代以来，随着罗尔斯的具有里程碑意义的扛鼎之作《正义论》的问世，西方思想界对分配正义的研究和讨论更是达到了一个前所未有的广度、高度和深度，并呈现出异常繁荣的学术景象。② 围绕着罗尔斯的"基于民主平等的分配正义"③，西方学术界先后涌现出了诺齐克的"基于持有权利的分配正义"④、德沃金的"基于资源平等的分配正义"⑤，以及阿玛蒂亚·森的"基于能力平等的分配正义"⑥ 等一系列相容、相斥甚至相反的分配正义

---

① 约翰·罗默认为，分配正义理论至少可以追溯到两千年前，亚里士多德和柏拉图都探讨过这个问题，希伯来经典《塔木德经》也提出了在过世者的债权人中间分配财产的解决办法。参见 John E. Roemer, *Theories of Distributive Justice*, Cambridge: Harvard University Press, 1996, p.1。但是，塞缪尔·弗莱施哈克尔却认为，亚里士多德的"分配正义"和现代社会的"分配正义"是不同的，现代意义上的"分配正义"概念只有两百年的历史。参见［美］塞缪尔·弗莱施哈克尔《分配正义简史》，吴万伟译，译林出版社2010年版，第1—21页。不过，笔者在这里采取广义上或者一般性的含义，将亚里士多德的分配正义与现代意义上的分配正义视为同一个分配正义概念。

② 1971年，罗尔斯（1921—2002）发表《正义论》；1974年，诺齐克（1938—2002）发表《无政府、国家与乌托邦》；1977年，德沃金（1931—2013）发表《认真对待权利》；1982年，桑德尔（1953— ）发表《自由主义与正义的局限》；1983年，沃尔泽（1935— ）发表《正义诸领域：为多元主义与平等一辩》；1988年，麦金太尔（1929— ）发表《谁之正义，何种合理性》；1995年，布莱恩·巴利（1936—2009）发表《作为公道的正义》；1999年，米勒（1946— ）发表《社会正义原则》，等等。

③ ［美］罗尔斯：《正义论》，何怀宏、何包钢、廖申白译，中国社会科学出版社2009年版，第58页。

④ ［美］诺齐克：《无政府、国家与乌托邦》，何怀宏译，中国社会科学出版社1991年版，第156—159页。

⑤ ［美］德沃金：《至上的美德：平等的理论与实践》，冯克利译，江苏人民出版社2008年版，第4页。

⑥ ［印］阿玛蒂亚·森：《论经济不平等》，王利文、于占杰译，社会科学文献出版社2006年版，第224—300页。

理论。综观这些新时期的分配正义理论，它们有一个共同的特点，那就是，遵循自古以来就流传的"哲学能够正确地成就一种，并且是唯一一种分配系统"①的假设，从而坚持普遍主义的思维方式与信念，寻求普适性的正义理论。也就是说，它们都认为，世界上或社会中存在着一个抽象的、普遍的、唯一的、超越时间与空间的分配系统及其分配正义标准，即一个放之四海而皆准的分配真理，并努力重构这个标准和真理。② 例如，按照这样的一种思维逻辑和思想路径，罗尔斯建构出他的分配正义理论，旨在让"原初状态"中被覆盖着"无知之幕"的人遵循"最大最小原则"而一致地选择"差别（正义）原则"以求自己的利益损失最小化；诺齐克也建构出他的分配正义理论，旨在让"无政府"状态下的人遵循"最大最小原则"而一致地选择"持有（正义）原则"以求自己的利益获得最大化③，等等。

进入20世纪80年代，哈佛大学哲学教授迈克尔·沃尔泽开始反思从柏拉图到功利主义者，再到以罗尔斯为代表的权利论者的普遍主义与一元主义的分配正义理论。沃尔泽极尽讽刺地将柏拉图、功利主义者，以及以罗尔斯为代表的权利论者描述为："走出洞穴，离开城市，攀登山峰，为自己（而绝不是为愚夫愚妇们）塑造一个客观的立场。于是，你就可以在局外描述日常生活领域，这样，日常生活领域就失去了它特有的轮廓而呈现出一种一般形态。"④ 也就是说，罗尔斯等是"站在世界的外面，建构世界的里面"。沃尔泽继续说道："正义与和平可以被设想为哲学的人工制品，但一个公正的或平等的社会却不能如此理解，如果这样一个社会并不存在——正如它已经隐藏在我们的观念和范畴中——我们将永远不会对它有什么具体的了解，也永远不会把它变为现实。"⑤ 即

---

① [美]沃尔泽：《正义诸领域——为多元主义和平等一辩》，褚松燕译，译林出版社2009年版，第3页。
② 参见 Michael Walzer, *Thick and Thin: Moral Argument at Home and Abroad*, Notre Dame: University of Notre Dame Press, 1994, p. 21; 东方朔：《自我概念之诠释及其冲突——社群主义和伦理学中的反理论思潮对自由主义自我概念的批判》，《开放时代》2001年第3期。
③ 参见文长春《沃尔泽对当代分配正义的反诘——基于社会诸善的复合平等观》，《理论探讨》2012年第4期。
④ [美]沃尔泽：《正义诸领域——为多元主义和平等一辩》（序言），褚松燕译，译林出版社2009年版，第5页。
⑤ 同上。

一个公正的社会并不是哲学家主观建构或创造的。综合前面的两点，沃尔泽进一步指出，罗尔斯等"站在世界的外面"，根据普遍主义的思维逻辑建构了一种普遍主义与一元主义的正义论，这种普遍主义与一元主义的正义论的分配标准表征虽然有所不同，但它们共同的缺陷是，"仅仅关注分配者和分配接受者，企图用一个分配系统来分配所有物品，而忽视了所有分配物品的社会意义"①，以致造成它们"均不能缓和人们实际做出的关于社会正义判断的多样性，不能以合理的方式解决它们之间的竞争与分歧"。②最后，沃尔泽对罗尔斯等的普遍主义与一元主义的分配正义理论直接予以批评道，"所有这些原则都是抽象的和简单的，分析起来，它们表现出它们的一以贯之的、单一主义的和非本质的特征"。③尤其严重的是，他们建立在普遍主义分配原则基础之上的"简单平等"梦想，除能够对严重的分配不正义现象进行批评之外，而对解决现实社会中全方位的分配正义问题可以说是一筹莫展。④

在对罗尔斯等的分配正义理论进行批驳后，沃尔泽从"善"的"意义"和多元主义的角度切入社会诸领域，开创了"当代正义理论的第三条蹊径"⑤，即"社会物品多元正义论"⑥，或者称为"按需分配理论"。⑦无论在形式上或名称上被称作什么样的分配正义理论，但具有颠覆性和开创性的观念是：与普遍主义和一元主义的分配正义论所持的思维逻辑恰好相反的是，沃尔泽认为，"我们（指哲学家——笔者加注）不是在外太空，而是在内部或在社会之内与旅行者（指生活在现实社会中的人

---

① 杜凡：《论转型社会的复合平等——以沃尔泽的多元主义为视角》，《中国特色社会主义研究》2007年第4期。
② 刁小行：《情景化的正义：一种语境视角》，《吉林师范大学学报》（人文社会科学版）2012年第2期。
③ Michael Walzer, *Thick and Thin*: *Moral Argument at Home and Abroad*, Notre Dame: University of Notre Dame Press, 1994, p. 21.
④ Ibid., p. 33.
⑤ 张秀：《两个国家、两种多元正义论——M. 沃尔泽与D. 米勒多元主义正义论之初步比较》，《哈尔滨学院学报》2005年第3期。
⑥ 张秀：《两种多元主义正义论的比较——迈克尔·沃尔泽与戴维·米勒正义理论的异同思考》，《社会科学家》2006年第1期。
⑦ 高奇琦：《在分配与持有之间：执政党正义的逻辑基础》，《理论与现代化》2009年第4期。

们——笔者加注）相遇"①，更确切地说，作为哲学家的我们，是"站在洞穴里，站在城市里，站在地面上"②来观察和描述我们自己所生活的社会，进而"向其他（与我们一样拥有相同的文化背景的——笔者加注）公民阐释我们共享的意义世界"③，即"身临其境，阐释真理"。而且，最为关键的一点是，沃尔泽认为，分配的核心是物品（善，goods），而物品即善的社会意义决定着物品的分配原则，即分配原则是由善及其社会意义所规定的。关于这一点，沃尔泽说：既有的分配正义的各种理论总是这样描述分配的过程，"人们向（别的）人们分配物品"，这就将分配的焦点"集中在代理人和物品的领受者身上"，而不是集中在物品即善上；然而，现实的情况并非如此，现实的情况是，"人们构思和创造出物品，然后在他们自己当中进行分配……构思和创造优先于并控制分配"。④ 进一步来说，"分配正义的观念与占有有关，也与是（being）和做（doing）有关；与消费有关，也与生产有关；与土地、资本以及个人财产有关，也与身份和地位有关。不同的分配需要不同的政治安排来实施，不同的意识形态来证明"。⑤

总而言之，在沃尔泽看来，"分配是依据人们所共享的关于善是什么和它们的用途何在的观念摹制出来的"⑥，"支配特定物品的分配的标准是，而且应当是，与那些物品在分配和获得它们的人们的生活中的意义有关的"。⑦ 进一步来说，"分配正义必须建立在与被分配的善存在密切关系的基础之上"⑧，即分配正义必须建立在善的社会意义，即人们对于善的共享理解的基础之上。也就是说，分配正义离不开被分配的善及其社会意义，分配正义严格对应于善及其社会意义，"每一个社会善都有一组

---

① [美]沃尔泽：《阐释和社会批判》，任辉献、段鸣玉译，江苏人民出版社2010年版，第19页。
② [美]沃尔泽：《正义诸领域——为多元主义和平等一辩》（序言），褚松燕译，译林出版社2009年版，第5页。
③ 同上。
④ 同上书，第4—5页。
⑤ 同上书，第1页。
⑥ 同上。
⑦ 同上。
⑧ Michael Walzer, *Thick and Thin: Moral Argument at Home and Abroad*, Notre Dame: University of Notre Dame Press, 1994, p.26.

独立的合法申请人"。① 基于前面的论述,沃尔泽进而说,"市场……从来不是……一个完善的分配系统",并且,"类似地,也从来不存在单一的一种控制所有分配的决定点或一套做出决策的机构……从来不存在一个适用于所有分配的单一标准或一套相互联系的标准"②,"社会意义具有历史性;同理,分配以及公正的和不公正的分配是随着时间的推移而变化的"。③ 最后,沃尔泽断言道:分配的标准不可能是一元的,而只能是多元的;任何一个社会分配善的方式都不是普遍的,而只能是特殊的;正义原则的设计不是寻求永恒不变的普遍真理,而只能是扎根于历史性形成的社会规范当中。

综上所述,沃尔泽所要争论的问题,实际上是围绕一条主线展开的,这条主线就是:"正义原则本身在形式上就是多元的;社会不同善应当基于不同的理由、依据不同的程序、通过不同的机构来分配;并且,所有这些不同都来自对社会诸善本身的不同理解——历史和文化特殊主义的必然产物。"④ 而且,在围绕主线所展开的论述中,沃尔泽也是在努力寻找一种可以避免"屈服"的方法,并试图回答这样的两个问题:"在什么方面我们是彼此平等的?并且,因为什么特征我们在那些方面是平等的?"⑤ 以上内容,也就导出了本书所要研究的主要问题:沃尔泽基于"善"的"社会意义"所展开的以"复合平等"为目标的分配正义理论究竟是一种什么样的分配正义理论?具体来说,沃尔泽多元主义分配正义论是如何对一元主义分配正义论展开挑战与批判的?它的依据是什么?沃尔泽多元主义分配正义论的理论根基是什么?逻辑前提是什么?核心原则又是什么?进而言之,沃尔泽对这种多元主义分配正义论所展开的一系列论证成功吗?究竟有没有所谓的超越具体时空而普遍有效的分配正义理论?就与政治学光谱中的左、中、右三派的主要代表人物马克思、罗尔斯和诺齐克三位思想家的分配正义理论的平等指向及其可达到的现实效果进行比较来说,沃尔泽多元主义分配正义论在西方分配正义理论

---

① Michael Walzer, *Thick and Thin: Moral Argument at Home and Abroad*, Notre Dame: University of Notre Dame Press, 1994, p. 32.
② [美]沃尔泽:《正义诸领域——为多元主义和平等一辩》,褚松燕译,译林出版社2009年版,第2页。
③ 同上书,第9页。
④ 同上书,第4页。
⑤ 同上书,第3页。

所构成的坐标系中位于什么样的坐标点上？同样，沃尔泽多元主义分配正义论存在局限性吗？如果存在，其局限性又是什么呢？对以上问题做出回答，也就基本上完成了本书的研究任务。

第二节 文献综述

一 国外文献综述

自 1983 年沃尔泽发表《正义诸领域——为多元主义和平等一辩》一文以来，他的分配正义理论逐渐受到西方思想界的重视。虽然沃尔泽多元主义分配正义论暂时无法与布莱恩·巴瑞所形容的庞大的"罗尔斯产业"相媲美①，但是，沃尔泽多元主义分配正义论在西方学术界也掀起了不小的波澜，其受到的关注和重视程度可以从各方面对他的回应看出来。根据西方学术界的思想流派，各方面的回应主要分为自由主义的回应、社群主义的回应，以及第三势力的回应。

（一）自由主义对沃尔泽多元主义分配正义论的研究

沃尔泽多元主义分配正义论在很大程度上是建立在对罗尔斯分配正义理论的批判基础之上的。"如果没有他的著作"，沃尔泽说，"我的作品将不会像现在这样成形——甚至可能根本不会成形。"② 针对沃尔泽对自己的诘难，罗尔斯经过缜密的思考与论证，给予了针锋相对的回应。罗尔斯首先对沃尔泽的多元正义的立论根基进行了釜底抽薪，他拒绝承认有严格意义上的"价值—意义共同体"。罗尔斯说道："一个民主社会不是也不可能是一个共同体……合理多元论的事实——此乃拥有自由制度的社会的特点——使之不可能。这一事实就是：公民在合理的、整全性的宗教和哲学世界观方面，在他们对人类生活中追求的道德和美学价值的看法上，存在着深刻的不可调和的分歧。"③ 罗尔斯也不认为，个人纯

---

① 参见赵敦华《劳斯的〈正义论〉解说》，生活·读书·新知三联书店 1988 年版，第 2 页。

② [美] 沃尔泽：《正义诸领域——为多元主义和平等一辩》（致谢），褚松燕译，译林出版社 2009 年版，第 2 页

③ Rawls, J., *Justice as Fairness—A Restatement*, Cambridge, Mass.: Harvard University Press, 2001, p. 3.

粹被动地被塑造和镶嵌在共同体的"价值—意义世界"当中。他说，一个人不能随意进入政治社会，而只能"由生而入其中，由死而出其外"①，但这并不能说明个人是单纯被塑造的对象，恰恰相反，个人是有两种道德能力的。他们即使在未成年时受到共同体的塑造，但在成年以后，他们可以反思、修改个人的价值观和政治正义原则，他们是正义原则和理性的自证之源。针对沃尔泽把"艰苦的工作、亲属关系与爱、神的恩宠、闲暇的时光、大学内部的教学自治"等纳入正义分配范畴的行为，罗尔斯批评道："两个正义原则及其他们的政治自由不是被设想用来调整教会和大学的内部机构的。差别原则也不是用来支配父母应该如何看待他们的孩子或如何在他们之间分配家庭财富的。"② 沃尔泽给出的诸领域的分配原则显然有多此一举之嫌。在批驳了沃尔泽之后，罗尔斯坚持自己的普遍政治正义理念，他说，尽管存在着理性多元化的事实，但"政治哲学的一种任务就是关注那些高度争论的问题，并且抛开现象，看看是否能够揭示出哲学一致和道德一致的基础。或者，即使我们不能发现这种一致的基础，至少我们有可能缩小由政治分裂所导致的在哲学和道德观点方面的分歧，以使基于公民之间相互尊重的社会合作得以维持"。③

　　作为自由主义阵营的另一位旗手，德沃金对沃尔泽多元主义分配正义论也给予了尖锐的批判。德沃金在《关于沃尔泽〈正义诸领域〉的评论》一文中指出，沃尔泽将道德的基础完全建立在历史事实上，那么道德史将会是一连串的错误史。④ 德沃金还指出，沃尔泽虽然向大家"许诺了与其自身传统和平相处的一个社会，没有持久的紧张、比较、妒忌和对'单一'平等的严密管制。公民和睦共处，虽然没有一个人恰好有另一个人也有的财富、教育和机会，因为每一个人都认识到，他获得的就是在每一个领域之内正义所要求的东西，每一个人都相信，他的自尊、他在共同体中的地位，依赖于他的总体处境与其他人总体处境的总体比

---

① ［美］罗尔斯：《政治自由主义——批评与辩护》，万俊人译，译林出版社 2000 年版，第 12 页。
② 同上书，第 339 页。
③ 同上书，第 4 页。
④ 库柏认为："如果道德史是错误史……那它也是一个进步史。"由此可见，如果按照库柏的观点，德沃金对沃尔泽的第一个批判是不成立的。参见 W. C. Cooper, "Critical Notice of Ted Honderich, Violence for Equality", *Canadian Journal of Philosophy*, Vol. 14, No. 2, 1984, p. 517。

较"①,但他对于"在这样一个社会里生活应当像什么……谁将参与他讨论的不同资源类型的分配及得到多大份额"却没有做出全面的描述;相反,他只是"提出了有关不同社会包括我们自己的社会如何在不同领域发展出了不同分配原则的一些趣闻轶事和历史事例"。② 因此,德沃金讽刺道:沃尔泽的复合平等只是一幅令人赏心悦目的社会正义景象,尽管他列举的事例颇为动人,涉及的范围令人赞叹,但其核心论点仍然是错误的和失败的。进一步来说,在德沃金看来,沃尔泽"阐述的复合平等理念是无法实现的,甚至是前后矛盾的",且沃尔泽的论著"没有涉及有助于人们思考实际正义问题的东西"③,并终究会陷入相对主义以致走向道德虚无主义。④ 最后,德沃金直言不讳地说:"假如正义只是一个遵循共识的问题,那么当不存在共识的时候,双方如何就正义发生争论呢?在那种情况下,按照沃尔泽的相对主义考虑,没有一个解决方案可能是正义的,政治只能是一场自私的斗争,那么说人民就社会意义存在着分歧还有什么意义呢?"⑤ "它忽视了一个传统的'社会意义'比它要求我们尊重的传统要根本得多……正义是我们的批评家而不是我们的镜子,无论受到挑战的传统多么顽固不化,关于分配的任何一个物品——财富、福利、荣誉、教育、承认、岗位——的任何一个决定都会被重新考虑,我们总是会质问某些现行制度框架是不是公平的。"⑥ 德沃金对沃尔泽的批评并不是捕风捉影的,而是有相当程度的合理性。他所批评的,在沃尔泽那里确实不同程度地存在着。

(二)社群主义对沃尔泽多元主义分配正义论的研究

作为站在社群主义同一战线的盟友⑦,米勒非常赞赏沃尔泽的多元主义正义论,并认同沃尔泽对复合平等理想的追求、社会善物的划分,以

---

① [美]德沃金:《原则问题》,张国清译,江苏人民出版社2012年版,第268页。
② 同上书,第268页。
③ 同上书,第269—270页。
④ Ronald Dworkin, "The Communitarian Critique of Liberalism", *New York Review of Books*, 14. April 1983.
⑤ [美]德沃金:《原则问题》,张国清译,江苏人民出版社2012年版,第271页。
⑥ 同上书,第273页。
⑦ 有学者认为,沃尔泽过于亲近自由主义,因而他并不是典型的社群主义者,而是社会民主主义者。参见应奇《从自由主义到后现代主义》,生活·读书·新知三联书店2003年版,第6页;周艳:《区分的艺术——迈克尔·沃尔泽多元主义正义论探究》,硕士学位论文,湖南师范大学,2005年,第8、11页。

及对多元主义分配的论证,但是,米勒并不满意于沃尔泽从社会物品的意义这一角度去阐述正义原则。米勒认为,从社会物品的意义之角度去阐述正义原则,很容易导致正义陷入相对主义和虚无主义。所以,米勒转而从"人类关系的模式"着手发展他的"社会情境多元正义论",他将分配领域划分为三大板块——团结的社群、工具性联合体以及公民身份①,并指出各个不同的领域遵循不同的分配原则:第一,"在团结性社群内部,实质性的正义原则是按需分配"②;第二,"就人类群体间的关系接近于工具性的联合而言,相应的正义原则是依据应得分配"③;第三,"公民身份联合体的首要的分配原则是平等"。④ 简言之,需要、应得、平三个分配原则依据人类共同体的关系模式而定,关系模式不同,分配原则就会截然不同。此外,沃尔泽在平等与正义的关系问题上坚持"平等是正义的基础"的观点也引起了米勒的注意,不过,米勒并不赞同沃尔泽将平等与正义作为社会政治生活的两大范畴来考察,而是认为,应该将平等纳入正义原则的应用当中,使其成为分配正义的一个重要原则。他说:"当人们作为同等的公民联合在一起时,平等就是相关的分配原则。"⑤ 总体来看,米勒试图解答沃尔泽多元正义理论所面临的困境,虽然他并没有取得成功,但从一个独特的视角考察了正义问题,吸引着人们对多元主义分配正义论的继续思考。

(三) 第三势力对沃尔泽多元主义分配正义论的研究

第三势力⑥对沃尔泽多元主义分配正义论的研究代表性学者有 G. A. 柯亨、苏珊·奥金、史蒂芬·缪哈尔和亚当·斯威夫特、理查德·贝拉

---

① "团结的社群"存在于人们共享民族认同之时,而这种认同是由人们作为具有共同的民族精神的相对稳定的群体的一员来定义的;"工具性联合"是指人们以功利的方式相互联系在一起,经济关系是这种模式的典范;"公民身份"是指政治社会的成员不但通过他们的社群和他们的工具性联合体,而且作为同等的公民相互联系。参见 [英] 戴维·米勒《社会正义原则》,应奇译,江苏人民出版社 2008 年版,第 31—33、36 页。

② [英] 戴维·米勒:《社会正义原则》,应奇译,江苏人民出版社 2008 年版,第 32 页。

③ 同上书,第 33 页。

④ 同上书,第 37 页。

⑤ 同上书,第 283 页。

⑥ "第三势力"是姚大志在其《何谓正义——当代西方政治哲学研究》一书中提出来的一个概念,相对于作为第一势力的自由主义和作为第二势力的社群主义而言,它指称自由主义和社群主义之外的其他各种思想派别,如共和主义、后现代主义、分析的马克思主义等。参见姚大志《何谓正义——当代西方政治哲学研究》,人民出版社 2007 年版,第 3、9 页;姚大志:《何谓正义:自由主义、社群主义和其他》,《吉林大学社会科学学报》2008 年第 1 期。

米、理查德·阿内森、古特曼、诺曼·丹尼尔斯、鲁斯丁、斯蒂芬·K.怀特、朱迪·斯克拉等。

作为分析马克思主义的创立者和主要代表人物,柯亨对沃尔泽从"批判的视角"研究复合平等与分配正义理论的进路给予了批判性的解读。在初涉沃尔泽多元主义分配正义论的逻辑起点时,柯亨就以敏锐的眼光指出:"(沃尔泽)注重现行价值……但实际的分配以及关于分配正义的普遍信念,有时并不局限于这些源于共享理解的分配规范。"[1] 柯亨进一步认为,对于沃尔泽的(分配)正义理论而言,我们所能依靠的唯一证据,就是去确定这些价值(共享理解)是什么,也就是说,对所处共同体的现行实践规范进行解释。然而,"价值阐释"的方法存在一个悖论——虽然这种方法可以提供一种批判视角——这是因为,很显然,如果共同体的价值要通过它现行的分配实践规范来确定,那么,源于这些价值的分配实践规范,就不能用来对现行价值规范进行批判。[2] 例如,如果试图确定一个共同体是否把医疗作为一种"需要",那么就必须去了解医疗目前在该共同体中是如何被分配的。假设目前医疗正在被作为一种由市场定价的商品进行分配,那么,我们还能根据"需要"的原则对这种分配方式进行批判吗?柯亨认为,显然是不能的。他说:"如果共同体的价值要通过现行的分配实践加以确定,那么随之而来的,源于那些价值的分配规范就不能对现行的实践进行批判。因此,如果某种善不是基于'需要'原则进行分配的,那么在何种意义上共同体才能将其视为一种需要呢?"[3] 柯亨将这种情况称为"社群主义的困境",而且,这一困境贯穿在沃尔泽的整个分配正义理论当中。顺着柯亨的思路,沃尔泽则直接指出,善的社会意义与它的分配原则之间并不存在特定的对应关系,沃尔泽的逻辑是完全错误的。[4]

苏珊·奥金对沃尔泽多元主义分配正义论的研究是从女权主义的视角展开的。在《正义与性别》一文中,苏珊·奥金对沃尔泽做出这样的

---

[1] Joshua Cohen, "Review of Spheres of Justice, by Michael Walzer", *The Journal of Philosophy*, No. 83, 1986, p. 466.

[2] Ibid., pp. 463–464.

[3] Ibid..

[4] Waldron, "Money and Complex Equality", In D. Miller and M. Walzer eds., *Pluralism, Justice, and Equality*, Oxford: Oxford University Press, 1995, p. 155.

评论，她认为：沃尔泽的理论不同于罗尔斯，因为他从女性主义的观点提出了一些问题。而且，比起大部分的政治哲学家，沃尔泽注意到了与性别相关的问题。"他潜在地为女性主义的批评提供了一种有价值的工具……从非歧视的语言出发，沃尔泽坚持认为，家庭构成了一个重要的分配领域，应加强对性别与歧视之中所涉及的权力的关注，相较于大多数道德与政治哲学家对女性主义问题的普遍忽视，沃尔泽的政治理论显得很突出。"[1] 苏珊·奥金对沃尔泽多元主义分配正义论的赞美之词是不言而喻的。不过，在肯定沃尔泽多元主义分配正义论作为女权主义的批判工具所具有的力量与意义的同时，苏珊·奥金也中肯地指出了沃尔泽多元主义分配正义论存在的重大缺陷。苏珊·奥金认为，按照沃尔泽对分配正义理论的阐述，他实际上采用了两种根本上相互冲突的正义标准：一种是普遍的"共享理解"标准，即按物品的社会意义分配的标准；另一种是相对的"分离领域"标准，即分配自主的标准。这两种标准并不能同时成立，而是存在严重的悖论现象——某项制度，如果从"分离领域"的正义标准来看越不正义，而从"共享理解"的正义标准来看就越正义。例如，社会文化中的家长制和古印度的种姓制度，自相矛盾地既可以看成是正义的——基于"共享理解"的标准，也可以看成是非正义的——基于"分配自主"的标准。而从沃尔泽的理论立场来看，只要人们相信这种制度代表了神的意志或者某种类似的自然力量或者共享理念，就无法对其中的任何一种进行批判和指责，即不能认为其是非正义的。这显然不符合直觉与常识。总之，在苏珊·奥金看来，"与麦金泰尔的传统主义观念相似，沃尔泽的正义观念的危险就在于，何谓公正严重依赖于人们被说服相信什么，而不能处理普遍支配的情形"。[2]

史蒂芬·缪哈尔和亚当·斯威夫特对沃尔泽多元主义分配正义论的相对主义色彩给予了批判。他们指出："无可置疑的是，在沃尔泽的观点中有一条十分明显的相对主义线索：正义与社会意义相关……存在着无数由文化、宗教、政治安排、地理条件等所决定的无数可能的生活。如果一个特定的社会的实质生活是在特定的方式下——也就是说，以某种忠实于它的成员的共同理解的方式——度过的，这个社会就是正义

---

[1] Okin, Susan Moller, "Justice and Gender", *Philosophy and Public Affairs*, No. 1, 1987, p. 26.
[2] Ibid., p. 59.

的。……然而，它们却可能违反了我们有关所有的人类都具有平等地位的信念、有关机会平等的信念，甚至是有关特殊物品分配标准的信念。"①同时，史蒂芬·缪哈尔和亚当·斯威夫特还指出，沃尔泽表面上看来是在对罗尔斯进行批判，但在本质上却与罗尔斯仍然是一致的，"沃尔泽对于罗尔斯的批评没有使他必然具有反自由主义的本质，或者至少并没有使他必然敌视经典的自由主义政治理论的特定核心线索……沃尔泽作为一个自由主义的社群主义批评家，绝不完全拒绝自由主义和自由主义的价值"。② 当代西方研究自由主义的著名学者理查德·贝拉米在对沃尔泽多元主义分配正义论进行分析后，基本上持与史蒂芬·缪哈尔和亚当·斯威夫特相类似的观点，即认为沃尔泽是一位带有社群主义色彩的相对主义的自由主义者。不过，理查德·贝拉米也深刻地指出，沃尔泽的相对主义不一定会导致自由主义，而是有可能使极端高压的政权合法化。③理查德·阿内森（Richard Arneson）对沃尔泽的复合平等观给予了尖锐的批评，他认为，"沃尔泽分配正义复杂的平等实际上允许了各种不平等的现象的存在，例如，按照沃尔泽的多元正义论，一个社会会因其独特的社会意义而接受家庭中男女不平等现象的存在"。④ 古特曼也有类似的质疑与担忧。他说："即使在美国现有的社会情境中，工作就有三个相互抵触的社会意义，反过来它们又触犯了三个相互冲突的分配标准。因此，对于如何分配这样的难题不可能完全只从社会意义来解决。"⑤

诺曼·丹尼尔斯（Norman Daniels）是另一位对沃尔泽多元主义分配正义论有着比较深入研究的思想家，他对沃尔泽多元主义分配正义论的批评与其他批评者有诸多相似之处，但批判的要点更为具体。丹尼尔斯将沃尔泽多元主义分配正义论的论证基础概括为四个基本点：（1）文化相对主义：善的社会意义与不同的文化相关；（2）道德人类学论点：只有通过一种类似于道德人类学的方法，我们才能揭示善的社会意义；

---

① [美]史蒂芬·缪哈尔、[英]亚当·斯威夫特:《自由主义者与社群主义者》，孙晓春译，吉林人民出版社2007年版，第15页。
② 同上书，第176—177页。
③ [英]理查德·贝拉米:《重新思考自由主义》，王萍、傅广生、周春鹏译，江苏人民出版社2008年版，第157页。
④ 参见何包钢《沃尔泽的多元正义理论评析》，《二十一世纪》2001年第4期。
⑤ Gutmann, A., "Justice across the spheres", in D. Miller and M. Walzer eds., *Pluralism, Justice, and Equlity*, Oxford: Oxford University Press, 1995, p.98.

(3) 不可公度论：善的社会意义"在不同文化间是不可公度的"，不存在可以普遍接受的对作为文化产物的善进行价值排序的方法；(4) 正当化论点：不同分配领域内的分配原则，只有符合"该领域内人们赋予善的社会意义"时，它才是正当的，才是可以被接受的原则。[1] 丹尼尔斯指出，"以上论点促使沃尔泽坚持正义是与社会意义密切相关的"。[2] 这意味着，我们没有适当的理由，去偏爱某种文化中的道德选择，而排斥另一文化中相反的道德选择。丹尼尔斯还指出，沃尔泽承诺"一种超形式的内在主义"，这种"内在主义"包含这种观念，即道德主体的理性，只有与其已有的欲望（或价值或共享意义）相关时，道德主体才会根据理性进行行动。[3] "在道德主体现行价值以外，我们不可能使道德主体的任何分配原则正当化。这种强烈的内在主义，出乎意料地将我们导向了沃尔泽所支持的相对主义。"[4] 换言之，沃尔泽的"内在主义"与"相对主义"是一脉相承的。

　　无论其他想家如何评价沃尔泽的分配正义（复合平等）理论，但是，鲁斯丁、斯蒂芬·K. 怀特与朱迪·斯克拉等却对沃尔泽始终给予盛赞。众所周知，自 20 世纪 70 年代以来，后现代主义对"基础主义"的批判、对"宏大叙事"的抛弃，以及美国政治左派对极权主义统一世界观的批判，引起了人们对传统平等主义思想的极度反感。在这样的背景下，沃尔泽在他的多元主义分配正义（复合平等）理论中，通过对社会各领域大量存在的各种差别的阐述，极大地改变了人们对于平等的认识，进而重新树立了人们对于平等社会理想的信心和追求。对此，鲁斯丁说道："这是他（指沃尔泽）对'后现代主义'所做的不可或缺的贡献，尽管这不是他的本来目的。"[5] 斯蒂芬·K. 怀特与朱迪·斯克拉也指出："迈克尔·沃尔泽，一位后形而上学时代的思想家，在其著作《正义诸领域》中，为更深地以多元主义的方式重新思考正义做了也许是迄今为止最具

---

[1] Norman Daniels, "An Argument about the Relativity of Justice in Egalitarian Ethics", *Revue International de Philosophie*, Vol. 43, No. 170, 1989, pp. 361 – 378.

[2] Ibid..

[3] Ibid..

[4] Ibid..

[5] Rustin, M., "Equality in post – modern times", in D. Miller and M. Walzer eds., *Pluralism, Justice, and Equlity*, Oxford: Oxford University Press, 1995, p. 17.

实质性的贡献。"①"我确信沃尔泽与罗尔斯同是迄今为止美国最重要、最有创造力和最有智慧的政治理论家。"②

显然，各位思想家所处的立场和出发点不一样，对沃尔泽的评判也会不一样。

二 国内文献综述

国内学术界自 2001 年开始关注沃尔泽多元主义分配正义论，对沃尔泽思想的研究尚处于起步阶段③，且主要为译介④，并从两个进路展开——或者是单独介绍沃尔泽多元主义分配正义论，或者是将沃尔泽多元主义分配正义论与其他思想家的分配正义思想进行比较。在这个过程中，部分研究者对沃尔泽多元主义分配正义论的某些方面的问题给予了一定程度的深入研究，总体来看，尚缺乏系统性。综观国内学术界对沃尔泽多元主义分配正义论的研究，它们主要涉及以下五个方面的问题：

（一）探讨沃尔泽多元主义分配正义论的研究方法及其导向

研究方法是研究者在研究沃尔泽多元主义分配正义论时绕不开的一个问题，差不多每位研究者都要在这一问题上有所发言。王立（2012）⑤、

---

① ［美］斯蒂芬·K. 怀特：《政治理论与后现代主义》，孙曙光译，辽宁教育出版社 2004 年版，第 137—138 页。

② 文兵：《价值多元与和谐社会》，中国政法大学出版社 2007 年版，第 374 页。

③ 参见［美］沃尔泽《阐释和社会批判》，任辉献、段鸣玉译，江苏人民出版社 2010 年版，译者的话。廖春勇：《宽容·道德·正义——迈克尔·沃尔泽的国际关系思想研究》，天津师范大学，硕士学位论文，2010 年，第 2—3 页。此外，根据笔者对中国知网文献的检索结果，截至 2016 年 12 月，国内学术界除 3 篇硕士学位论文和 50 篇期刊论文专门讨论过"沃尔泽（策）分配的正义理论"，以及 4 篇博士学位论文和 10 篇硕士学位论文涉及"沃尔泽（策）分配正义理论"之外，尚没有一本专门对"沃尔泽分配正义理论"进行研究的专著。此外，在国内学术界编著的以"当代西方政治哲学"或"当代西方政治思想"为主题的著作（教材）中，也鲜有对"沃尔泽（策）分配正义理论"进行介绍的。在何霜梅的《正义与社群：社群主义对以罗尔斯为首的新自由主义的批判》、应奇的《从自由主义到后自由主义》等著作中，对沃尔泽多元主义分配正义论做了简要的介绍。

④ 截至 2016 年 12 月，在沃尔泽的近 30 部著作中，翻译为中文的仅有 5 部著作，分别是：（1）沃尔泽：《论宽容》，袁建华译，上海人民出版社 2000 年版；（2）沃尔泽：《正义诸领域——为多元主义和平等一辩》，褚松燕译，译林出版社 2002 年版；（3）沃尔泽：《正义与非正义战争：通过历史实例的道德论证》，任辉献译，江苏人民出版社 2008 年版；（4）沃尔泽：《阐释和社会批判》，任辉献、段鸣玉译，江苏人民出版社 2010 年版；（5）沃尔泽：《犹太政治传统》，刘平译，华东师范大学出版社 2011 年版。

⑤ 王立：《沃尔泽的平等观探析》，《思想战线》2012 年第 1 期。

刘化军（2011）①、文长春（2012）② 等在从不同角度研究沃尔泽多元主义分配正义论后指出，沃尔泽与其他社群主义者不同，他并非集中于批判罗尔斯的虚幻的个人观念，而是采取以"后形而上学"为背景的特殊主义方法论来批判罗尔斯的整体主义，以揭示罗尔斯分配正义理论的抽象性与虚幻性，从而论证正义的特殊性与多元性。杜凡认为，沃尔泽从社会解释学出发对物品的意义的历史性考察准确地抓住了转型社会的正义特征，相对于其他正义流派而言，他为分析转型社会的问题开创了一个新颖的视角。③ 高艳琼、栾华峰（2007）也持有类似的看法，他们在对罗尔斯、诺齐克、沃尔泽的分配正义思想进行比较的基础上，认为沃尔泽比较偏爱于社群主义的方法——这种方法强调历史与文化的特殊性。具体而言，沃尔泽主要采用了"解释"即一种哲学探究和一种社会批评的方法来研究分配正义。④

顾肃（2003）、高扬（2006）、孙岩（2012）、张艳婉和杨溪阁（2006）、王培培（2012）、崔娅玲（2007）、李先桃（2008）、于嘉伟（2008）、刁小行（2013）、王凤才（2008）、姚大志（2007）等学者也对沃尔泽多元主义分配正义论的研究方法进行了把脉诊断。其中，顾肃通过研究后认为，"沃尔泽的道德特殊意义的基本前提即是认为，不存在可以在道德上评价所有社会或社群的普适的阿基米德支点，这样一来，他就必须面对特殊主义难以解决的一个根本难题，即道德相对主义，这也是所有社群主义者都会遇到的一个难题"。⑤ 也就是说，沃尔泽基于道德特殊主义认识论的分配正义理论，不可避免地会面临着社群主义所普遍面临的相对主义难题。高扬站在顾肃的思想起点上，进一步指出，"在沃尔泽的正义理论中，分配正义是相对于某个特殊社群的社会意义而言的，因此他的分配正义具有浓厚的相对主义特色"。不过，虽然"道德是相对的，正义是特殊的，它们都是随时代变迁而变化的"，但以此就来否定道

---

① 刘化军：《论沃尔泽对罗尔斯正义理论的批判》，《国外理论动态》2011 年第 4 期。
② 文长春：《沃尔泽对当代分配正义的反诘——基于社会诸善的复合平等观》，《理论探讨》2012 年第 4 期。
③ 杜凡：《论转型社会的复合平等——以沃尔泽的多元主义为视角》，《中国特色社会主义研究》2007 年第 4 期。
④ 高艳琼、栾华峰：《罗尔斯、诺齐克、沃尔泽分配正义思想之比较——一个政治哲学的分析视角》，《法制与经济》（下半月）2007 年第 12 期。
⑤ 顾肃：《自由主义基本理念》，中央编译出版社 2003 年版，第 552 页。

德与正义存在普适原则，却是错误的。[1] 换言之，在高扬看来，尽管沃尔泽从相对主义的方法切入研究正义论，从而使他的分配正义理论具有相对主义色彩，但并不能否定沃尔泽分配正义论仍然具有某种意义上的普适性。孙岩[2]、张艳婉和杨溪阁[3]、王培培[4]、崔娅玲[5]、李先桃[6]、于嘉伟[7]等从不同的角度，对沃尔泽多元主义分配正义论尤其是对沃尔泽多元主义分配正义论的研究方法进行研究后，一致赞同这种观点，他/她们也认为，沃尔泽多元主义分配正义论带有强烈的相对主义特点和明显的理想主义色彩，其面临的障碍是不同社会分配领域具有不可通约性，进而指出，沃尔泽多元主义分配正义论的相对主义色彩有助于维护社会的不平等。

刁小行是近年来对沃尔泽的思想尤其是沃尔泽多元主义分配正义论给予较多关注的一位年轻学者[8]，他对沃尔泽多元主义分配正义论的研究方法有着比较深入的研究，且提出了很多独到的见解。在所发表的多篇论文中，刁小行都认为，沃尔泽多元主义分配正义论"以善为导向"而不是"以人为导向"，沃尔泽特别专注于特定的"善"对于它所要分配的"人"的意义，这种方法是在强调"正义"与"道德共同体"之间存在着一种紧密关联性，它是运用了一种具有普遍主义色彩的语境主义方法论来呈现整个分配正义理论。从结构上讲，这种思考正义的方式对所有

---

[1] 高扬：《沃尔泽分配正义研究》，湘潭大学，硕士学位论文，2006年，第34页。
[2] 孙岩：《论沃尔泽的复合平等观》，《哲学研究》2012年第3期。
[3] 张艳婉、杨溪阁：《当代西方的正义新路——沃尔泽多元正义论浅析》，《哈尔滨学院学报》2006年第1期。
[4] 王培培：《唯一的分配正义原则存在吗？——沃尔泽对罗尔斯公平正义理论的批判》，《理论探讨》2012年第5期。
[5] 崔娅玲：《批判与回应：关于罗尔斯正义理论的大论战探析》，湖南师范大学，硕士学位论文，2007年，第51页。
[6] 李先桃：《当代西方社群主义正义观研究》，湖南师范大学，硕士学位论文，2008年，第65—66页。
[7] 于嘉伟：《沃尔泽复合平等观研究》，辽宁大学，硕士学位论文，2008年，第26—27页。
[8] 刁小行的博士学位论文即是研究沃尔泽的政治哲学思想的。参见刁小行《多元价值的均衡：沃尔泽政治哲学研究》，浙江大学，博士学位论文，2013年。

的共同体都有效。① 而且，刁小行还进一步指出，与后现代的思想家比较起来，沃尔泽多元主义分配正义论的方法论是在追求一种普遍主义的哲学与一致性的共同体之间的关联与均衡。② 简言之，在刁小行看来，沃尔泽多元主义分配正义论是具有较强的普遍性的。正因为如此，刁小行并不认可一些学者批判沃尔泽多元主义分配正义论存在明显的相对主义色彩的做法，并将他们的批判视为一种约定俗成的错误解释。③ 同时，刁小行还特别强调，退一步讲，即使沃尔泽多元主义分配正义论存在相对主义的倾向，但这种相对主义也不是一种简单意义上的相对主义，或一种"极端相对主义"，而是一种"温和相对主义"，其核心主张具有客观主义特征。总而言之，在刁小行看来，与其说沃尔泽所揭示的社会意义的相对性是"一种经验的阐释"，倒不如说它是"一个普遍的真理"。④

与刁小行相比，王凤才对研究者批判沃尔泽多元主义分配正义论具有相对主义色彩的做法持更为强烈的否定态度。他通过深入分析德沃金对沃尔泽的批评后，明确指出，"至于相对主义困境，这似乎是多元主义不可避免的结果，但硬说沃尔泽多元主义正义论陷入了相对主义，似乎有些不妥。因为多元主义与相对主义毕竟是两个不同的东西，或者说，多元主义蕴含着相对主义因素，但多元主义并不必然是相对主义"。⑤ 王凤才虽然不认同学术界对沃尔泽分配正义中所包含的相对主义色彩的批判，但他也指出了沃尔泽多元主义分配正义论中存在一个十分明显的问题，那就是，"沃尔泽关于'分配是所有社会冲突的根源'这个说法并不

---

① 参见刁小行《情景化的正义：一种语境视角》，《吉林师范大学学报》（人文社会科学版）2012 年第 2 期；刁小行：《语境主义：思考正义的一种方法论原则》，《天津行政学院学报》2012 年第 3 期；刁小行：《特殊主义、公共生活与普遍主义批判——沃尔泽政治哲学思想剖析》，《重庆教育学院学报》2013 年第 1 期；刁小行：《语境主义：作为一种认识论与正义观——兼论沃尔泽的正义理论》，《中共青岛市委党校、青岛行政学院学报》2012 年第 1 期。

② 参见刁小行《共同体、哲学与民主：沃尔泽的政治思想》，《北京化工大学学报》（社会科学版）2012 年第 2 期。

③ 刁小行：《情景中的正义：对沃尔泽的辩护与阐释》，《华中科技大学学报》（社会科学版）2013 年第 2 期。

④ 参见刁小行《共同体、哲学与民主：沃尔泽的政治思想》，《北京化工大学学报》（社会科学版）2012 年第 2 期；刁小行：《正义的情景：思考正义的语境之维》，《南京政治学院学报》2012 年第 3 期。

⑤ 王凤才：《从"作为公平的正义"到多元正义——罗尔斯、沃尔泽的正义理论评析》，《哲学动态》2008 年第 5 期。

正确，至少是片面的，甚至可以说，沃尔泽又陷入'分配轮'的窠臼之中"。①

在相对主义这一问题上，姚大志的研究及其观点颇耐人寻味。2007年，姚大志在其《何谓正义——当代西方政治哲学研究》一书中认为，沃尔泽多元主义分配正义论是相对主义的。②然而，时隔6年之后即2013年，姚大志在《一种约定主义的正义？——评沃尔策的正义观》一文中，却提出了与之前完全相反的观点。在这篇论文中，姚大志从三个方面即"善的社会意义是由社会决定；社会意义以对某些普遍道德原则的承诺为前提；社会意义表达社会共识"，比较详细地论证了沃尔泽多元主义分配正义论并不是相对主义的。并且，在全面否定了自己之前对沃尔泽多元主义分配正义论所做的相对主义的诊断之后，姚大志又别出心裁地指出，沃尔泽多元主义分配正义论是约定主义的。对此，他给出了两个方面的理由：一是对于沃尔策（沃尔泽），"同意"应该是实际的而非假设的；二是对于沃尔策（沃尔泽），正义是相对于文化的。与此同时，姚大志还强调，就观念的客观性来说，约定主义比相对主义更强，但是，比契约主义更弱。③

显而易见，在相对主义这一问题上，国内的研究者并没有达成共识，而是存在诸多分歧。沃尔泽多元主义分配正义论究竟是否具有相对性，或者说在多大程度上具有相对性，仍然值得深入探讨。

（二）探讨沃尔泽多元主义分配正义论的理论本质及其效果

作为"当代西方的正义新路"④，沃尔泽多元主义分配正义论表现出与众不同的理论本质及其效果，一些学者对此进行了比较深入的探讨。龚群（2013）在将沃尔泽的复合平等（分配正义）理论与罗尔斯的简单平等（分配正义）理论进行比较后，认为"沃尔泽的复合平等理论更多的是一种政治关切。就其理论的政治关切而言，应当看到他同样是一个

---

① 王凤才：《从"作为公平的正义"到多元正义——罗尔斯、沃尔泽的正义理论评析》，《哲学动态》2008年第5期。
② 参见姚大志《何谓正义——当代西方政治哲学研究》，人民出版社2007年版，第290页。
③ 姚大志：《一种约定主义的正义？——评沃尔策的正义观》，《学习与探索》2013年第2期。
④ 张艳婉、杨溪阁：《当代西方的正义新路——沃尔泽多元正义论浅析》，《哈尔滨学院学报》2006年第1期。

自由主义者，或社群主义的自由主义者"。① 而且，龚群还从宏观的理论视野切入，在对社群主义和自由主义两大理论流派的背景与问题域进行比较分析后指出，沃尔泽所提出的复合平等分配模式并不是要消灭不平等，而是要消除人支配人的社会条件，以实现那种不再有奴隶和主人区别的社会，即一种尊严平等的社会。② 陈应春（2008）③、哈刚（2008）④等在直接比较沃尔泽与罗尔斯、诺齐克、德沃金等的分配正义理论的基础上认为，虽然沃尔泽的《正义诸领域》也是从分配的角度对正义展开研究的，但它却明显不同于当代的罗尔斯、诺齐克及德沃金的正义论。沃尔泽的正义论的独特性在于它是以物品的社会意义为基础而不是以个人权利为出发点，其强调的是一种关于物品的多元主义观念而不是一种关于人的普遍主义观念。而罗尔斯等的正义观都是建立在权利的基础之上的。例如，德沃金坚持从人应得到平等的关心与尊重的权利出发推导正义论；诺齐克和哈耶克以自由权利为基础推出正义论；罗尔斯以个人权利为基础，试图调和平等与自由。然而，顾肃（2003）认为，虽然沃尔泽"对罗尔斯以正义理论为核心的自由主义理论提出了内容广泛的批评，但在政治实质上却并无多少分歧"。⑤ 然而，刁小行在将沃尔泽多元主义分配正义论（复合平等思想）与罗尔斯的普遍主义正义论进行比较后认为，沃尔泽的"分配正义理论是以某种个人与共同体关系的观念、某种公共结构重要性的观念以及某种公共实践和制度固有价值的观念为前提的，这使其更接近于以阿拉斯戴尔·麦金太尔和查尔斯·泰勒等为代表的社群主义思想"。⑥

此外，一些学者在对沃尔泽多元主义分配正义论的内在本质进行研究后指出，沃尔泽多元主义分配正义论具有明显的局限性。例如，刘化

---

① 龚群：《沃尔泽的多元复合平等观——兼论与罗尔斯的简单平等观之比较》，《湖北大学学报》（哲学社会科学版）2013年第3期。
② 龚群：《当代自由主义与社群主义：背景与问题域》，《华中师范大学学报》（人文社会科学版）2012年第6期。
③ 陈应春：《多元的正义、复合的平等——沃尔泽正义观解读》，《理论界》2008年第4期。
④ 哈刚：《沃尔泽多元主义正义观及其局限》，《宁夏党校学报》2008年第5期。
⑤ 顾肃：《评社群主义的理论诉求》，《江海学刊》2003年第3期。
⑥ 刁小行：《多元价值的均衡：沃尔泽的分配正义理论》，《国外理论动态》2016年第1期。

军（2011）通过论证沃尔泽对罗尔斯的分配正义的批判，进而指出，"沃尔泽的正义理论在某种程度上确实看到了社会历史对正义的重要制约，但其历史主要是指'社会意义'，而没有揭示决定社会正义的根本因素是物质资料的生产方式，因而他所构建的正义理论同样是虚幻的、脱离现实的"。① 谢治菊（2012）②、王立（2012）③、哈刚（2008）④ 等认为，沃尔泽的复合平等（分配正义）理论是一种消极意义上的平等理论，是各个领域的平等和不平等的糅合体，它是以不平等来代替平等进而为社会中的不平等进行辩护。王培培（2012）认为，沃尔泽是在对罗尔斯的公平正义理论进行批判的基础上，对"唯一的分配正义原则存在吗"这一问题做了积极的否定回答，进而提出了自己的"多元主义"的分配正义理论。这种理论从物品的社会意义出发，对正义的分配做了多元的阐述，其核心是为了协调平等与自由两者的关系，达到实现整个领域复合平等的目的。⑤ 刘依平、姚选民（2013）在对沃尔泽多元主义分配正义论的核心论辩、相对于罗尔斯理论的"知识增量"，以及相对于布迪厄"场域理论"对"正义"之认识的"知识限度"等问题进行深入的梳理和分析后认为，"沃尔泽多元主义分配正义论实际上只是深刻理解罗尔斯'正义二原则'的'过渡理论'或'中介'，而不是对后者的根本性超越"。而且，刘依平、姚选民还指出："由于沃尔泽未能吸收布迪厄的相关理论研究成果，因而沃尔泽'基于社会善的分配来予以实现的分配正义'立基于'某种类似于自生自发秩序的生成程序'，进而使得沃尔泽的'复合平等'思想具有一种空想性。"⑥ 贾凌昌（2015）则从沃尔泽多元主义分配正义论中的"群体意识形态"角度对沃尔泽的复合平等进行了考察，认为"复合平等是以一种'不平等'换取的平等，是限内不平等和限外平

---

① 刘化军：《论沃尔泽对罗尔斯正义理论的批判》，《国外理论动态》2011 年第 4 期。
② 谢治菊：《沃尔泽的复合平等理论及对当代中国的启示》，《社会主义研究》2012 年第 5 期。
③ 王立：《沃尔泽的平等观探析》，《思想战线》2012 年第 1 期。
④ 哈刚：《沃尔泽多元主义正义观及其局限》，《宁夏党校学报》2008 年第 5 期。
⑤ 王培培：《唯一的分配正义原则存在吗？——沃尔泽对罗尔斯公平正义理论的批判》，《理论探讨》2012 年第 5 期。
⑥ 刘依平、姚选民：《作为"中介"的"复合平等"——沃尔泽对罗尔斯分配正义理论的批判及其限度》，《行政与法》2013 年第 3 期。

等的杂糅体，其在实质上依然是一种无法实现的平等"。①

与以上学者从温和的立场批评沃尔泽多元主义分配正义论的内在本质不同，姚大志（2013，2007）则从激进的立场对沃尔泽多元主义分配正义论的内在本质进行了批驳。姚大志指出，沃尔泽的复杂的平等可能犯了双重错误：一方面，坚持不平等的分配是正义的；另一方面，又掩盖了现实分配领域中的极端不平等。② 同时，他还指出，沃尔泽关于资本主义经济问题上的激进思想似乎与马克思极其相似，但实际上是非常不同的。马克思的理论基础是剩余价值理论和劳动价值理论，他关心的问题是剥削，而剥削意味着资本家对工人劳动的剩余价值的榨取。但沃尔泽关心的问题不是剥削，而是统治；不是剩余价值的榨取，而是对生产的控制。也就是说，沃尔泽关心的是私人政府的问题。③ 沃尔泽的正义理论带有两副面孔：正面是激进主义和理想主义，按照正义观念来评价和改造社会；反面是相对主义和保守主义，在多元论和特殊主义的"保护伞"下任其自然，无所事事。在大多数场合，沃尔泽以正面示人，而反面往往是深藏不露的。④ 姚大志将沃尔泽多元主义分配正义论的基础和马克思的分配正义理论的基础进行对比，打开了研究沃尔泽的一个新视角。钱宁（2006）则敏锐地指出，沃尔泽将分配正义的原则与平等的理念放到具体的社会情境中加以考察和分析，"不仅提供了解决复杂社会关系中的平等和正义问题，而且提供了在贯彻分配正义原则的过程中平衡个人利益与公共利益的关系、实现社会平等的路径"，相对于"罗尔斯用'原初状态'的假设和'无知之幕'的遮蔽来保证正义的首要性和中立性"⑤的做法来说，无疑是知识论的进步。

（三）探讨沃尔泽多元主义分配正义论的分配原则及其标准

任何分配正义理论都必然涉及分配原则及其标准，沃尔泽多元主义

---

① 贾凌昌：《沃尔泽复合平等思想的软肋——拒绝群体意识形态的失败》，《华中科技大学学报》（社会科学版）2015年第1期。

② 姚大志：《复杂的不平等——评沃尔策的平等观》，《苏州大学学报》（哲学社会科学版）2013年第2期；姚大志：《平等：自由主义与社群主义》，《文史哲》2006年第4期。

③ 姚大志：《社群主义的两幅面孔——评沃尔策的正义理论》，《天津社会科学》2007年第1期。

④ 姚大志：《何谓正义——当代西方政治哲学研究》，人民出版社2007年版，第9页。

⑤ 钱宁：《"共同善"与分配正义论——社群主义的社会福利思想及其对社会政策研究的启示》，《学海》2006年第6期。

分配正义论也不例外。分配原则及其标准也是学术界在研究沃尔泽多元主义分配正义论时所重点关注和探讨的一个问题域。例如，马晓燕（2005）认为，"沃尔泽的两个正义标准是有内在逻辑关系的，不同领域间分配原则的差异是从对于社会物品本身的不同理解中派生出来的，而这些不同理解则是随历史、文化、社群的不同而不同。也就是说，正因为每种物品的社会意义独特，所以才要求分配的各领域自主"。[1] 然而，张艳婉、杨溪阁却认为，"承认各个领域道德标准的合理性，将不可避免地走上了相对主义，而相对主义有助于维护不平等"。[2] 姚大志在张艳婉、杨溪阁的论点基础上，进一步指出，"如果每一种善都构成一个单独的分配领域，而每一个分配领域都有自己单独的标准，那么不仅分配领域太多了，而且分配标准也太多了。……标准太多，它们就失去了应用的意义。尽管沃尔泽认为关于自主性的命题拥有一种批判的意义，但由于分配的领域和标准太多，而每一个领域都画地为牢，这样导致的必然结果就是承认现实"。[3] 除姚大志外，刁小行也持有类似的担忧，他说："如果正义原则只能适用于特定的时空，那我们将如何能够衡量不同社会的分配实践呢？又为什么所有这些特定情景化的原则一定都是正义的原则，脱离特定情境我们就一定不能对正义原则进行考察吗？"[4] 显然，在姚大志和刁小行看来，沃尔泽多元主义分配正义论的原则与标准及其在分配正义中所起到的作用是值得怀疑的，或者说，至少是不够严谨的。

众所周知，沃尔泽多元主义分配正义论的原则或标准是由社会善的意义所决定的。由此而来，对于沃尔泽多元主义分配正义论中所隐藏的矛盾与问题，姚大志也提出了一系列质疑。姚大志指出，沃尔泽多元主义"分配正义论是相对于社会意义而言的，而社会意义又具有文化的特殊性，那么，这就会产生两个方面的问题。一方面的问题是跨文化的：我们是否有理由来评价不同文化中的分配正义？是否存在跨文化的标准，

---

[1] 马晓燕：《沃尔泽多元主义正义标准及其局限——女性主义的一种批判视角》，《中华女子学院学报》2005年第5期。
[2] 张艳婉、杨溪阁：《当代西方的正义新路——沃尔泽多元正义论浅析》，《哈尔滨学院学报》2006年第1期。
[3] 姚大志：《一种约定主义的正义？——评沃尔策的正义观》，《学习与探索》2013年第4期；姚大志：《何谓正义——当代西方政治哲学研究》，人民出版社2007年版，第289页。
[4] 刁小行：《语境与正义：思考正义的认识论视角》，《江西教育学院学报》2012年第1期。

能使我们批评另一种文化制度和实践，或在其他文化的批评面前为我们自己的制度和实践辩护？另一方面的问题存在于一种文化内部，正义理论应该是社会政治生活的反映还是批判？一个对社会意义做了如此承诺的理论，还有没有能力批评社会的制度和惯例？社会意义是不是一种意识形态？我们能否对社会意义本身进行批判"？① 姚大志认为，"由于沃尔泽主张社会意义在文化上的特殊性，导致他对跨文化的正义问题无能为力"。② 更重要的是，真与假、正确与错误、正义与非正义，这些问题被沃尔泽所强调的社会意义和文化特殊性掩盖了。③ 对于姚大志的质疑，李先桃在其对社群主义正义观的研究中也有同样或类似的论述，李先桃指出：在沃尔泽多元主义分配正义论中，分配正义是相对于特定的善的社会意义而言的。但是，这会产生两个方面的问题：一方面的问题是，我们是否有理由来评价不同文化中的分配正义？是否存在跨文化的标准使我们批评或认可另一种文化的制度和实践？另一方面的问题是，是否只要人们有一种共享的理解，剥削、压迫就都可以看成是正义的？④ 就李先桃的逻辑来看，其对沃尔泽的分配正义理论的质疑应该说是有一定的力度的。

总体而言，学术界尤其是姚大志对沃尔泽多元主义分配正义论的分配原则或标准提出的诸多质疑，以及给予的批评是有一定的道理的。不过，姚大志和李先桃等的质疑与批评究竟在多大程度上站得住脚，本身也面临着质疑，需要做进一步的研究。

（四）探讨沃尔泽多元主义分配正义论的分配领域及其边界

领域与边界问题在沃尔泽分配正义论中具有典型的意义。有关沃尔泽多元主义分配正义论的分配领域及其问题，学术界也给予了一定的关注。其中，李志江在对沃尔泽与罗尔斯的分配正义观进行比较的基础上，认为沃尔泽提出的复合平等观虽然听起来是个不错的计划，但它在分配

---

① 刁小行：《语境与正义：思考正义的认识论视角》，《江西教育学院学报》2012年第1期。

② 姚大志：《社群主义的两幅面孔——评沃尔策的正义理论》，《天津社会科学》2007年第1期。

③ 参见姚大志《社群主义的两幅面孔——评沃尔策的正义理论》，《天津社会科学》2007年第1期；姚大志《何谓正义——当代西方政治哲学研究》，人民出版社2007年版，第289页。

④ 李先桃：《当代西方社群主义正义观研究》，湖南师范大学，硕士学位论文，2008年，第60页。

领域的划界标准上存在困难。这是因为,"社会分配的各个领域是相互渗透和交叉的,社会善的各个领域尽管有相对独立性,但更重要的是它们相互联系在一起,缠绕在一起,也就是说,没有独立的善"。① 张秀认为,"沃尔泽对相对独立领域的划分,割裂了各种领域之间的内在联系"。② 陈应春也认为,沃尔泽"把社会领域分离得淋漓尽致,但智者千虑必有一失,我们不可能找出人类生活的所有领域并把它们分离出来,我们也不可能真正地分配诸领域",沃尔泽"在强调'分'的一面同时,忽略了'合'的一面,从而给自己的研究留下了许多漏洞"。③ 谢治菊则认为,沃尔泽多元主义分配正义论是具体领域的特殊正义,属于低层次的正义规则,是罗尔斯的社会制度正义在社会现实中的具体表现。④ 姚大志认为,沃尔泽关于分配正义的主要敌人是越界而不是平等的观点,这不仅遮蔽了他一贯主张的平等主义,而且也冲淡了分配正义的根本问题。⑤ 不过,刁小行认为,在全球正义问题还没有凸显的时候,沃尔泽主张"任何事物的正确的规范原则都取决于那种事物的性质"或许是对罗尔斯主义的一种适当终结。一旦我们认识到沃尔泽的这个主张的深刻所在,我们便会深刻地理解分配正义的边界问题以及不同的边界会以不同的方式产生作用。⑥

(五)探讨沃尔泽多元主义分配正义论的现实应用及其启示

一些学者还探讨了沃尔泽的分配正义(复合平等)理论的现实应用及其启示,关于这方面的研究者主要有谢治菊、李先桃、刁桐、辛景亮、张子云、杜凡、翁祖彪等。相对而言,谢治菊的研究最具有代表性,她在较为全面地梳理沃尔泽的分配正义论(复合平等观)的基础上,认为沃尔泽多元主义分配正义论所倡导的"不平等的非渗透性""物品之间的

---

① 李志江:《试论沃尔泽与罗尔斯正义观的分歧》,《宁夏大学学报》(人文社会科学版) 2007 年第 2 期。
② 张秀:《两个国家、两种多元正义论——M. 沃尔泽与 D. 米勒多元主义正义论之初步比较》,《哈尔滨学院学报》2005 年第 3 期。
③ 陈应春:《多元的正义、复合的平等——沃尔泽正义观解读》,《理论界》2008 年第 4 期。
④ 谢治菊:《沃尔泽的复合平等理论及对当代中国的启示》,《社会主义研究》2012 年第 5 期。
⑤ 姚大志:《复杂的不平等——评沃尔策的平等观》,《苏州大学学报》(哲学社会科学版) 2013 年第 2 期。
⑥ 刁小行:《充分抑或必要:正义的边界问题》,《许昌学院学报》2012 年第 4 期。

非支配性"等思想对中国的现实社会具有重要的借鉴意义。在谢治菊看来，与其说沃尔泽的理论描述的是古代的西方社会，鞭挞的是现代的美国社会，还不如说沃尔泽的理论是在作为一个第三者，在冷静、客观地观察中国后对中国社会所做的淋漓尽致、活灵活现的描述。这是因为，在当代中国，权力与金钱的联姻对社会的摧残已经暴露无遗，如贫富差距过大、钱权交易横行、机会分配失衡、学术道德滑坡、人际关系冷漠、食品安全堪忧、文化传承断裂、政府公信力下滑，等等，而中国现实中的许多尖锐问题，其根源就在于控制权力与金钱的支配性，既包括权力与金钱之间的相互支配，也包括权力与金钱各自对其他领域的支配。因此，她最后指出，要解决中国的问题，可以借用沃尔泽提出的"权力与财富相互制衡"来规避支配。与此同时，还要"培养公民的权利意识，铸就公民良好的公共品质，促进公民的有序政治参与，培育公民关心公共利益的公共情怀"。①

李先桃的观点与谢治菊的观点比较类似，他也指出，中国社会出现的一系列尖锐矛盾与问题，实质上是一种"权利—责任"不明晰，社会善物越出自身范围而渗透到其他领域进而对它物进行宰制的表现，政治权力越界肆意作恶导致不平等、不正义。为了化解中国社会出现的矛盾与问题，必须遵照沃尔泽的复合平等理论所要求的，把公平正义置于具体的领域，实行情景化分配。②刁桐在对沃尔泽的复合平等理论进行比较全面的研究后，对沃尔泽的复合平等理论对当代中国社会的启发意义做了比较深入的总结，他认为，多元化是当代中国社会的主要特征，沃尔泽的复合平等理论尤其适合当代中国社会多元化的现实。单一的正义原则和平等观不能解决当代中国社会的现实问题，只有具体问题具体分析，深入观察和研究当代中国现存的各个领域及其内在的原则，提出相关的纠正和引导的方法，这样，才能适应于当代中国社会的多元发展形势，从而促进当代中国的社会建设。③

---

① 谢治菊：《沃尔泽的复合平等理论及对当代中国的启示》，《社会主义研究》2012 年第 5 期。
② 李先桃：《当代西方社群主义正义观研究》，湖南师范大学，硕士学位论文，2008 年，第 112—113 页。
③ 刁桐：《论社会公正的相对性——沃尔泽复合平等理论研究》，硕士学位论文，吉林大学，2007 年，第 25 页。

其他研究者则从具体的问题切入，探讨了沃尔泽多元主义分配正义论对当代中国的启发意义。例如，辛景亮在对沃尔泽的多元主义理论进行考察分析后，认为中国的学科评价应该吸取沃尔泽的复合平等观理论的营养，即在对作为在学科体系、研究内容、研究方法和价值取向等多方面都与自然科学明显不同的文科（艺术与人文科学、社会科学）做学科评价时，应该坚持"多元的、相对的评价标准，而不应该执行一个绝对的、统治一切学科的评价标准"。① 张子云从复合平等的视角对中国公开选拔制度进行了详细的分析，认为复合平等是中国公开选拔制度的本质特点，它作为理念贯穿公选过程的始终，作为一种独特的公正模式区别于其他选拔任用制度。② 杜凡以沃尔泽多元主义为视角观察转型社会的复合平等问题，认为转型社会要实现复合平等，必须"确立保护各领域的边界，加强政府对支配的限制，建立复合平等的社会结构"。③ 翁祖彪在研读沃尔泽多元主义分配正义论的基础上，指出支配问题是中国产生不平等现象的一个重要原因，为此，中国要建立和谐社会，就要认真地对待物品领域这个问题，尽可能地清楚划分各个物品发挥作用的社会领域，从而实现"各得其美，各美其美，美美与共"的复合平等社会。④ 总体而言，以上学者关于沃尔泽分配正义理论对于转型中国的现实意义的总结，还是比较中肯的。

三 既有文献评估

结合前面的论述，我们对既有的文献做一个整体的评估。与前面的文献综述保持一致，评估还是从国外和国内两个方面展开：

第一，国外学者对沃尔泽分配正义（复合平等）理论进行了比较深入的研究，对沃尔泽分配正义（复合平等）理论的很多方面都进行了深刻的剖析。从既有的研究来看，国外大部分学者对沃尔泽的分配正义（复合平等）理论主要采取批判的研究进路：或者内部批判，或者外部批

---

① 辛景亮：《多元主义与文科评价》，《淮北煤炭师范学院学报》（哲学社会科学版）2005年第3期。

② 张子云：《复合平等——中国公开选拔制度一元多维的公正模式探析》，《湘潭大学学报》（哲学社会科学版）2009年第3期。

③ 杜凡：《论转型社会的复合平等——以沃尔泽的多元主义为视角》，《中国特色社会主义研究》2007年第4期。

④ 翁祖彪：《复合平等理论及其对转型中国的借鉴意义——读沃尔泽〈正义诸领域〉有感》，《中国农业大学学报》（社会科学版）2008年第6期。

判,并以外部批判为主。其中,内部批判是在沃尔泽的分配正义(复合平等)理论的框架内对其进行批判的,主要为社群主义阵营内部的学者对沃尔泽多元主义分配正义论的细节内容,如社会物品、善的社会含义、诸领域与诸原则的含义等进行修正和调整;外部批判是自由主义和第三势力(如女权主义、分析马克思主义等)从整体上对沃尔泽的分配正义(复合平等)理论进行批判,认为沃尔泽的分配正义(复合平等)理论的根基——共同体不存在,以及沃尔泽的多元主义的分配标准会陷入相对主义的泥淖以至于导致所有关于正义的讨论都将失去起码的意义。

虽然国外学者对沃尔泽分配正义(复合平等)理论进行了较为深入的研究,但是,也存在以下三个方面的不足:首先,既有研究在很大程度上曲解了沃尔泽多元主义分配正义(复合平等)理论,尤其表现在曲解了沃尔泽的分配正义(复合平等)理论的研究方法,即认为沃尔泽多元主义分配正义论的研究方法存在明显的相对主义倾向和理想主义色彩,以致难以承担沃尔泽所寄托的历史使命。其次,既有研究的系统性和综合性明显不够。这表现在,国外学者较多地关注沃尔泽的分配正义(复合平等)理论中的一些细节问题(例如,关注沃尔泽分配正义论对既有的分配正义理论究竟有哪些纠偏或补充作用?),而很少从整体脉络上对沃尔泽的分配正义(复合平等)理论进行研究,也很少直接涉及沃尔泽分配正义(复合平等)理论的目标。最后,既有研究缺乏一以贯之的研究线索和逻辑。实际上,在沃尔泽的分配正义(复合平等)理论中有一条重要的线索,即沃尔泽在对一元主义和简单平等的分配正义传统进行批判的基础上,试图用多元主义与复合平等来实现分配正义的目标。只有准确地把握了沃尔泽的分配正义(复合平等)理论这一核心线索,才能在研究沃尔泽的分配正义(复合平等)理论时,明白沃尔泽到底在说什么,以及说的究竟有没有道理即成功的地方;否则,就会在研究时不得要领,甚至断章取义,不知沃尔泽所云。

第二,国内学者对沃尔泽分配正义(复合平等)理论的研究还处于起步阶段,主要肇始于"Spheres of Justice: A Defense of Pluralism and Equality"的中译本《正义诸领域——为多元主义和平等一辩》在2002年的问世。国内学者对沃尔泽的分配正义(复合平等)理论主要采取两种研究进路:一种是解释性即译介的研究进路,另一种是批判性即解构的研究进路;在两种研究进路当中,以第一种研究进路为主。首先,就引介沃尔泽的分配正义（复合平等）理论而言，既有研究主要停留在对《正义诸领域——为多元主义和平等一辩》这一文本的解读阶段，并主要侧重于两个方面：一方面，是对沃尔泽的分配正义（复合平等）理论自身的研究，例如，介绍沃尔泽多元主义分配正义论的研究方法、分配原则、分配标准，等等。另一方面，是将沃尔泽的分配正义（复合平等）理论与其他的分配正义理论进行比较的研究，其主要侧重于探讨沃尔泽多元主义分配正义论与罗尔斯、德沃金、米勒等的分配正义理论在产生背景（或思想渊源）、研究方法、具体内容、实践效果等方面有哪些区别与联系，它们各自有什么样的成功与不足等。其次，就对沃尔泽的分配正义（复合平等）理论的批判而言，已有的研究还比较少，仅姚大志在这方面有一定的开创性贡献，他着重从方法论和理论本质上对沃尔泽的分配正义理论进行了探索性的批判。

综观国内学术界对沃尔泽多元主义分配正义论的研究，我们可以发现其同样存在以下三个方面的不足：首先，既有研究对沃尔泽的分配正义（复合平等）理论有一定的误解，其中最明显的是，认为沃尔泽的复合平等观——"一个人在某一个领域的优势（或劣势）被另一个领域的劣势（或优势）所抵消，从而所有人都是平等的"——不仅把现实简单化了，而且也把现实理想化了。这显然是误解了沃尔泽分配正义思想的真谛。作为一个对社会拥有高度的洞察力和对理论问题具有非常强的思辨力的哲学家，沃尔泽断然是不会犯如此常识性的错误的。其次，在探讨沃尔泽的分配正义（复合平等）理论过程中，既有研究较少地关注西方学者对沃尔泽的分配正义（复合平等）理论的研究，只是停留在对沃尔泽的分配正义（复合平等）理论的简单引介上，这是一个比较严重的缺陷（本书将力图更多地关注西方学者的研究成果，尽力弥补这一个缺陷）。最后，既有研究忽视了沃尔泽的分配正义（复合平等）理论当中一些非常重要的方面，例如，沃尔泽是如何以一位"社群主义者"或"民主社会主义者"的身份来论证自己的复合平等观的？沃尔泽是如何区分支配与垄断的含义从而避免支配对不同领域的社会善的侵犯进而实现复合平等目标的？沃尔泽多元主义分配正义论是如何与现实的政治制度设计产生关联即它是如何协助设计和调整现实的政治制度安排的？就有效实现平等这一目标来看，沃尔泽多元主义分配正义论在西方各种分配正义理论所构成的坐标系中究竟处于一个什么样的具体位置？沃尔泽多元主义分配正义论的现实意义及其局限性分别是什么？我们又该怎样吸收沃尔泽多元主义分配正义论的思想精华从而协助其他分配正义理论一道服务于当今不平等现象越来越普遍、越来越严重的世界尤其是转型中国的分配正义实践？等等。以上一系列问题，我们在论述选题缘由时有所涉及，在这里再次提出来予以进一步的强调和凸显，以便以下研究的展开。

第三节 研究方法

无问题无以做研究，无方法无以治学问。"文章是否鲜活有神仰赖方法灌之以血液、精髓。"[①] 政治思想（史）[②] 是政治学学科当中一个十分特殊的学术领域，"在某种意义上说，政治生活从哪里开始，政治思想也就从哪里开始。而思想又会引起'被思想'……"[③] 因此，相较于政治学学科当中的其他学术问题而言，政治思想（史）的研究有其独特的方法。[④] 从现当代西方学术界的发展来看，研究政治思想（史）主要有两种方法：一种是以阿瑟·Q. 洛夫乔伊和列奥·斯特劳斯为代表的文本中心主义（包括"历史观念史"和"政治哲学史"），另一种是以昆廷·斯金纳为代表的历史语境主义。[⑤] 对于"文本中心主义"，威尔·金里卡给出了一个十分直观的解释，他说："每一种理论都可被看作是在思考一些共

---

① 梅祖蓉：《历史，文化与人格——论白鲁恂中国政治文化研究心理文化分析路径》，武汉大学，博士学位论文，2010年，第15页。
② 由于政治哲学属于政治思想（史）的一部分，因此，对政治思想（史）的研究方法，同样适用于对政治哲学的研究。
③ 张星久：《寻找政治思想史研究的新视角》，《武汉大学学报》（哲学社会科学版）2005年第4期。
④ 按照马克思的观点，认识和研究思想家的思想（意识或社会意识）有（截然对立的）两种路径：一种是唯物主义的路径，即将一切思想都看成是物质或社会存在的反映——这也是马克思及其马克思主义者所坚持和使用的研究路径；另一种是唯心主义的路径，即将一切思想都看成是思想家主观构想的。从西方学术发展来看，研究者并不是遵循马克思的这种简约化的研究方法，而是开创了其他的研究路径，例如，本书中所讲到文本中心主义和历史语境主义的研究路径，它们在某种意义上超越了马克思的历史唯物主义。
⑤ 李见顺：《历史语境主义：昆廷·斯金纳政治思想史研究方法初探》，《船山学刊》2009年第1期。

同的问题，每一种理论都是对先前的理论所具有的弱点和局限进行的回应。"① 而对于"历史语境主义"，昆廷·斯金纳也给出了一个非常明晰的解释，他指出："经典作者当初都是处在特定的社会之中并为其写作的……正是政治生活本身向政治理论家提出了一些重大课题，引起了对许多结论的怀疑，使一系列相应问题成为辩论的主要对象。"② 由金里卡和斯金纳给出的解释，我们不难得知：所谓"文本中心主义"的研究方法，是指将一切政治思想都看成是对永恒不变的根本问题的回应，并以此为前提假设（或逻辑起点）来展开对思想（史）的研究（若用图表示，则为"思想史→思想家的回应→其他思想家的解释→永恒不变的根本问题")③；所谓"历史语境主义"的研究方法，是指将一切政治思想都看成是对具体历史问题的回应，并以此为前提假设（或逻辑起点）来展开对思想（史）的研究（若用图表示，则为"思想史→思想家的回应→具体问题→社会和知识背景")。④ 事实上，从西方政治思想（史）的研究轨迹和研究成果来看，现当代西方的绝大多数研究都是从运用文本中心主义的研究方法展开的，而真正运用历史语境主义研究方法的则并不常见。

　　本书主要采取文本中心主义的研究方法。需要说明的是，在本书中，我们虽然选取文本中心主义的研究方法，但是并不认为对沃尔泽多元主义分配正义论的研究不能采取历史语境主义的研究方法（任何一位思想家的思想都受到其所处的时空环境的影响——只是程度不同罢了，沃尔泽也不例外，从这一点来看，研究沃尔泽的思想也可以采用历史语境主义的研究方法），而是认为，对沃尔泽多元主义分配正义论的研究更宜于或更适于采取文本中心主义的研究方法。这是因为，通过阅读文献，我们发现，沃尔泽早期的思想，例如，政治行动理论；近期的思想，例如，

---

① ［加］威尔·金里卡：《当代政治哲学（上）》（第二版序），刘莘译，上海三联书店2004年版，第1页。
② ［英］昆廷·斯金纳：《现代政治思想的基础》（前言），段胜武、张云秋、修海涛等译，求实出版社1989年版，第2页。
③ 参见张晒《从文本中心主义到历史语境主义：语境、概念与修辞》，《理论月刊》2013年第5期。
④ 同上。

战争正义理论，确实受到了当时的社会环境的深刻影响[1]，而沃尔泽的中期代表性思想——分配正义理论则主要或者说在很大程度上是由与沃尔泽同时代的分配正义理论家（如罗尔斯、诺齐克、德沃金等）的思想所催生的，即沃尔泽多元主义分配正义论主要是在与同时代的分配正义思想尤其是与罗尔斯的分配正义思想进行对话与交锋，即"是以罗尔斯的正义理论为其理论语境的"[2]，当然，这其中也有沃尔泽对历史上的分配正义理论家（如柏拉图、功利主义者等）的分配正义思想所做的回应。换言之，围绕绵延于历史的"同一个分配正义"问题，沃尔泽提出了自己独具一格的见解。沃尔泽自己就说：我的论著是对自由主义的"周期性的社群主义式修正"。[3] 基于此，我们就很自然地选择了文本中心主义的研究方法来展开自己的研究。也就是说，我们在研究沃尔泽多元主义分配正义论的过程中，会将沃尔泽所处的具体的历史语境（例如，自由市场制度、福利国家政策等）这个变量控制起来，或者比较少地涉及沃尔泽所处的具体历史语境，而主要是从沃尔泽对其他思想家的回应与驳论这个角度来展开。

具体来说，文本中心主义的研究方法在本书研究中是这样予以贯彻的。首先控制和屏蔽沃尔泽所处的历史语境，将沃尔泽与古典主义者（如柏拉图）、功利主义者（如密尔）、权利论者（如罗尔斯）等思想家置于同一个时空场域中，使他们共同面对同一个"分配正义"问题。对于同一个"分配正义"问题，以柏拉图为代表的古典主义者、以密尔为代表的功利主义者、以罗尔斯为代表的权利论者都相继提出了自己的解决思路。三种解决思路都有一定的说服力。沃尔泽在对这三种解决思路进行了研究后感到非常不满意，并指出，这三种解决思路都犯了同一个错误，即认为哲学能够发现和创造一种唯一的放之四海而皆准的分配原理，用这个原理就能够实现对所有的分配对象——"善"进行统一分配，

---

[1] 20世纪六七十年代，美国兴起的左翼政治行动，如学生运动、反战运动、水门事件等对沃尔泽的思想影响较大，激起了沃尔泽从理论上探讨和应对如何解决这些现实政治问题。例如，《正义与非正义战争》的写作是由反战运动所激发的；《弑君与革命》是沃尔泽为了肯定革命运动中运用暴力的合法性以及对如何更好地建立民主制度的关注。

[2] 刘依平、姚选民：《作为"中介"的"复合平等"——沃尔泽对罗尔斯分配正义理论的批判及其限度》，《行政与法》2013年第3期。

[3] Michael Walze, "The Communitarian Critique of Liberalism", *Political Theory*, Vol. 18, No. 1, 1990, pp. 6–23.

进而能够确保分配结果的正义。在沃尔泽看来，这种抽掉了分配对象——"善"的社会意义的分配原理与分配实践，是"没有意义"的。针对三种分配原理的病症，沃尔泽对症下药，独具匠心地将"善"的"社会意义"纳入分配，以"社群本原"（本体论）、"知识的情景化"（认识论）和"善的意义"（逻辑起点）三个方面为支点，一举托起自己的分配正义理论——多元主义的分配。在"多元主义分配"理论大厦的框架被树立起来之后，沃尔泽又对"多元主义分配"理论大厦继续进行充实，从三个逻辑前提"政治共同体——分配的真实场景""复合平等——分配的理想目标"和"独立自主——分配的根本法则"来逐层、逐步展开。最后，沃尔泽站在前面的理论大厦的基础上，通过具体的历史事例阐释和总结出"多元主义分配"的三个核心原则——"自由交换""归于应得"和"满足需求"。在整个研究中，我们顺应着沃尔泽对柏拉图分配正义的遗产、功利主义的单一化分配正义、权利政治主导的模式化分配正义尤其是对罗尔斯的分配正义思想的回应与批判，形成了自己的研究思路。这样，文本中心主义的研究方法在整个研究中得以有效贯彻。

前面我们对本书在哲学方法论层面的研究方法进行了阐述，基本确立了本书得以展开的（逻辑）依据。当然，一个完整的研究方法，不仅包括哲学方法论（本体论和认识论）层面的研究方法，而且还包括研究视角层次的研究方法和分析工具层次的研究方法。[①] 就本书来看[②]，我们所运用的分析工具层面（或者技术手段层面）的研究方法主要有描述和归因的方法、演绎和归纳的方法、比较的方法等。这些方法主要是运用到对某些章节的具体问题进行研究和阐述的过程中。

[①] 研究视角层次的研究方法是指选择研究问题、研究资料和研究方向与角度的准则，是研究所遵循的通则和理论，通常也被政治学家称为"概念框架"或"分析框架"，比如，系统分析法、结构功能分析法、精英分析法、团体分析法等就是研究视角层次的研究方法。参见储建国《调和与制衡的二重变奏——西方混合政体思想的演变》，武汉大学，博士学位论文，2004 年，第 17 页；俞可平：《西方政治分析新方法论》，人民出版社 1989 年版，第 1—2 页。

[②] 一般来说，对于哲学问题的研究，不存在或者不需要研究视角层面的研究方法。

第四节　论述框架

论述框架是整个研究得以展开的逻辑基础。一般而言，论述框架主要是由研究问题引导的，并建立在研究方法和研究思路尤其是研究方法的基础之上。进言之，有什么样的研究方法，就会有什么样的研究思路与之匹配；相应地，也就会有什么样的论述框架随之而生。基于从本书的研究问题（略，如前所述）、研究方法——文本中心主义，以及研究思路——思想缘起，到理论根基、逻辑前提、核心原则，再到综合深思——的整体考量，本书的论述框架如下图所示。

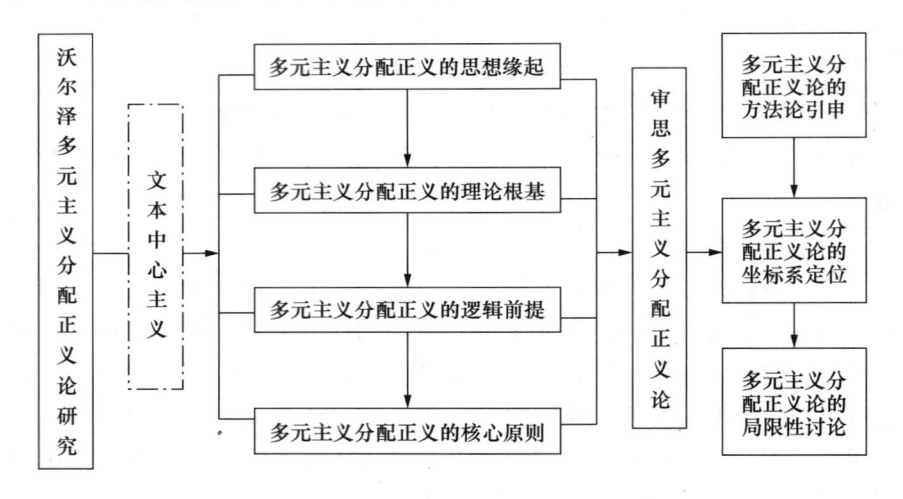

```
沃尔泽多元主义分配正义论研究 → 文本中心主义 →
    多元主义分配正义的思想缘起
    多元主义分配正义的理论根基
    多元主义分配正义的逻辑前提
    多元主义分配正义的核心原则
→ 审思多元主义分配正义论 →
    多元主义分配正义论的方法论引申
    多元主义分配正义论的坐标系定位
    多元主义分配正义论的局限性讨论
```

* 导论部分主要介绍本书要研究什么问题、为什么研究该问题、该问题目前的研究现状如何，以及如何进行研究。

第一章主要探讨沃尔泽多元主义分配正义的思想缘起，即沃尔泽对一元主义分配正义理论的批判与回应。沃尔泽在对一元主义分配正义理论即对柏拉图的分配正义遗产、功利主义的单一化分配正义、权利政治主导的模式化分配正义，尤其是对罗尔斯的分配正义理论等进行全面回顾和剖析的基础上，从抽象的方法论、虚幻的乌托邦、"意义"缺失的分配正义三个方面对其进行了回应与批判。批判与回应正是沃尔泽多元主义分配正义论的逻辑起点。

第二章主要探讨沃尔泽多元主义分配正义的理论根基，主要包括以"社群"为观察对象的整体主本体论、以"情景"为铺陈逻辑的语境主义认识论，以及由此两者所奠定的以社会中的"善"和善的"社会意义"为内核或主线的"多元主义"的"分配正义"理论。这是沃尔泽多元主义分配正义论大厦的哲学根基。本章将对以上问题进行深入论述。

第三章主要探讨沃尔泽多元主义分配正义的逻辑前提，主要包括对世界共同体和历史共同体并不适合作为分配发生的场景进行论证之后，确立分配的真实场景——政治共同体；对简单平等进行否定和对永恒的差别予以证实之后，确立分配的理想目标——复合平等；对垄断与支配进行严格区分并承认垄断的合理性和控诉支配的非法性之后，确立分配的根本法则——独立自主。本章将对以上问题进行阐述。

第四章主要探讨沃尔泽多元主义分配正义的核心原则，主要包括自由交换——自愿性分配原则、归于应得——对称性分配原则、满足需要——保底性分配原则。具体来说，自由交换、归于应得和满足需要三个分配正义原则是基于什么原因而得以成立的？它们是如何运用的？它们各自的局限性又在哪里？本章将对这几个问题进行详细的阐述。

第五章主要从整体上和宏观上对沃尔泽多元主义分配正义论做一个审思，主要包括三个方面的内容：从由整体主义本体论和语境主义认识论所构成的方法论，进一步引申出沃尔泽多元主义分配正义论的实证主义、文化主义、相对主义的理论特质；就分配正义理论的平等指向及其取得的实际效果方面，将沃尔泽多元主义分配正义论分别与西方思想界的左派代表马克思、中间派代表罗尔斯以及右派代表诺齐克等的分配正义思想做一个比较，从而判断和确定沃尔泽多元主义分配正义论在西方诸多分配正义思想所构成的坐标系中的坐标点，即判断沃尔泽与马克思、罗尔斯、诺齐克的相对位置和内在联系；对沃尔泽多元主义分配正义论的局限性展开讨论，即从"有多少分配领域""共享理解可能吗"和"如何控制强国家"三个方面讨论沃尔泽多元主义分配正义论存在的局限性及对局限性超越的可能性。

结论对全书进行总结，重点回顾和阐述本书的基本内容和主要观点，主要包括对沃尔泽多元主义分配正义论的整体评价和综合价值判断。同时，对沃尔泽多元主义分配正义论有待进一步探讨的问题进行展望，并对沃尔泽多元主义分配正义论对当代中国的分配正义实践的启发做一个初步论述。

第一章　多元主义分配正义的思想缘起

柏拉图是西方第一个系统地论述正义理论的哲学家，他开启了分配正义的一元主义传统，这一传统被以边沁、密尔等为代表的功利主义者和以罗尔斯、诺齐克、德沃金等为代表的权利论者尤其是罗尔斯所继承，他们在吸取柏拉图分配正义理论的思想营养和遗产的基础上，相继提出了以实现"最大化功利"为目标的单一化分配正义和由"权利政治"所主导的模式化分配正义。单一化分配正义和模式化分配正义在西方思想界和现实社会中引起了巨大的反响，并引起了包括沃尔泽在内的社群主义思想家的高度关注和强烈质疑。沃尔泽明确指出，"正义是一种人为建构和解释的东西，就此而言，说正义只能从唯一的途径达成是令人怀疑的"。[①] 基于此，他从抽象的方法论、虚幻的乌托邦和"意义"缺失的分配正义三个方面对柏拉图开创并经功利主义者推进和完善的，以及在罗尔斯那里发展到顶峰的一元主义分配正义理论进行了系统的清理和"外部批判"[②]，从而为他提出自己的多元主义分配正义理论拉开了序幕。

第一节　分配正义的一元主义传统

分配正义的一元主义传统是由柏拉图开创的。柏拉图之后，分配正义的一元主义传统被以边沁、密尔等为代表的功利主义者和以罗尔斯、

---

① [美]沃尔泽：《正义诸领域——为多元主义和平等一辩》，褚松燕译，译林出版社2009年版，第4页。
② "批判"并不是指我们日常生活中带有贬抑含义的那种批判用法。在现代西方思想传统中，"批判"承袭了康德使用过的"批判"概念，其含义一是澄清前提，二是划定界限。按照赵敦华对批判的论述，批判分为内部批判和外部批判。所谓外部批判，就是指站在一个理论的外部，按照另外的理论对其进行批判，即以他人之矛攻彼之盾。参见赵敦华《西方现代哲学新编》，北京大学出版社2004年版，第6页。

诺齐克、德沃金等为代表的权利论者尤其是罗尔斯所继承和弘扬。因此，总的来看，分配正义的一元主义传统主要包括柏拉图的分配正义遗产、功利主义的单一化分配正义和权利政治主导的模式化分配正义。

一 柏拉图的分配正义遗产

在源远流长的西方思想界，柏拉图是第一个系统地论述正义理论的哲学家。[①] 分配正义思想是柏拉图正义理论的重要组成部分。柏拉图的分配正义思想源于他对"人"及其心灵结构的设计和认定。"人"及其心灵结构是柏拉图分配正义思想的逻辑起点，也是理解柏拉图分配正义思想的突破口。柏拉图认为，人的心灵结构一般包括理性、激情和欲望三种成分。由于神在铸造人的时候，在人的灵魂中分别加入了数量不等的代表理性的黄金、代表激情的白银、代表欲望的铜铁三种元素[②]，因此，不同的人，其理性、激情和欲望在心灵结构中所占的比重是不一样的——加入黄金的人的理性居多，加入白银的人的激情居多，加入铜铁的人的欲望居多。柏拉图进一步认为，人的心灵结构的三种成分相应地表现为人的三种德性：智慧、勇敢和节制。黄金、白银和铜铁进而理性、激情和欲望在不同的人的心灵结构中所占的比重不同，从而导致不同的人具有不同的德性：有的人智慧德性占主导，有的人勇敢德性占主导，有的人节制德性占主导。

柏拉图将人的德性与分配正义有机地结合起来。他指出："每个人必须在国家里执行一种最适合他天性的职务。"[③] 也就是说，人的天性即德性决定着城邦职位的分配。德性不同，分配就不同。当一个人的智慧德性占主导时，这个人就应该担当哲学家或统治者的职位；当一个人的勇敢德性占主导时，这个人就应该担当护卫者的职位；当一个人节制德性占主导时，这个人就应该担当辅助者的职位。总之，"各组成部分处在一种支配与被支配的天然联系中，各司其职，各负其责，各守其位，互不僭越"[④]，"正义就是只做自己的事而不兼做别人的事"[⑤]，"当生意人、辅

[①] 参见岳海湧《柏拉图正义学说》（自序），人民出版社2013年版，第1页。
[②] 参见[古希腊]柏拉图《理想国》，郭斌和、张竹明译，商务印书馆1986年版，第128—129页。
[③] 同上书，第154页。
[④] 岳海湧：《柏拉图正义学说》，人民出版社2013年版，第105页。
[⑤] [古希腊]柏拉图：《理想国》，郭斌和、张竹明译，商务印书馆1986年版，第154页。

助者和护国者这三种人在国家里各做各的事而不相互干扰时，便有了正义"。① 柏拉图还借用神谕来强调这种分配原则的重要性和必要性，他说，"铜铁当道，国破家亡"。换言之，一旦辅助者或是护卫者僭越了本不应该归属他的统治者职位，整个国家就会陷入灾难之中。这正是分配不正义所引起的。

柏拉图进一步指出，以人的德性为基础的分配正义是开放的和动态的。在柏拉图看来，孩子们的德性与父母无关，而只与神的选择有关。不管父母的德性如何，只要神在铸造人的时候在孩子们的灵魂中种下了与他们父母的灵魂中所拥有的元素相异的元素，孩子们就应该与他们的父母相隔离，并断绝血缘关系，从而去承担与他/她们自己的德性相匹配的职位。柏拉图说："如果金父或者银父的儿子身体蕴含的是铜和铁，那么必须要改变他们儿子的身份地位，统治者不能对这样的孩子怀有仁慈之心，他们必须按照自己的血统去成为农民和工艺者；而农夫的孩子如果身体中蕴含的是银或金，那么他们就应该受到好的教育并被尊重，让他们以后成为统治者和助手。"② 很显然，柏拉图从根本上颠覆了古已有之的基于家族血缘关系的身份职位继承分配制。这样一来，任何公民都有机会成为统治者、护卫者和辅助者。进而言之，即使父母位列较低的职位，但只要孩子们具备较高的德性，他/她们就能够自然而然地获得或享受较高的职位分配待遇，即成为城邦的统治者或者护卫者。

除能够从德性的视角来分析柏拉图的分配正义思想之外，对于柏拉图的分配正义思想，还可以从另一个视角来进行分析，这个视角就是柏拉图在其著作中多次强调的"知识"。在柏拉图的思想体系中，"知识"无疑具有十分独特而又重要的地位。柏拉图不止一次借他的老师苏格拉底之口说："善只有一种，那就是知识，同样，恶也只有一种，那就是无知。"③ 这就是人们通常所说的"知识即善"，或者"善即知识"。④ 关于"知识即善"这个命题，人们一般将其理解为"知识即美德"。将"知

---

① ［古希腊］柏拉图：《理想国》，郭斌和、张竹明译，商务印书馆1986年版，第156页。
② ［古希腊］柏拉图：《理想国》，李飞、李景辉译，华中科技大学出版社2012年版，第100页。
③ ［古希腊］第欧根尼·拉尔修：《名哲言行录》（上册），马永翔等译，吉林人民出版社2003年版，第103页。
④ ［古希腊］柏拉图：《理想国》，郭斌和、张竹明译，商务印书馆1986年版，第260页。

识"理解为"美德"固然没有错，但是不够全面。这是因为，按照柏拉图的思想，"知识"不仅仅是一种"美德"（virtue），它本身也是一种"善物"（goods），而且，"知识"还是世界上最重要的一种"善物"，为"诸善之首""诸善之最"。"善物"的分配实质上是"知识"的分配，即人具备的知识决定了对"善物"的分配。由于每个人所具有的知识不一样——哲学家具备的知识最丰富，其次是护卫者，再次是辅助者，因此，对"善物"的分配就截然不同。具体而言，在分配社会善物时，应该将统治者的职位分配给那些知识最丰富的哲学家，将护卫者的职位分配给那些知识次多的专门从事战争、保卫城邦的军人，将辅助者的职位分配给那些知识最少的工匠、农夫、商人等生产者。

从人的德性出发来进行分配和以人的知识为基础来进行分配，表面上看起来是两种不同的分配原则，而实质上它们讲的是同一个分配原则。这是因为，按照柏拉图的理解，德性与知识具有相同的含义，德性与知识是对等的，两者可以进行互换：德性高的人（如智慧德性占主导的人），就是有知识的人（如哲学家）；而有知识的人（如哲学家），也就是德性高的人（如智慧德性占主导的人）。相反，绝不会出现这样的情况——一个有知识的人却是一个没有德性的人，或者说，一个有德性的人却是一个没有知识的人。一言以蔽之，在柏拉图的思想中，德性就是知识，知识就是德性。进而言之，柏拉图的分配正义理论实质上坚持的是一个分配标准和原则，即为一元主义的分配正义理论。

通过前面的分析不难得知，柏拉图对分配正义思想的讨论，至少给后来的研究者研究分配正义思想留下了三个方面的遗产：

第一，柏拉图从寻找隐藏在现实世界背后的自然秩序出发来探讨分配正义问题的做法，开创了运用普遍主义方法论研究分配正义的历史之先河。顾准曾说道："虽然世界似乎充满了差异、混乱、多样性和无秩序，但两个人（指柏拉图和亚里士多德——笔者加注）都断言自然秩序隐藏在世界的背后，一旦发现这个秩序的基本原理，就可以找到人类社会的秩序。"[1] 现实世界的确很复杂，但柏拉图并没有纠缠于纷繁复杂的现实世界，而是"从众多各异的事物中寻求它们背后共同的基质、要素、

---

[1] 顾准：《顾准文集》，贵州人民出版社1994年版，第29页。

本质或本原（多→一）"①，即透过现实世界去寻找其背后的"型"或"相"。在柏拉图看来，"型"或"相"是唯一的和真实的，而现实世界则是复杂的和多变的。因此，人们不需要站在现实世界里寻找正义法则——事实上，现实世界里也找不出正义法则，相对地，人们可以跳出现实世界去发现"正义的相"，然后再用"正义的相"指导多变的现实世界。后来的很多思想家在寻找正义法则时，也采用了这样一种方法，比如罗尔斯就是如此。

第二，柏拉图从分配的主体"人"出发来探讨分配正义的思路或做法为后来无数的思想家（最为典型的当属罗尔斯、德沃金、森等）在探讨分配正义时所继承。在柏拉图的分配正义思想中，他关注最多的是"人"，观察最多的是"人"，分析最多的还是"人"，可以说，"人"是柏拉图分配正义思想的核心元素和逻辑起点。柏拉图对分配正义的探讨，首先和主要是从探讨人的德性和知识开始的。在柏拉图的《理想国》中，满篇都是关于"人"的讨论，各种各样的人，如哲学家、统治者、护卫者、军人、辅助者、工匠、农夫、商人，等等。可见，"人是万物的尺度"②，不仅是普罗泰戈拉的名言，更是柏拉图身体力行的人生信条。在此，用麦金泰尔在考辨古典语言时所讲到一句话来说，在古希腊，"正义"内含着浓厚的"人"的意味。③ 应该说，柏拉图在分配正义中对"人"的格外关注和重视对后世的影响是十分深远的。后来的很多思想家在探讨分配正义时，始终没有跳出"人"的范畴和"人"的思维，或者是围绕人的福利权利（如罗尔斯），或者是围绕人的自由权利（如诺齐克），或者是围绕人的平等权利（如德沃金），或者是围绕人的应得权利（如麦金泰尔）。

第三，柏拉图从哲学沉思的方法思考分配正义也对后世的思想家产生了极其深远的影响。柏拉图探讨正义的经验向人们表明，分配正义并不是世界自然生成的或者既已存在的，也不是由神创造的，而是由哲学家通过自己的构思和创造而产生的。简言之，分配正义是哲学家思想的

---

① 马德普：《普遍主义的贫困——自由主义政治治学批判》，人民出版社2005年版，第9页。
② 普罗泰戈拉说："人是万物的尺度，是存在的事物存在的尺度，也是不存在的事物不存在的尺度。"［古希腊］柏拉图：《柏拉图全集》（第2卷），人民出版社2002年版，第664页。
③ 万俊人：《比照与透析》，广东人民出版社1998年版，第107页。

产物，甚至是哲学家的思想专利品。哲学家以外的人（如凡夫俗子）对于何为分配正义以及如何实现分配正义并没有清晰的认识，构思分配正义或者创造分配正义乃是哲学家的任务，它与普通人没有什么关系。哲学家将分配正义构思或创造出来之后，其他的普通人只需要遵照执行就可以了。柏拉图以后，差不多所有的思想家都在效仿柏拉图，秉持着哲学与哲学家理应承担的重大使命，努力去发现和创造一种能够为世俗社会带来正义福音的分配思想。也就是说，分配正义首先产生于哲学的沉思，然后再运用到现实社会的具体制度设计和政治实践当中；而不是相反，即先有制度设计和政治实践，再从制度设计和政治实践中提炼出分配正义思想。

二 功利主义的单一化分配正义

功利主义在西方社会有着悠久的历史，它最早可以追溯到古希腊时期昔勒尼学派和伊壁鸠鲁学派的快乐主义伦理思想。[①] 不过，近现代成熟的功利主义思想产生于资产阶级处于上升和发展时期。资产阶级革命完成以后，生产力的发展和经济效益的增长成为资产阶级追求的主要目标；同时，伴随着新的利益格局和利益关系的深刻调整及激烈变革，社会利益冲突与矛盾也在进一步激化，人们强烈呼唤新的伦理思想的产生。在这样的背景下，功利主义应运而生，并长期在西方思想界和意识形态领域占据着统治和支配地位，直到 20 世纪 70 年代罗尔斯的《正义论》问世并向其主动发起挑战，这一现象才发生了实质性的改变。从西方资本主义的发展实践来看，功利主义在西方思想界的影响是广泛和巨大的。[②]

分配问题虽然并不是功利主义关注和讨论的核心问题，但是，功利主义的落脚点和归宿却是与各方利益密切相关的分配正义问题。功利主义对包括分配正义问题在内的一切社会问题的讨论，首先是从探讨人类"趋乐避苦"的本性开始的。功利主义认为，人的本性在于趋乐避苦。边沁在《道德与立法原理导论》的开头部分就写道："自然把人类置于两位主公——快乐和痛苦——的主宰之下。只有它们才指示我们应当干什么，决定我们将要干什么。是非标准、因果联系，俱由其定夺。凡我们所行、

[①] 牛京辉：《英国功用主义伦理思想研究》，人民出版社 2002 年版，第 1、37 页。
[②] 笔者在这里所讲的近现代的功利主义专指狭义上的功利主义，即主要是指以边沁、密尔等为代表的功利主义思想，而不包括从广义上所讲的罗尔斯、森等功利主义思想。参见姜广东《功利主义思想的演化及其制度含义》，《东北财经大学学报》2014 年第 6 期。

所言、所思，无不由其支配：我们所能做的力图摆脱被支配地位的每项努力，都只会昭示和肯定这一点。一个人在口头上可以声称绝不再受其主宰，但实际上他将照旧每时每刻对其俯首称臣。"① 快乐与痛苦决定着个人实际上如何去行为，对快乐或是免除痛苦的期待是驱动人们的行为的主要动机——凡是能够给人带来快乐的事物或行为，就是值得向往和追求的；反之，则是需要回避和抗拒的。

功利主义对快乐与痛苦的强调也就决定了功利主义必然采用"后果论"的形式来评判人的行为，即将行为的道德评价建立在行为的后果基础之上，从后果是否能够最大限度地促进行为所涉及的所有人的快乐的增加或者痛苦的免除来判断行为正当与否。"具体来看，它有两个主要部分：其一，对于内在价值或者根本上的善的规定，将快乐看作是具有内在价值的东西；其二，对于正当和善的关系的规定，认为道德上正当的行为就是那些最大限度地实现内在价值的行为。"② 进一步来说，快乐并不是偶然的，而是建立在普遍的人性基础之上的具有内在价值的永恒的东西，是人生的根本价值，也是"诸善之首"；人们追求作为"诸善之首"的具有根本内在价值的快乐或者避免痛苦在道德上是讲得通的，因而是正当的和正义的。按照这样的一种思维逻辑，人们在评价一件事物或某一行为如分配活动时，首先看重的就是它的结果能否给人们带来快乐或者让人们避免痛苦（后果论）。换言之，后果上能否给人们带来快乐成为衡量人类所拥有的包括分配活动在内的一切事物和行为的道义标准。

在"苦乐原理"与"后果论"的引导下，功利主义进一步提出了"最大多数人的最大幸福"的具体原则，并将其视为包括分配活动在内的人类一切行为的第一原则。边沁认为，"最大多数人的最大幸福"是"人类行动的正确适当的目的，而且是唯一正确适当并普遍期望的目的，是所有情况下人类行动特别是行使政府权力的官员施政执法的唯一正确适当的目的"。③ 在《政府片论》中，边沁进一步强调，"正确与错误的衡量标准在于最大多数人的最大幸福"。④ 在功利主义所涉及的一些具体的

---

① ［英］边沁：《道德与立法原理导论》，时殷弘译，商务印书馆2000年版，第57页。
② 牛京辉：《英国功用主义伦理思想研究》，人民出版社2002年版，第1、46页。
③ ［英］边沁：《道德与立法原理导论》，时殷弘译，商务印书馆2000年版，第57页。
④ ［英］边沁：《政府片论》，沈叔平等译，商务印书馆1995年版，第92页。

细节问题上，密尔与边沁虽然存在着不少争议，但是，对于边沁提出的"最大多数人的最大幸福"原则，密尔则表示完全赞同。他指出："功利主义的行为标准并不是行为者本人的最大幸福，而是全体相关人员的最大幸福。"[①]"功利主义的终极目的即其他一切渴望之事的参照点和归宿（无论是考虑自身的善还是他人的善），就是让生活尽可能远离痛苦、尽可能丰富快乐（不论是在量上还是在质上）。"[②] 对于一些人的"自我牺牲行为"，密尔表达了自己的观点，他说："如果一种牺牲没有增加或没有倾向于增加幸福的总量，那么它就被认为是一种浪费。功利主义理论唯一赞同的自我牺牲就是完全为了他人的幸福或为了他人获得实现幸福的手段而作出的牺牲——这里的'他人'，既可以是人类这一整体，也可以是符合人类整体利益这一条件限制下的个人。"[③] 在密尔看来，即使是评价自我牺牲行为的值与不值，也仍然要以是否增加"最大多数人的最大幸福"为衡量标准。"最大多数人的最大幸福"的至高无上地位在这里体现得淋漓尽致。这样一来，分配正义的唯一衡量标准就是能否实现"最大多数人的最大幸福"。

从思维方式来讲，功利主义的"最大多数人的最大幸福"原则表现出了一定程度上的整体主义色彩，即在分配实践中，整体利益优越于个人利益，个人的行为动机服从于整体的效果。具体来说，就幸福所关涉的人数而言，分配应该尽量地考虑最大多数人而不是较少数人——这是整体主义色彩的表现；就人们所追求的幸福数量而言，分配应该尽量地实现最大量的幸福而不是较小量的幸福——这也是整体主义色彩的表现。事实上，对于功利主义所具有的整体主义色彩，还可以从密尔在论述处理个人幸福或个人利益与全体利益的关系时看出来。在个体利益分化和个人动机无序的社会中如何处理个人利益与整体利益的关系问题时，密尔提出了一种与柏拉图的思想比较相近的解决方法。密尔是这样说的：为了让个人的幸福或个人利益（按照实践说法）与全体利益趋于和谐，应当借助于教育和舆论来塑造个人的性格，矫正个人只顾自我的幸福观，

---

① ［英］约翰·斯图亚特·穆勒：《功利主义》，徐大建译，上海人民出版社2008年版，第12页。

② ［英］约翰·斯图亚特·穆勒：《功利主义》，叶建新译，中国社会科学出版社2009年版，第19页。

③ 同上书，第27页。

使个人养成直接促进普遍的善的习惯性行为动机。① 从密尔的话语中很容易看出，个人在思想观念上就要首先服从于整体利益。另外，柏拉图的德性传统在密尔的身上也得到了重现。

但是，密尔并不承认功利主义具有整体主义的色彩。他说："倘若从义务动机的角度和严格遵守原则的意义上来单纯谈论所发生的行为，那么认为功利主义的思维模式意味着人们应当将他们的关注点置于普遍意义上的整个世界或整个社会，则无疑是一种误解。"② 这是因为，"绝大部分善的行为并不是针对整个世界的福祉，而仅仅是为了个体的受益——当然这是形成整个世界的善的基础"。③ 密尔的意思是，从主观动机上讲，个人的行为或许是为了实现个人的利益，但是，从客观效果上讲，个人的行为却带来了整个世界福祉的增加，即实现了"最大多数人的最大幸福"。因而，功利主义根本不存在反功利主义者所指出的个体必须服从整体的整体主义色彩。事实上，密尔的辩解是无力的乃至是无效的。这是因为，密尔给出的原因与功利主义研究者的看法根本不在同一个话语层面上——密尔给出的原因只是对社会客观现象的一种描述，而功利主义研究者所讲的是理念层面的原则问题；而且，密尔还忽视了一个至关重要的问题，那就是他在前面论述如何处理个人利益与整体利益的关系时所提出的"用教育和舆论塑造个人性格"的问题。无论密尔承认与否，功利主义的分配正义都表现出了一种贯穿始终的整体主义色彩。

总而言之，功利主义的分配正义完全建立在"功利"即"最大多数人的最大幸福"基础之上。"最大多数人的最大幸福"是功利主义分配正义的最重要的原则，也是唯一原则。凡是符合这一原则的分配就是正义的；反之，则是非正义的。一言以蔽之，与柏拉图的分配正义理论一样，或者说，受柏拉图分配正义理论的深刻影响，功利主义的分配正义理论也是一种典型的一元主义的分配正义理论。

三　权利政治主导的模式化分配正义

在功利主义主导的时代，"权利"在日常政治话语体系中基本上处于销声匿迹的状态。功利主义的分配正义对权利的漠不关心，引起了西方

---

① 参见［英］约翰·斯图亚特·穆勒《功利主义》，叶建新译，中国社会科学出版社2009年版，第28页。
② 同上。
③ 同上书，第28—29页。

思想家的密切关注和强烈不满。一些思想家认识到,将权利排除在分配正义之外,不仅不能实现正义,反而会加剧社会的冲突与矛盾——而这正是不正义的导火索,进而会动摇社会的统治根基。最先对功利主义及其分配正义发起挑战的是罗尔斯。20世纪70年代,罗尔斯发表《正义论》一书,标志着"权利政治"时代的到来。对此,著名法哲学家哈特曾说:"任何一个熟悉过去十年来政治哲学领域著作的人,无论英国的著作还是美国的著作,都不会怀疑这个处于道德、政治以及法律哲学交叉点的主题正在经历一个重大的变革。"[1] 这个变革即从功利主义到基本人权的理论。权利政治论者(或权利基础论者)的代表人物,除上面讲到的罗尔斯以外,还有罗尔斯的两位最重要的论敌:一位是"自由至上主义"的旗手——诺齐克,另一位是"平等至上主义"的先锋——德沃金。[2] 罗尔斯、诺齐克和德沃金是权利政治分配正义理论的三巨头。

罗尔斯、诺齐克和德沃金三人都倡导个人权利的至上性,以反对功利主义对个人权利的漠视。他们一致认为,功利主义以"最大多数人的最大幸福"引领社会的分配正义思想和实践,用一些人的较大得益补偿另一些人的损失与伤害,甚至为了使更多的人分享较大利益而剥夺少数人的自由,显然是把人不当人看,这与资本主义社会的文明进程和发展趋势是背道而驰的,因此,必须予以检讨和超越。罗尔斯说:"社会的每一个成员都被认为是具有一种基于正义或者说基于自然权利的不可侵犯性,这种不可侵犯性甚至是任何别人的福利都不可逾越的","在一个正义的社会里,基本的自由被看作是理所当然的。由正义保障的权利不受制于政治的交易或社会利益的权衡。"[3] 诺齐克始终坚守权利的王牌,他郑重地说:"个人拥有权利,而且有一些事情是任何人或任何群体都不能对他们做的(否则就会侵犯他们的权利)。这些权利是如此重要和广泛,

---

[1] [英] H. L. A. 哈特:《法理学与哲学论文集》,支振锋译,法律出版社2005年版,第212页。

[2] 用德沃金的术语来说,罗尔斯、诺齐克以及他本人的理论都是"权利基础论"(right – based theory)或"权利优先论"(the primacy – of – right theory)。参见应奇《从自由主义到后自由主义》,生活·读书·新知三联书店2003年版,第2页。

[3] [美] 罗尔斯:《正义论》,何怀宏、何包钢、廖申白译,中国社会科学出版社2009年版,第27页。

以致它们提出了国家及其官员能够做什么的问题。"① 德沃金则声称:"个人权利是个人手中的政治护身符。当由于某种原因,一个集体目标不足以证明可以否认个人希望什么、享有什么和做什么时,不足以证明可以强加给个人某些损失或损害时,个人便享有权利。"② 从罗尔斯、诺齐克、德沃金的简短话语中,即可看出三人对个人权利的维护是毫不妥协的。

罗尔斯、诺齐克和德沃金对个人权利的坚决维护,导致他们的分配正义思想也建立在保障个人权利的基础之上,或者反过来说,罗尔斯、诺齐克和德沃金各自提出和论证分配正义思想,就是为了维护和保障个人的权利。③ 当然,由于三个人对权利的界定和关注点不同,使他们的分配正义思想也存在明显的差异。

罗尔斯重在关注个人的福利权利。罗尔斯认为,在西方社会,由于建立和推行了比较健全和完善的宪政民主制度,个人在政治领域的平等的自由权利基本上得到了保障和实现,这是没有疑问的;但是,在经济领域,由于市场经济体制的客观缺陷以及个人自身的主观缺陷,造成部分人并不能享受同等的经济权利或福利,使社会上有相当一部分人挣扎在贫困线甚至死亡线上,这严重地影响着社会正义的实现。在罗尔斯看来,如果社会不能对处于弱势地位的一部分穷人给予适度的(经济)补偿和救济,社会将是不正义的。为此,罗尔斯提出了自己的分配正义理论,其思想主旨是为国家征税救济穷人作合法性与合理性论证和辩护。罗尔斯希望借助于他的分配正义理论,国家能够理直气壮地从富人那里征税,并以财政转移支付的形式来帮助穷人,拯救穷人于水深火热之中,从而确保社会的基本公平正义。简言之,罗尔斯的分配正义理论就是一种以福利权利为基础的分配正义理论,它与功利主义分配正义的区别就在于它积极地关注和维护处于社会底层的穷人的权利与幸福。

罗尔斯建立在福利权利基础之上的分配正义理论首先引起了诺齐克的不满。诺齐克认为,按照罗尔斯的分配正义思路,通过税收即从富人那里转移财富用以救助处于社会底层的穷人,这确实改善了社会底层穷

---

① [美]诺齐克:《无政府、国家与乌托邦》,何怀宏译,中国社会科学出版社1991年版,第1页。
② [美]德沃金:《认真对待权利》,信春鹰、吴玉章译,中国大百科全书出版社1998年版,第6页。
③ 参见韩震《当代西方的另一种正义理论》,《哲学动态》1994年第4期。

人的生活状况，在某种意义上实现了他们的福利权利。但是，这种做法却严重地侵犯了富人的合法权利尤其是富人的经济自由乃至政治自由，因而是不正义的。诺齐克说："存在着不同的个人，他们分别享有不同的生命，因此没有任何人可以因为他人而被牺牲。"① 在诺齐克看来，只要市场经济的程序是合法的，市场化分配造成的结果就应该被大家毫无怨言地接受，而不能用道德的眼光来审判市场化分配造成的结果，甚至人为地干涉和改变市场化分配造成的结果。诺齐克通过对不同类型国家存在的合理性证明，进一步指出，罗尔斯的福利国家无异于霍布斯的"利维坦"，因而是非常可怕的，并提出真正合理且具有存在必要性的国家是"最弱意义的国家"，这种国家的功能也仅限于"防止盗窃、欺骗、强制履约"等。诺齐克最后认为，一个人通过正当地获取、转让和矫正的方式而持有某种东西，任何人以任何方式都不能予以剥夺，否则就是不正当的。② 诺齐克的持有正义理论完全建立在个人权利基础之上，其个人权利至上的色彩最为浓厚。

与罗尔斯、诺齐克相比较，德沃金对于权利有着不同的理论预设；对权利的预设不同，从而使德沃金的分配正义理论与罗尔斯、诺齐克的分配正义理论也明显不同。德沃金明确指出，权利就是平等权。他说："我的论点中的核心概念不是自由而是平等。"③ 同时，德沃金还认为，罗尔斯建立在福利权利基础之上的分配正义理论在某种程度上虽然推进了平等权，但是，离他心目中理想的平等权还存在相当一段距离；而诺齐克完全建立于持有权利基础之上的分配正义理论更是导致越来越多的不平等，从而使一部分人丧失了应有的"平等权"。出于对诺齐克和罗尔斯的不满，德沃金提出了自己的建立于"资源平等权"基础之上的分配正义理论。在德沃金看来，所谓的平等并非是像罗尔斯所主张的那样从襁褓到坟墓都予以关切的"福利平等"，也不是像诺齐克所主张的那样从政治领域到经济领域的形式上的"自由平等"，而是"平等的关切"以及

---

① [美] 诺齐克：《无政府、国家与乌托邦》，何怀宏译，中国社会科学出版社1991年版，第179页。
② 同上书，第157页。
③ 同上书，第357页。

"要求政府致力于某种形式的物质平等"①，即每个公民都享有一种抽象的平等权。这一抽象的权利包括两种不同的具体权利：第一种是受到平等对待的权利，也就是说，要像其他人所享有的或被给予的一样，同等地分享利益和机会；第二种是作为平等的人受到对待的权利，即在有关这些利益和机会应当给予分配的政治决定中受到平等的关心和尊重的权利。②德沃金还强调：分配不能以某种德性、品质或某一社会、阶级、团体的政治、道德标准为分配依据，"作为平等的人受到对待的权利必须被当作是自由主义平等概念的根本要素"。③重要性平等的权利是分配正义的第一原则。总而言之，在德沃金的分配正义理论中，平等权利是最为重要的，以平等权而始，以平等权而终。

通过对罗尔斯、诺齐克、德沃金等建立于权利基础之上的分配正义理论即权利政治主导的分配正义理论的讨论与分析不难得知，虽然三个人的分配正义理论的具体展开形式和目标旨趣有所不同，甚至差异明显，但三个人的分配正义都是一种典型的模式化分配正义，这种分配正义理论的逻辑进路就是，之所以给某人分配某种善，或者说某种善的分配之所以是正义的，是因为某人拥有某种权利，这种权利或者是福利权利，或者是持有权利（或个人自由权利），或者是平等权利，等等。如果用一个公式进行表达，那就是：

根据人们的（　　），向人们分配善。

（　　）中可以填福利权利、持有权利（或个人自由权利）、平等权利，等等。显而易见，这也是一种一元主义分配正义理论，而且是一种更为典型的一元主义分配正义理论。

至此来看，尽管以罗尔斯、诺齐克和德沃金为代表的权利论者的分配正义理论是建立在对功利主义者的不满和批判的基础之上的，但是，以罗尔斯、诺齐克和德沃金为代表的权利论者的分配正义理论与功利主义者的分配正义理论在本质上却是一致的，即都是一元主义分配正义理论。

---

① Ronald Dworkin, *Sovereign Virtue*, Harvard University Press, 2000, p. 3.
② 参见［美］德沃金《认真对待权利》，信春鹰、吴玉章译，中国大百科全书出版社1998年版，第357—358页。
③ 同上书，第358页。

在前面，我们对包括柏拉图的分配正义遗产、功利主义的单一化分配正义、权利政治主导的模式化分配正义在内的一元主义分配正义传统进行了全面的梳理与总结，为接下来引出沃尔泽对一元主义分配正义传统的批判与回应奠定了较为坚实的理论基础。

然而，由于在沃尔泽的批判与回应所针对的思想家中即沃尔泽的论战对象中，罗尔斯是最为重要的一位思想家——沃尔泽曾在《致谢》中这样说道，"如果没有他（指罗尔斯）的著作，我的作品将不会像现在这样成形——甚至可能根本不会成形"。[①] 而且，还由于罗尔斯本身就是与社群主义家族针锋相对的庞大的自由主义阵营中最为典型的一位代表，相应地，罗尔斯的分配正义理论也是一元主义分配正义理论中最为突出的一个分支。[②] 因此，为了更好地阐述沃尔泽对一元主义分配正义传统的批判与回应，尤其是更好地展开对沃尔泽的整个分配正义理论的阐述，在此还有必要将罗尔斯的分配正义理论单独拿出来进行详细的阐述。

第二节 罗尔斯的分配正义观

罗尔斯的分配正义观是一个庞大的理论体系。限于篇幅，在此完整而详细地阐述罗尔斯的分配正义观是并不现实的。不过，对于罗尔斯的分配正义观的理解，我们可以从"正当优先于善""原初状态与无知之幕"和"正义二原则及其现实稳定性"三个关键问题来展开。这三个关键问题不仅构成了罗尔斯分配正义观的理论内核，而且也是沃尔泽在即将展开的批判与挑战的重要靶子。

一 正当优先于善

正当与善何者优先是关注分配正义的政治哲学家必须首先要回答的

---

① ［美］沃尔泽：《正义诸领域——为多元主义和平等一辩》（致谢），褚松燕译，译林出版社2009年版，第2页。

② 哈贝马斯断言，《正义论》意味着当代政治哲学的一个轴心式的转折。参见 J. Habermas, *Die Einbeziehung des Anderen: Studien zur Politischen Theorie*, Frankfurt/M.: Suhrkamp, 1997, p. 65。

一个问题。① 罗尔斯也是以首先回答这个问题来展开他的分配正义理论论证的。罗尔斯明确指出,"正当优先于善"是正义理论的根本特征。他说:"正义是社会制度的首要德性,正像真理是思想体系的首要德性一样。一种理论,无论它多么精致和简洁,只要它不真实,就必须加以拒绝或修正;同样,某些法律和制度,不管它们如何有效率和安排有序,只要它们不正义,就必须加以改造和废除。"② "作为人类活动的首要德性,真理和正义是决不妥协的。"③ 这表明,正义不仅具有相对于多种多样的甚至相互冲突的社会价值的优先性,而且还是衡量、评价和规范各种价值乃至社会基本结构的根本标准。罗尔斯通过提出"正义的首要性"④、正义至上,乃至于"正当优先于善"的论断,为他回答"在诸多互竞的不可调和的善观念存在的情境下,如何制定社会合作的公平条款,维系社会的统一和稳定,保持政治的正当性"⑤ 的问题奠定了坚实的理论基础。

罗尔斯关于"正当优先于善"的观点受到康德思想的深刻影响。⑥ 康德在阐述他的"正当(权利)论"时曾指出:"任何一个行为,如果它本身是正确的,或者它依据的准则是正确的,那么,这个行为根据一条普遍法则,能够在行为上和每个人的意志自由并存。"⑦ 在康德看来,正当的行为应该是不干涉别人自由的行为;换言之,如果一个行为本身并不干涉别人的自由,那么,这个行为就是正义的或正当的。也就是说,评判一个行为是否正当,不应该从善或目的中寻找基础,而是看其是否

---

① 杨伟清认为,正当与善的关系问题在古典时代并不是一个重大的问题,它是一个现代语境的产物和现代性的事件,即在多元的合理善观念、自由制度以及与之相伴的个体自由和权利确立的背景下产生的。参见杨伟清《正当与善:罗尔斯思想中的核心问题》,人民出版社2011年版,第5—10页。笔者不同意杨伟清的观点,而是认为,自古希腊柏拉图、亚里士多德始,正当与善的关系就一直是一个客观存在的问题,在柏拉图那里,正义本身就是一种善,而且是最高的善(至善)。
② [美]罗尔斯:《正义论》,何怀宏、何包钢、廖申白译,中国社会科学出版社2009年版,第3页。
③ 同上书,第3—4页。
④ 同上书,第4页。
⑤ 参见杨伟清《正当与善:罗尔斯思想中的核心问题》,人民出版社2011年版,第13页。
⑥ 参见[美]桑德尔《自由主义与正义的局限》,万俊人等译,译林出版社2001年版,第1页。
⑦ [德]康德:《法的形而上学原理——权利的科学》,沈叔平译,商务印书馆1991年版,第40页。

干涉了别人的自由。保障个人的自由或权利成为评判一个人的行为是否正当的根本标准。显而易见,相较于传统的德性而言,这种正当更具有优先性。关于"正当优先于善",康德还做了进一步强调。他说:"你的行动,要把你自己人身中的人性和其他人身中的人性,在任何时候都同样看作是目的,永远不能只看作是手段。"① 在康德那里,任何一个个体本身就是自己的最高目的和绝对价值,它绝不从属于和受制于其他任何人,即任何其他的善,包括"最大多数人的最大幸福",而正当的使命在于对个体自我的确证和维护,因此,正当优先于善,且必须优先于善。

罗尔斯继承了康德的思想②,并对康德的"正当优先于善"的观点进行了发挥和发展。他认为,自我优先于目的,所以正当优先于善。罗尔斯说:"自我优先于由它来肯定的目的,甚至一种支配性目的也是由自我在大量的可能性中选择的。人们不可能超出慎思理性。因此,我们应当把目的论学说提出的正当与善的关系翻转过来,把正当看作是优先的。"③自我是其追求的特定目的的主人,而不是目的的俘虏或目的得以实现的工具。"自我与目的的关系是一种主从关系:自我是更恒定的首要的因素,是主体;而目的只是这个主体的属性,主体自我选择并拥有目的。"④罗尔斯进一步强调:"每个人都拥有一种基于正义的不可侵犯性,这种不可侵犯性即使以整个社会的福利之名也不能逾越……在一个正义的社会里,平等公民的各种自由是确定不移的,由正义所保障的权利决不受制于政治的交易或社会利益的权衡。"⑤ 每一个自我都是超出目的和角色的独立的有尊严者,任何人都不能成为别人实现目的的手段或工具。"正义否认为使一些人享受较大利益而剥夺另一些人的自由是正当的。"⑥ 这意味着权利(right)优先于善。换言之,从道德的意义上讲,正当也优先

---

① [德] 康德:《康德的道德哲学》,牟宗三译,西北大学出版社 2008 年版,第 80—81 页。
② 在罗尔斯看来,康德的正当优先性证明,只能通过先验主体演绎和知性王国才能建立起来,而他自己则从康德的先验主体思辨中摆脱出来,从我们的生活状况中来证明正当的优先性。参见虞新胜《论罗尔斯政治哲学中的"正当优先性"》,《天津社会科学》2007 年第 6 期。
③ [美] 罗尔斯:《正义论》,何怀宏、何包钢、廖申白译,中国社会科学出版社 2009 年版,第 443 页。
④ 杜少敏:《评罗尔斯的自我论》,《哲学研究》2011 年第 10 期。
⑤ [美] 罗尔斯:《正义论》,何怀宏、何包钢、廖申白译,中国社会科学出版社 2009 年版,第 3 页。
⑥ 同上书,第 22 页。

于善。

正当优先于善，它不仅指前面讲到的价值上的优先、道德上的优先，也指独立获得上的优先。对此，罗尔斯从知识论角度进行了分析和论证。罗尔斯找到了一个"阿基米德支点"——自我的先验假设。① 通过这个"自我的先验假设"，罗尔斯进一步实现了对"正当优先于善"的论证。罗尔斯认为，就人的个性来说，最为根本的并非自我所选择的目的，而是自我选择目的的能力。这种能力扎根于自我，即在某一目的被自我选择之前，它就客观地镶嵌在自我的身体和灵魂之中。换言之，能力是先验的。由于自我的能力优先于自我的目的，因此，自我的统一也不是在经验过程中获得的，而是通过在经验过程中做出的选择而形成的，即自我的统一与自我的选择是同时发生的、同构同化的。罗尔斯是这样说的："人格的统一表现为他的计划的一致性，这种统一建立在以符合他的正当和正义感的方式，遵循合理选择原则这种更高等的欲望基础上。"② 按照罗尔斯的理解，自我的统一的先在性也就意味着自我尽管受到外界环境的制约，但是，自我绝不完全是包括目的和价值在内的外界环境的产物。价值和目的不能建构一个主体。③ 自我的优先性被确立，正当的优先性也随之建立起来。

除从自我、目的、能力等方面来论证"正当优先于善"之外，罗尔斯还从正当和善各自的特性论证了"正当优先于善"。罗尔斯说："在一个良序社会里，公民们持着相同的正当原则，他们在具体的例子中都试图达到相同的判断。"④ 正当原则是被全体公民认定的一种终极秩序，是一旦奠定之后就不能随便变更的。然而，善却没有特定的统一和绝对标准，而是多种多样的和变幻无穷的。"个人是以不同方式发现他们的善的，许多事物可能对一个人来说是善的而对另一个人则不是善的。而且

---

① 参见贾中海《正当与善——桑德尔对罗尔斯"正当优先于善"的批判》，《北京论丛》2006 年第 2 期。
② [美]罗尔斯：《正义论》，何怀宏、何包钢、廖申白译，中国社会科学出版社 2009 年版，第 444 页。
③ 参见贾中海《正当与善——桑德尔对罗尔斯"正当优先于善"的批判》，《北京论丛》2006 年第 2 期。
④ [美]罗尔斯：《正义论》，何怀宏、何包钢、廖申白译，中国社会科学出版社 2009 年版，第 353—354 页。

也不存在就什么是一组具体的人的善的问题达成意向公认的判断的紧迫性。"① 善之所以表现出多种多样性，是因为每个人的需要是不一样的。善及其价值因人的需要而产生，并随着人的需要而发生变化。一旦人不需要某种善，这种善对这个人来讲就没有任何价值。善及其价值始终是相对的。正所谓"吾之琼浆，彼之砒霜"。罗尔斯总结道："在正义问题上使达成一致判断成为必要的理由，在价值判断方面并不存在。"② 因此，从正当和善的各自特性来看，正当也优先于善。

罗尔斯虽然主张"正当优先于善"，但他并不排斥对各种善的追求，而是认为，善对于人们来说是重要的和必需的。由于每个人的认识不同，不同的人对于善拥有不同的观念，但没有一个人会否定拥有更多的善，大家都希望善越多越好，直至达到无穷无尽。同时，人们还认识到，单打独斗并不能实现自己满意的生活，要按照自己希望的那样生活，就必须进行社会合作。这样一来，如何按照正义原则分配社会善，就成为社会结构的主题，成为罗尔斯关心的核心问题。

至此，在"正当优先于善"灯塔的指引下，罗尔斯开始了对他的正义论的论证。这一论证又是以对"原初状态"和"无知之幕"的设定作为开端和前提的。

二 原初状态与无知之幕

罗尔斯指出："公平的正义的直觉观念是：正义的首要原则本身是在一个恰当定义的最初状况中的原初契约的目标。"③ 换言之，从人的直觉来看，正义观是在"最初状况"中产生的。罗尔斯将"最初状况"的哲学解释称为"原初状态"。原初状态（the original position）及其辅助概念无知之幕（the veil of ignorance）是构成作为公平正义的核心的两个孪生概念。④ "原初状态"是正义论的逻辑起点，"无知之幕"则是正义论得以实现的关键条件。

罗尔斯提出"原初状态"的概念，明显受到了传统"自然状态"

---

① ［美］罗尔斯：《正义论》，何怀宏、何包钢、廖申白译，中国社会科学出版社2009年版，第354页。
② 同上。
③ 同上书，第91页。
④ 参见［美］史蒂芬·缪哈尔、［英］亚当·斯威夫特《自由主义者与社群主义者》，孙晓春译，吉林人民出版社2007年版，第3页。

(the state of nature)学说的影响和启发。罗尔斯的"原初状态"与传统社会契约理论家的"自然状态"①极其相似。从一定意义上讲,"原初状态"和"自然状态"在思想家的理论推理和逻辑推演中所发挥的作用是完全一样的,即都为思想家提供了理论展开的前提条件和逻辑起点。然而,从内涵上讲,"原初状态"与"自然状态"却又存在着非常大的区别。根据罗尔斯的思想,原初状态"是一种在其间所达到的任何契约都是公平的状态,是一种各方在其中都是作为道德人的平等代表、选择的结果不受任意的偶然因素和社会力量的相对平衡所决定的状态"。②这蕴含着,原初状态不是一种实际存在的历史状态,也不是文明之初的那种真实的原始状况,更不是可能在某个时期生活过的所有人的集合体,而是一种用来达到某种确定的正义观的纯粹假设的状态。③进一步说,它不要求"由此进入一个特定的社会,或采取一种特定的政体"。④简而言之,罗尔斯的原初状态是一种抽象设计和选择机制,是处于原初状态中的当事各方进行选择的虚拟环境。

按照罗尔斯所讲的,这种进行选择的环境包括客观和主观两个方面,客观方面是指选择的背景条件,主观方面涉及合作共事的主体的特性。

就选择环境的客观方面而言,罗尔斯严格遵循了休谟的关于"正义的环境"思想⑤,将其设定为"一致与冲突并存的"和"中度匮乏的"。罗尔斯说:"正义的环境可以被描述为这样一种正常条件:在那里,人类的合作是可能和必需的。……虽然一个社会是一种为了相互利益的合作探索,它却同时具有利益冲突和利益一致的特色。由于社会合作使所有人都能过一种比他们各自努力、单独生存所能过的生活更好的生活,就存在着一种利益的一致;又由于人们谁也不会对怎样分配他们的合作所产生的较大利益无动于衷(因为为追求他们的目的,每个人都想要较大

---

① 洛克认为,自然状态是政府产生之前的一个历史阶段;卢梭认为,自然状态是人类的原始状态;在康德那里,社会契约第一次被描述为一种规范性的理想而不是历史事件;罗尔斯的原初状态更接近于康德的观念。

② [美]罗尔斯:《正义论》,何怀宏、何包钢、廖申白译,中国社会科学出版社2009年版,第92—93页。

③ 同上书,第10、107页。

④ 同上书,第13页。

⑤ 关于休谟对"正义的环境"的论述,参见[英]休谟《人性论》(下卷),关文运译,郑之骧校,商务印书馆1980年版,第534—535页。

第一章　多元主义分配正义的思想缘起 | 55

而非较小的份额），这样就又存在一种利益的冲突。"① 利益一致使社会合作成为可能，利益冲突又使正义原则成为必要。罗尔斯接着说："在许多领域都存在着一种中等程度的匮乏。自然的和其他的资源并不是非常丰富以致使合作的计划成为多余，同时条件也不是那样艰险，以致有成效的合作也终将失败。"② 在这种"中度匮乏"的环境中，"每个人都有其生活计划并追求其基本利益，而自然资源和社会财富既不是太缺乏以致人们丧失理智，对别人像狼一样掠夺；也不是太丰富而人人各取所需，致使社会合作没有必要。只有在这种'中度匮乏'状态中，人与人之间才能既相互冲突又相互合作。"③ 于是，订立契约也就成为可能的和必需的。

关于选择环境的主观方面，罗尔斯独具匠心地设计了一个"无知之幕"，并用"无知之幕"对选择环境的主观方面进行了限制和规定。罗尔斯指出，如果没有"无知之幕"的遮蔽，"允许各方有对特殊事态的知识，那么结果就会被任意的偶然因素扭曲"。④ 对于"无知之幕"，罗尔斯是这样规定的，他说：在"无知之幕"的背后，"首先，没有人知道他在社会中的地位、他的阶级出身或社会地位，他也不知道他的天生资质和自然能力的程度，不知道他的理智和力量水平的情形。其次，也没有人知道他自己的善的观念、他的合理生活计划的特殊性，甚至不知道他的心理特征：像是否讨厌冒险、是倾向乐观还是悲观的气质。再次……各方不知道他们自己的文明和文化水平。处于原初状态中的人们也没有任何有关他们属于什么时代的信息"。⑤

也就是说，在"无知之幕"背后的当事各方在各方面都被做了遮蔽和清洗：首先，当事各方被剔除了一些有关自身的特殊知识，如社会地位、天生资质、自然能力、理智和力量水平等，这就消除了人们凭借这些特殊事实在选择原则时进行讨价还价的可能；其次，当事各方被剔除

---

① ［美］罗尔斯：《正义论》，何怀宏、何包钢、廖申白译，中国社会科学出版社2009年版，第97页。
② 同上书，第98页。
③ 杨礼银：《罗尔斯"原初状态理念"的当代意义》，《北京科技大学学报》（社会科学版）2008年第3期。
④ ［美］罗尔斯：《正义论》，何怀宏、何包钢、廖申白译，中国社会科学出版社2009年版，第109页。
⑤ 同上书，第106页。

了善的观念、合理的生活计划以及心理特征（如是否喜欢冒险、乐观或悲观等），甚至被剔除了对所在社会的特殊环境的信息（如社会经济状况、社会政治状况、社会文明水平和文化状况等），这就消除了当事各方在选择契约条款时进行讨价还价甚至压迫奴役的必要。

从一定意义上讲，"无知之幕"实现了让处于"原初状态"中的当事各方能以对等的身份和平等的地位进入到选择程序的既定目标中。在这种选择程序中，没有一个人是优越于其他人的，任何人都不能借助于自身的特殊条件而做出有利于自身利益的选择，更没有人能够仗着自己的优势而欺骗或者压制其他人。"无知之幕"所实现的这种理想状态，在罗尔斯看来，与其说它是真实的，不如说人们认为它是真实的，它是人们之间有差别但却可以一致同意的某种东西。[①] 人们愿意放弃一些特殊的利己之物，使自己与其他人处于同一起跑线上。正因为如此，罗尔斯才能自信地说，"'无知之幕'使对一种特定的正义观的一致选择成为可能"[②]，"可以保证任何人在原则的选择中都不会因自然的机遇或社会环境中的偶然因素得益或受害"。[③]

罗尔斯认为，原初状态中的当事各方仅仅是"无知"的还不够——因为无知并不能确保选择的做出，所以，罗尔斯对原初状态中的当事各方做了进一步的规定，他指出，"原初状态中的各方是相互冷淡的：他们不愿为了别人牺牲他们自己的利益"。[④] 即当事各方对别人的利益不感兴趣，同时，也不想把自己的利益拱手让给别人。罗尔斯尤其强调了原初状态中的当事各方不能具有妒忌的心理。罗尔斯认为，原初状态中理性的当事各方不受妒忌之累[⑤]，因为"妒忌倾向于使每个人的状况更坏，在此意义上它是使集体不利的"。[⑥] 妒忌很可能会使一个人为了让别人的损失更大而放弃自己的、足以自为的生活计划。一言以蔽之，原初状态中的当事各方不会因为别人拥有相对更多的基本善而懊恼，他们不关心自

---

① [美] 史蒂芬·缪哈尔、[英] 亚当·斯威夫特：《自由主义者与社群主义者》，孙晓春译，吉林人民出版社2007年版，第13—14页。
② [美] 罗尔斯：《正义论》，何怀宏、何包钢、廖申白译，中国社会科学出版社2009年版，第109页。
③ 同上书，第10页。
④ 同上书，第99页。
⑤ 同上书，第111页。
⑥ 同上。

己与其他人所分配的份额的相对差距，而只关心自己的生活计划和目标的实现，追求的是有助于目标实现的基本善的绝对值。通过对原初状态中当事各方相互冷淡的规定，分配就自然而然地达到了这样一个效果：当事各方会试图接受那些尽可能地促进他们的目标体系的原则，而不是拒绝或破坏协议及其原则。[1]

尽管处于原初状态中的当事各方被"无知之幕"遮蔽了相当多的知识，然而，处于原初状态的当事各方并不是一无所知的（否则，整个思想实验就没法进行了）。相反，当事各方还是一个个理性的行为主体，他们仍然知道很多东西，或者说，具备很多知识。首先，当事各方知道，"他们的社会在受着正义环境的制约及其所具有的任何含义……他们知道有关人类社会的一般事实，他们理解政治事务和经济理论原则，知道社会组织的基础和人的心理学法则"。[2] 其次，当事各方具有一种"弱的善观念"，知道他们所代表的是委托人的基本善。所谓基本善，就是能够"保护他们的自由，扩大他们的机会，增加达到他们目的的手段"。[3] 例如，自由、权利、财富、机会以及自尊等就属于基本善，它们是对实现任何一种人生机会都有用的东西。最后，当事各方也具有一种合理的利己主义观念，会选择最有利于自己所代表的利益的原则，"即他们都想要较大的份额"。[4] 这建立在三个具体原则的基础之上：

第一，有效手段原则。"如果目标是给定的，一个人应当用最小耗费的手段（无论它们是何种手段）来实现它；或者，如果手段是给定的，一个人应当在最大可能的程度上实现这一目的。"[5]

第二，蕴含原则。"假如一个（短期）计划的实施除能实现另一个计划的所有欲望目标之外还能实现一个或更多的其他目标，它就比另一个计划更可取。"[6]

第三，较大可能性原则。"假定可以由两个计划实现的目标大致相

---

[1] 参见［美］罗尔斯《正义论》，何怀宏、何包钢、廖申白译，中国社会科学出版社2009年版，第111页。
[2] 同上书，第106页。
[3] 石元康：《罗尔斯》，广西师范大学出版社2004年版，第118页。
[4] ［美］罗尔斯：《正义论》，何怀宏、何包钢、廖申白译，中国社会科学出版社2009年版，第110页。
[5] 同上书，第324页。
[6] 同上书，第325页。

同……某些目标由一种计划实现的机会较之由另一种计划实现的机会更大些，其余目标实现的可能性也并不比另一个计划的更小"①，那么就优先考虑机会较大之计划。

至此，罗尔斯圆满地完成了对"原初状态"的设置。回顾起来，它们主要包括以下几个方面的内容：（1）客观方面：世界上的物质资源是中度匮乏的；当事各方的利益既存在一致性又存在冲突性；（2）主观方面：当事各方对于特殊知识是高度无知的；当事各方是相互冷淡的；当事各方是理性的行为主体。

总而言之，罗尔斯在吸收和改造洛克、卢梭、康德等近代社会契约论者的"自然状态"理论的基础上提出了"原初状态"，并借助于"无知之幕"的屏蔽功能，有效地清除了原初状态中当事各方可能具备的"交易优势"，从而为当事各方准备了从事最初道德选择的理想环境。在这种理想环境下，"怀有某些目的并以某种方式相互联系着的有理性的个人，将根据他们对环境的知识在各种不同的行动方案之间进行选择"②，彼时，"正义的原则将是那些关心自己利益的有理性的人们，在作为谁也不知道自己在社会和自然的偶然因素方面的利害情形的平等者的情况下都会同意的原则"。③ 一言以蔽之，罗尔斯期待着他在"原初状态"中构建起来的分配正义原则能够成为一个放之四海而皆准的普遍有效的分配正义法则。

三　正义二原则及其现实稳定性

在完成了"原初状态"的设置即对当事各方所处的正义环境做了限制性的规定之后，罗尔斯进入到对分配正义原则的论证。为此，他开出了一份包括两个正义原则在内的分配正义原则清单④，以供当事各方进行选择：

A. 两个正义原则：

（1）每个人对与所有人所拥有的最广泛平等的基本自由体系相容的

---

① ［美］罗尔斯：《正义论》，何怀宏、何包钢、廖申白译，中国社会科学出版社 2009 年版，第 325 页。
② 同上书，第 92 页。
③ 同上书，第 15 页。
④ 参见［美］罗尔斯《正义论》，何怀宏、何包钢、廖申白译，中国社会科学出版社 2009 年版，第 47、95—96、237 页。

类似自由体系都应有一种平等的权利。

（2）社会和经济的不平等应这样安排，使它们①在与正义的储存原则一致的情况下，适合于最少受惠者的最大利益（差别原则）；②依系于在机会公平平等的条件下职务和地位向所有人开放（机会的公平平等原则）。

B. 古典目的论：

（1）古典功利主义：最大多数人的最大幸福。

（2）平均功利原则：最大限度地增加平均功利。

（3）完善原则。

C. 混合的观念：

（1）①平等的基本自由原则；②平均功利原则。

（2）①平等的基本自由原则；②受下面任一限制的平均功利原则：a. 应当维持某种社会的最低受惠值；b. 总分配不应该太广泛。

（3）①平等的基本自由原则；②受以上（2）中 a 或 b 限制并与机会公平平等原则相结合的平均功利原则。

D. 直觉主义的观念：

（1）平衡总功利与平等分配原则的直觉主义观念。

（2）平衡平均功利与补偿原则的直觉主义观念。

（3）平衡一组（恰当的）自明原则的直觉主义观念。

E. 利己主义原则：

（1）第一人称的专制：所有其他人都应服务于我的利益。

（2）"搭便车"式的：所有人都应行为正当，唯有我如果不愿，可以例外。

（3）一般的：允许所有人如其所愿地推进他的利益。

面对着以上从 A 到 E 的 5 种分配正义原则或者组合，处于原初状态中的当事各方如何做出选择呢？

罗尔斯认为，在从 A 到 E 的 5 种分配正义原则或者原则的组合当中，E 利己主义原则是比较容易排除的。这是因为，第一人称的专制的利己主义原则和"搭便车"式的利己主义原则都需要一个专有名词（或代词，或伪装的限定摹状词）来挑选出专制者或者"搭便车"者，这违背了正义原则的一般性条件；而一般的利己主义原则旨在让每个人都有权如其所愿地实现他的目标或者都有义务推进他自己的利益，这违背了正义原则的次序条件。并且,三种形式的利己主义与直觉的道德观不相容,它们都对正当观念构成了一种挑战,达不成任何契约协议。①

罗尔斯还认为,B(1) 古典功利主义也是比较容易排除的,这是因为,处于原初状态中的当事各方"关心推进他们自己的利益,他们没有最大限度地增加满足总额(或净余额)的欲望"②,所谓"最大多数人的最大幸福"不会被任何人接受为正义原则。而且,古典功利主义"在某种意义上没有认真对待人与人之间的区分",它将"不偏不倚的同情的观察者的赞成"用作正义的标准,这在公平的正义立场上也是站不住脚的。③

在罗尔斯看来,比较难以排除的是 B(2) 平均功利原则和 C(3) 受限的平均功利原则。这是因为,处于原初状态中的当事各方在不了解自己和他人具体情况的条件下,既然不能比别人获得更多的分配份额,那么就希望获得与别人同样多的分配份额,而平均功利原则正好迎合了当事各方的这种心理。在这样的情况下,A 两个正义原则并不一定会成为原初状态下当事各方的唯一选择,B(2) 平均功利原则和 C(3) 受限制的平均功利原则也有可能成为原初状态中当事各方的理性选择。

因此,在排除了 B(1) 古典功利主义和 E 利己主义原则之后,罗尔斯将论证的重点放在他的 A 两个正义原则与 B(2) 平均功利原则和 C(3) 受限制的平均功利原则的比较上。

第一个比较:A 两个正义原则与 B(2) 平均功利原则的比较:

A. 两个正义原则:

(1) 每个人对与所有人所拥有的最广泛平等的基本自由体系相容的类似自由体系都应有一种平等的权利。

(2) 社会和经济的不平等应这样安排,使它们:①在与正义的储存原则一致的情况下,适合于最少受惠者的最大利益(差别原则);②依系于在机会公平平等的条件下职务和地位向所有人开放(机会的公平平等原则)。

B. (2) 平均功利原则:最大限度地增加平均功利。

---

① 参见 [美] 罗尔斯《正义论》,何怀宏、何包钢、廖申白译,中国社会科学出版社 2009 年版,第 105 页。
② 同上书,第 143 页。
③ 同上书,第 145—146 页。

罗尔斯认为，根据最大最小值原则，在原初状态下，当事各方选择 A 两个正义原则是优于选择 B(2) 平均功利原则的，这是因为，平均功利原则的最坏结果比两个正义原则的最坏结果要坏，选择平均功利原则会把当事各方的基本权利和自由置于危险的境地，即当事各方很有可能会失去基本的自由权利；而选择 A 两个正义原则具有明显的优势，当事各方不仅可以保护他们的基本权利，而且可以抵制更坏的结果。与此同时，两个正义原则还能够产生一种自我支持的力量，从而使正义得到稳定的实现。所以，在 A 两个正义原则与 B(2) 平均功利原则之间，原初状态中的当事各方会理性地选择两个正义原则。

第二个比较：A 两个正义原则与 C(3) 受限制的平均功利原则的比较：

A. 两个正义原则：

（1）每个人对与所有人所拥有的最广泛平等的基本自由体系相容的类似自由体系都应有一种平等的权利。

（2）社会和经济的不平等应这样安排，使它们：①在与正义的储存原则一致的情况下，适合于最少受惠者的最大利益（差别原则）；②依系于在机会公平平等的条件下职务和地位应向所有人开放（机会的公平平等原则）。

C. (3) 受限制的平均功利原则：

①每个人对与其他人所拥有的最广泛平等的基本自由体系相容的类似自由体系都应有一种平等的权利（平等的自由原则）。

②社会和经济的不平等应该这样安排，使他们：a. 在维持一种适当的最低受惠值的基础上追求最大化的平均功利（受限制的平均功利原则）；b. 依系于在机会公平平等的条件下职务和地位向所有人开放（机会的公平平等原则）。

罗尔斯认为，由于两种选择都能够保证不出现最坏的情况以及对基本的自由和公平的机会平等的否定，而且，平均功利原则中最低保障是既定的，没有继续变坏的可能，因此，最大最小值原则不适用于比较以上两种选择。然而，由于两个正义原则中的"差别原则表达了一种互惠的观念，是一个相互有利的原则"①，有利于维持原初状态中当事各方的团结、自尊以及确保正义的稳定性；而受限制的平均功利原则却不具有任何平等和互惠的倾向和要求，且受限制的平均功利原则的最低保障实际上是以损害最少受益者的尊严为前提的。所以，比较两个选择的优势与劣势，原初状态中的当事各方还是会理性地选择两个正义原则。

原初状态中的当事各方选择两个正义原则，也就相当于签订了一个社会契约。然而，对于这个在原初状态中一致同意而签订的社会契约，如何保证它不是临时的而是具有稳定性的共识呢？进而言之，如何能够使之从虚拟的原初状态进入到现实的政治社会当中并发挥出有效的规范或指导作用呢？这是正义原则的稳定性问题。对于这一问题，罗尔斯从两个方面给予了论证。

首先，罗尔斯从公共基础方面进行了论证。罗尔斯认为，两个正义原则虽然是在屏蔽了有关个人信息和一些富有争议的各类知识的背景下得到的，即是从非完备性知识得到的推论，表面上似乎与完备性学说不相容，难以得到公民的认同，但是，由于两个正义原则论证清晰，结论可靠，而且，作为民主社会的公共善，两个正义原则一劳永逸地确定了公民的基本自由权利，并鼓励合作性和互惠性的政治美德，因此，两个正义原则能够得到公民的一致认同；退一步来讲，即使两个正义原则与完备性学说之间存在一些冲突，人们也会对原来的完备性学说进行一定的调整，从而逐渐形成对两个正义原则的重叠共识。因此，从公共基础方面来讲，两个正义原则是可行的和稳定的。

其次，罗尔斯还从道德心理学方面进行了论证。罗尔斯认为，正义的动机和欲望不同于吃饭的欲望、睡觉的欲望，它是一个人出生以来从许多的学习、体验、反省中得到的结果，即正义感是后天形成的。罗尔斯引出了心理学法则发挥作用的三个因素来论证正义感："对我们的善的无条件的关心，对道德准则和理想的根据的明确意识（辅之以解释与指导，以及提供准确可信的证明的可能性）……那些实践着这些准则和理想并且在社会安排中尽职的人们承认这些规范，又通过他们的生活和品

---

① [美] 罗尔斯：《正义论》，何怀宏、何包钢、廖申白译，中国社会科学出版社 2009 年版，第 78 页。

质表现着引起我们的崇敬和尊重的人类善。"① 经验表明，这三个因素实现得越充分，所获得的正义感就越强烈。其中，第一个因素激发着我们的自我价值感，而这种价值感加强着我们以德报德的倾向；第二个因素呈现着道德观念，使其易于理解；第三个因素则把坚持这个观念的行为表现为是诱人的。② 罗尔斯认为，两个正义原则在性质上与心理学上发挥作用的三个因素是非常吻合的。因此，从道德心理学来看，两个正义原则也是可行的和稳定的。

总而言之，两个正义原则与人们对"善"的追求是一致的，它确保了公民的平等的自由权利、平等的公平机会，确保了公民自尊和相互尊重的基础，它把社会基本结构建立在互惠互利、互敬互爱的基础上，并且鼓励正当的自我实现，这一切本身对每个公民来说都是基本的善。所以，可以认为，现实社会中的人们有足够的力量去支持两个正义原则。而且，他们这样做的根本目的是实现他们最大的、最持久的基本善。③ 一言以蔽之，两个正义原则能够在现实社会中获得稳定性。

通过对罗尔斯分配正义观的阐述不难得知，罗尔斯从"原初状态"推演出来的分配正义理论是一种普遍主义的分配正义理论。对此，罗尔斯直言不讳地说道："从原初状态的观点来看我们在社会中的地位，也就是从永恒的观点来看殊相：不仅从全社会而且也从全时态的观点来审视人的境况。永恒的观点不是一个从世界之外的某个地方产生的观点，也不是一个超越的存在物的观点；毋宁说它是在世界之内的有理性的人们能够接受的某种思想和感情形式，无论他们属于哪一代人，他们都能够把所有个人的观点融为一体，都能够达到那些调节性的原则，并且是根据他自己的观点肯定他们。心灵的纯洁，如果一个人能够得到它的话，也许将看清这一切，并且将根据这种观点把一切做得轻松自如。"④ 应该说，罗尔斯的抱负是远大的，作为一个政治哲学家，他根本不需要考虑社会的具体情境，而是像柏拉图一样，以卓越超群的哲学智慧并集中所

---

① [美] 罗尔斯：《正义论》，何怀宏、何包钢、廖申白译，中国社会科学出版社2009年版，第394页。
② 同上。
③ 参见李志江《罗尔斯分配正义理论研究》，复旦大学，博士学位论文，2004年，第83页。
④ [美] 罗尔斯：《正义论》，何怀宏、何包钢、廖申白译，中国社会科学出版社2009年版，第591页。

有的能量建构了一个放之四海而皆准的分配正义理论，即无论何时、何地，他认为，他的分配正义原则都是适用的。

第三节 来自沃尔泽的批判与挑战

对于由柏拉图的分配正义遗产、功利主义的单一化分配正义、权利政治主导的模式化分配正义所构成的一元主义分配正义论，尤其罗尔斯的一元主义分配正义观，沃尔泽进行了严肃的批判与挑战。沃尔泽的批判与挑战主要从三个方面展开：首先，对一元主义分配正义论的方法论进行批判与挑战；其次，对一元主义分配正义论的目标进行批判与挑战；最后，对一元主义分配正义论的先天性缺陷进行批判与挑战。

一 抽象的方法论

前面，我们回顾了柏拉图、功利主义者、权利论者的一元主义分配正义理论，尤其是重点阐释了罗尔斯的普遍主义的分配正义理论。在沃尔泽看来，柏拉图、功利主义者，以及以罗尔斯为代表的权利论者之所以建构出一元主义分配正义理论，其主要原因之一就在于，他们都是运用抽象的方法论来建构分配正义理论的。就沃尔泽的思想轨迹来看，他对于抽象的哲学方法是否适合政治哲学研究一直都存有疑问和抵触态度。沃尔泽曾经这样说道：自由主义的政治学哲学比如他们所主张的一元主义分配正义论未能充分地认识到社会内部的复杂性，事实上，我们需要"一种像我们自己的生活一样复杂的政治哲学"[1]，"在哲学所要求的高度抽象的层次上进行思考和写作并不是很轻松……我很快对那种离我们所生活的世界越来越远的抽象的假设感到厌烦"[2]。这个想法也以一种惯性的思维方式影响了沃尔泽对一元主义分配正义论的挑战和批判。因此，沃尔泽对柏拉图、功利主义者、权利论者的一元主义分配正义理论批判首先从批判他们的抽象的方法论开始的。

如前所述，在《理想国》中，柏拉图通过神话"虚化"了历史，凭

---

[1] Michael Walzer, *Politics and Passion: Toward a More Egalitarian Liberalism*, New Haven: Yale University Press, 2005, p.140.

[2] Michael Walzer, *Thinking Politically: Essays in Political Theory*, New Haven: Yale University Press, 2007, pp.307–308.

借着自己杰出的哲学智慧设想出一个"造人的神"在芸芸众生身上种下了能够代表不同德性的金、银、铜等金属,进而以此为逻辑起点来推演自己的分配正义理论;功利主义者将所有的分配标准统一提炼为"最大多数人的最大幸福","最大多数人"成为一个被剥夺了现实生命感的集合体,而"最大幸福"也成为一个高度抽象、难以体验的善,分配正义理论就建立在这样的极具抽象性的原则基础之上,以致失去了应有的现实感和意义感——正如阿玛蒂亚·森和威廉姆斯所批评的那样,功利主义的总量评定把效用单元总和作为一个总体,"在此过程中既失去了个体的同一性,也失去了他们的分离性"。① 罗尔斯在论证分配正义理论的过程中,更是将方法论的抽象演绎发挥到了极致。罗尔斯完全没有将现实以及历史和文化放在理论视野中,他索性抛弃了他本人都还置身于其中的现实社会——使自己站在现实社会之外,史无前例地设计了一个覆盖着"无知之幕"的与现实社会完全脱节和隔离的"原初状态",以一个"独裁君主式"的人物将现实社会中的男人们和女人们强行驱赶到"原初状态"之中,让他/她们做出不偏不倚的"正义"选择即"两个正义原则"。

概括起来讲,柏拉图、功利主义者以及以罗尔斯为代表的权利论者在论证分配正义理论的过程中所使用的抽象方法论表现在三个方面:第一,虚化或者无视客观存在的善的历史;第二,脱离现实生活,抛弃芸芸众生;第三,绝对化社会中不同的具体的"善"。

沃尔泽"并不相信超然的、抽象的思想能够告诉我们应该如何进行政治性的行动"。② 因此,沃尔泽首先对柏拉图等哲学家虚化或者无视善的历史来抽象地论证分配正义理论的做法给予了批判。沃尔泽直言不讳地指出:"分配不能被理解为脑海中或手中尚没有特定物品的男人们和女人们的行为。"③ 可视的分配活动是按照人们对特定的善的构思进行的,人们对特定的善的构思决定着可视的分配活动的具体展开;分配活动的

---

① Amartya Sen and Bernard, Williams, "Introduction", in Amartya Sen and Bernard Williams eds. *Utilitarianism and Beyond*, Cambridge: Cambridge University Press, 1982, p. 5.
② Michael Walzer, *Thinking Politically: Essays in Political Theory*, New Haven: Yale University Press, 2007, p. viii.
③ [美]罗尔斯:《正义论》,何怀宏、何包钢、廖申白译,中国社会科学出版社 2009 年版,第 7 页。

起点与人们构思和生产特定的善的起点是一致的,特定的善自从在人们脑海中进行构思并按照构思被生产或创造时起,就意味着它已经在进行正式的分配了。一言以蔽之,分配并不是任意的和没有条件预设的,而是与人类构思和生产善的历史相统一的。构思和生产善的历史是分配历史的前奏,更确切地说,是整个分配历史的重要组成部分。进一步来讲,人自出生时起,他们就与特定的善发生着关系,进而也与分配发生着关系。"他们不仅在相互之间,而且在他们所生活的精神和物质世界之间有着交易史……如果没有这样一个出生即始的交易史,他们在任何可辨识的意义上都不会是男人和女人。"[1] 沃尔泽认为,不能正确地对待善的历史即特定的善被人们构思和生产的历史,也就不能正确地对待分配的历史,因而也就不能正确地理解分配正义理论。那么,在这样的条件下,指望运用抽象的方法来建构出一种合理而有效的分配正义理论就是非常不现实的,甚至是滑稽的。

除批判柏拉图、功利主义者以及罗尔斯等哲学家虚化或者无视善的历史来抽象地论证分配正义理论的做法之外,沃尔泽还不认同他们"逃避现实生活、脱离芸芸众生"来论证分配正义理论的做法。[2] 沃尔泽形象地将罗尔斯等的这种做法描述为:"着手哲学事业的一种方法——可能是最初的方法——是走出洞穴,离开城市,攀登山峰,为自己(而绝不是为愚夫愚妇们)塑造一个客观的普遍的立场。于是,你就可以在局外描述日常生活领域,这样,日常生活领域就失去了它特有的轮廓而呈现出一种一般形态。"[3] 简言之,"哲学家将自己与观念共同体相分离,是为了再次发现它……他撤退又返回。"[4] 进一步说,哲学家"不是以任何观念共同体的公民"而是以"一位局外人"的身份,进而"从某种超乎文化

---

[1] [美]罗尔斯:《正义论》,何怀宏、何包钢、廖申白译,中国社会科学出版社2009年版,第7页。
[2] 参见[美]沃尔泽《阐释和社会批判》,任辉献、段鸣玉译,江苏人民出版社2010年版,第26页。
[3] [美]罗尔斯:《正义论》(序言),何怀宏、何包钢、廖申白译,中国社会科学出版社2009年版,第5页。
[4] Michael Walzer, *Thinking Politically: Essays in Political Theory*, New Haven: Yale University Press, 2007, p.2.

偶然性的优势地位去评价社会地位"。① 沃尔泽认为，罗尔斯等哲学家论证分配正义理论的这种方法实质上是在为芸芸众生"立法"，即"超越其公民角色，以达到那样一种立场，它能够使一个人的结论具有某种超过仅仅是政治共同体的其他成员观点的地位，如'真理'"。② 在这里，"真理"成为哲学家的专利，而哲学家则成为发现和发明（创造）真理的英雄式的人物。

然而，在沃尔泽看来，实际上，哲学家的"真理"仅是意见世界中的一种意见而已；即使哲学家拥有"真理"，那也"只是在'真理只是另一种可供选择的意见'的范围内才能说拥有真理"③，换言之，在仅仅只有英雄式的哲学家一人垄断话语权的情况下，根本没有什么真理可言。而且，沃尔泽还进一步指出，一个芸芸众生的社会也不需要这样的英雄式的哲学家，而只需要与芸芸众生一样的普通思想家；政治哲学家更没有必要将自己视为共同体的陌生人，因为对政治哲学的研究也"依赖于政治哲学家的共同体成员身份，进入政治共同体并成为共同体的一员应该是（政治哲学研究的）一种更为可取的途径"。④

对于罗尔斯等哲学家脱离芸芸众生的生活背景来抽象地论证分配正义理论的做法，沃尔泽进一步以其有可能给民主造成危害的角度来表达了自己的不满。他说，哲学家不应该抛弃他们自己的生活背景，更不应该以一种自负的心态为芸芸众生立法，即发现或发明真理；如果他们这样做了，就是对民主的背叛与践踏，因而是十分危险的。因为"民主与真理无关。民主政府的正当性证明并不是它有可能做出正确的决定，在正确可以被理解为可以通过其他手段（如哲学论证）达到的某种东西的地方，人们的统治主张并不依赖于他们有关真理的知识，而是依赖于他们是谁：仅仅是自由的守法公民"。⑤ 沃尔泽认为，哲学家既没有权利，也没有能力将广大民众置于真理的讨论之外，何况这种真理还是与芸芸

---

① ［美］史蒂芬·缪哈尔、［英］亚当·斯威夫特：《自由主义者与社群主义者》，孙晓春译，吉林人民出版社2007年版，第147页。
② 同上书，第153页。
③ Michael Walzer, *Thinking Politically: Essays in Political Theory*, New Haven: Yale University Press, 2007, p.16.
④ Ibid., p.2.
⑤ ［美］史蒂芬·缪哈尔、［英］亚当·斯威夫特：《自由主义者与社群主义者》，孙晓春译，吉林人民出版社2007年版，第153—154页。

众生的生存与生活息息相关的。在沃尔泽看来，民主政治中的公民"有权利去做他们认为正确的事情"，即使他们并不知道"何为正确的事情"①；公民也有权利去实施不同的原则，即使是"按照错误的原则行动，因为这是民主政治的一个特征"②，如果将沃尔泽的以上论述具体放到分配实践的问题上，那就是说，芸芸众生有权参与到分配正义理论的阐释和讨论当中，分配正义原则应该以芸芸众生为主体，以芸芸众生的生活为背景；否则，任何以完美著称的分配理论及其原则都是不正义的。那么，与其选择这样的一种分配方案，还不如放弃这样的一种"与民无涉的"分配方案。

柏拉图、功利主义者以及罗尔斯等哲学家从品质中抽象出"人"和从意义中抽象出"善"的做法也是沃尔泽所不能容忍和接受的。对于罗尔斯等的这种做法，沃尔泽是这样说的："（他们）从品质中抽象出来的人和从意义中抽象出来的善当然把他们自己导向了按抽象原则进行的分配。但这种分配是否能按照实际情况公正地对待人们并根据他们构想寻找诸善似乎值得怀疑。"③ 也就是说，基于从品质中抽象出来的"人"和从意义中抽象出来的"善"所形成的分配正义原则并不能公正地运用到现实社会中与具体的人相匹配的对具体的善进行分配的活动。其主要原因就在于，物品是没有等级之分的，"不存在可想象的跨越全部精神和物质世界的唯一一组首要的或基本的物品（善）。或者说，这样一组物品（善）已被构想得如此抽象以至于它们对于思考特定的分配作用甚微"。④ 现实社会中的善都是具体的，而不是抽象的；现实中的人也都是处在特殊的情境中的，而不是悬浮在毫无差别的真空中的。没有一种善能够在意义上代替其他所有的善，没有一类人能够在类型上代替所有其他的人。因此，沃尔泽认为，以罗尔斯为代表的哲学家尤其是罗尔斯本人以抽象的基本善为起点或基点来企图展开自己的分配正义理论的论证是非常困难的。对此，沃尔泽敏锐地指出："罗尔斯的正义原则却倾向于将其应用

---

① Michael Walzer, *Thinking Politically: Essays in Political Theory*, New Haven: Yale University Press, 2007, p. 6.
② Ibid..
③ ［美］沃尔泽：《正义诸领域——为多元主义和平等一辩》，褚松燕译，译林出版社 2009 年版，第 309 页。
④ 同上书，第 7 页。

第一章　多元主义分配正义的思想缘起 | 69

于基本善的分配，所以要保持一定程度的抽象，这使得这些原则无法被有效地应用于特定社会里特定物品（善）的分配；它们（指正义原则）与基本善的概念自身一样，与那些物品（善）有着某种疏远、含混的关系。"① 也就是说，罗尔斯人为地抽象出一个基本善，并据此建构出一套正义原则，但是，一旦遇到特定社会中的特定善时，罗尔斯的两个正义原则就起不了作用。造成这个困难的根本原因，就在于罗尔斯从诸多善中抽象出基本的善。②

对于罗尔斯分配正义理论的方法论抽象所具有的缺陷，沃尔泽还做了进一步的揭露和批判。沃尔泽说："罗尔斯的分配正义理论所要求的那种抽象包括某种对于人们已经做出的选择的漠视和对于他们的文化中体现出来的对于被分配的诸善的独特的自我理解的漠视。"③ 这是因为，那些以"厚重的"文化承载的方式理解他们自己以及构成他们生活于其中的社会世界的诸善的人们，是在顾虑文化的特殊性并且采纳某种"弱的"合理性观念的前提下去思考在他们的社会中支配诸善的分配原则的。但是，罗尔斯在以抽象的方法论证他的分配正义原则时，却剔除了人们身上所固有的文化特殊性及其按照文化特殊性思考问题的路径。换言之，沃尔泽脱离了人们内心中既已存在的由特定的文化情景所决定的认识路径和选择路径，而自作主张地开辟了一条与任何文化情景都无涉的认识路径和选择路径，然后按照这种路径去帮助人们认识和选择分配正义原则。其结果是，罗尔斯的分配正义理论不可避免地成为纸上谈兵的纯粹性理论，而不能落实到现实社会中成为分配实践的具体指导思想。正如沃尔夫（R. P. Wolff）所言：无知之幕"抽掉了所有属于人类和社会的东西。……罗尔斯有没有用正确的方法来探求公正原则呢？没有，他的理论无论怎样标准和精妙，说到底不过是一种纯粹的分配理论。"④

最后，沃尔泽从整体上对柏拉图、功利主义者以及罗尔斯等哲学家

---

① ［美］史蒂芬·缪哈尔、［英］亚当·斯威夫特：《自由主义者与社群主义者》，孙晓春译，吉林人民出版社2007年版，第152页。
② 参见［美］沃尔泽《正义诸领域——为多元主义和平等一辩》，褚松燕译，译林出版社2009年版，第309页。
③ ［美］史蒂芬·缪哈尔、［英］亚当·斯威夫特：《自由主义者与社群主义者》，孙晓春译，吉林人民出版社2007年版，149页。
④ R. P. Wolff, *Understanding Rawls: A Critique and Reconstruction of a Theory of Justice*, Princeton: Princeton University Press, 1977, pp. 179–210.

采用哲学之思发现和构建分配正义理论的做法进行了批判。沃尔泽反讽道：既然"存在很多洞穴却只有一个太阳"，那么"哲学家的政治成功……将会使单一性凌驾于多元性之上，也就是说，对每一个独特的共同体，不断重申理想共同体的结构"。①"在某种程度上说，他们是我们的哲学代表，他们为我们的利益立法。然而，哲学家自己是唯一的实际的理想共同体的代表者，是唯一的实际的完美会议的参与者。所以，他所形成的原则、规定、制度在事实上是他自己的思想的产物，'井然有序地被设计出来'，只受他强加于他自己的某种限制。"② 哲学家企图代表所有的人，但实际上他/她代表不了任何人；没有人会像机器人那样，愿意将关系到自己的生存与生活状况的分配原则交到理性自负的哲学家手中，而甘愿听从哲学家的摆布与驱使。沃尔泽认为，分配正义理论扎根在人们对社会物品的共同理解与共识当中，是通过特定时空的人们的具体实践产生出来的③，是特定的历史与具体的实践相统一的产物，而绝不是什么抽象的概念性描述和逻辑性推导。"道德创造从其产生说是复数的，从其结果说是差别的。"④ 人类都有创造的能力确实不假，但这种能力是以不同的方式做很多不同的事情的能力，而不是相反。沃尔泽进一步认为，公正或平等的观念确实可以被设想为哲学家的成果，即哲学家可以通过对现实社会的观察和研究而得出分配正义理念，但公正或平等的社会却不能看成是哲学家的成果，即哲学家不能构建（或发明）公正或平等的社会。⑤

二 虚幻的乌托邦

柏拉图、功利主义者以及以罗尔斯为代表的权利论者的分配正义理论表现出明显的"乌托邦"色彩。对此，沃尔泽是这样说的："（哲学家）通常所寻求的真理是普遍的和永恒的，不可能在任何现实的和历史

---

① Michael Walzer, "Philosophy and Democracy", *Political Theory*, Vol. 9, No. 3, 1981, p. 393.
② Michael Walzer, "Philosophy and Democracy", in David Miller, ed., *Thinking Politically: Essays in Political Theory*, New Haven: Yale University Press, 2007, p. 11.
③ 参见［美］沃尔泽《正义诸领域——为多元主义和平等一辩》（序言），褚松燕译，译林出版社2009年版，第5页。
④ Michael Walzer, "Nation and Universe", in David Miller, ed., *Thinking Politically: Essays in Political Theory*, New Haven: Yale University Press, 2007, p. 199.
⑤ 参见［美］沃尔泽《正义诸领域——为多元主义和平等一辩》（序言），褚松燕译，译林出版社2009年版，第5页。

的共同体内部发现它们。因此,哲学家在撤退……那么,他要退到何种地方呢?今天看来,最常见的是,他为自己建构……要建构一个在某种'原初状态'下(罗尔斯)或者'理想的对话环境'下(哈贝马斯)进行理想的会谈。"① "为了达到真理,他们将自己与特定的时空相分离,超越特定时空的偶然性以便获得某种客观的立场……超越其公民角色以达到一种观点的超越,如真理。"② 总之,他们义无返顾地要将人们带向通往"虚幻的乌托邦"的分配正义之路。对于柏拉图、罗尔斯等哲学家孜孜以求的这种"虚幻的乌托邦",沃尔泽表现出明显的反感和强烈的不满,并声明自己不会为了一个美好的但却是"虚幻的乌托邦"而去发明或建构一种分配正义理论。对此,沃尔泽这样说道:"我的目的并不在于勾画一个并不存在的乌托邦或一个普适的哲学理念,一个平等的社会是我们力所能及的。"③ "普遍主义对于脱离一切社会身份的个人来说最终会成为一个空洞的范畴。"④ 沃尔泽对于罗尔斯等的决绝态度可见一斑。

在沃尔泽看来,"普适的哲学理念",进一步而言,"一个普适的放之四海而皆准的分配正义理论"是不可能存在的。沃尔泽说道,"(哲学家)通常寻求普遍的和永恒的真理,而这是不可能在任何现实的和历史的共同体内部被发现的"。⑤ 历史上虽然有过大量不同的制度安排和意识形态为分配正义进行展示和辩护的事实,但是,哲学家却对历史上的这些展示和辩护以及由此形成的可视的丰富多彩的世界进行了抵制,他们在撤退……试图去发现和建构(或发明)一个在某种"原初状态"下(罗尔斯)或者"理想的对话环境"下(哈贝马斯)进行理想的会谈。⑥ 具体而言,哲学家首先给出一个基本物品的简短列表,然后从基本物品的简短列表中迅速抽象出一种善,进而论证出一套单一的分配标准或一套相

---

① Michael Walzer, "Philosophy and Democracy", *Political Theory*, Vol. 9, No. 3, 1981, pp. 388 – 389.
② 刁小行:《共同体、哲学与民主:沃尔泽的政治思想》,《北京化工大学学报》(社会科学版)2012 年第 2 期。
③ [美]沃尔泽:《正义诸领域——为多元主义和平等一辩》(序言),褚松燕译,译林出版社 2009 年版,第 5 页。
④ [美]沃尔泽:《阐释和社会批判》,任辉献、段鸣玉译,江苏人民出版社 2010 年版,第 74 页。
⑤ Michael Walzer, "Philosophy and Democracy", *Political Theory*, Vol. 9, No. 3, 1981, p. 388.
⑥ Ibid., p. 389.

互联系的分配标准;在这一过程中,他们将自己视为执掌分配正义原则的唯一的权威和真理的化身。沃尔泽认为,哲学家的这一做法即"寻求一致性的做法"实际上"误解了分配正义的主题"。① 分配正义的主题不是在预先设计好的善的框架内论证出一种唯一的分配正义理论,而是站在不同的历史文化土壤或语境中阐释不同的分配正义理论,文化差异性是分配正义理论的题中应有之义,也是分配正义理论得以产生的内在驱动力和决定性因素。归根结底地说,"在一个有着特定的文化、竞争性的善观念、稀缺资源、需要难以捉摸且繁多的社会,不可能有一个普遍适用的唯一准则"。②

沃尔泽指出,柏拉图是唯一一种分配正义理论的开山鼻祖甚至是"始作俑者"。他说:"从柏拉图开始,就有着这样一个最深层次的假设:哲学能够正确地成就一种,并且是唯一一种分配系统。"③ 柏拉图自以为唯一的分配正义理论能够在自己的伟大哲学的构思中产生,即能够由自己主观地建构——事实上,柏拉图也的确建构了在他看来是唯一的分配正义理论——然而,柏拉图所建构的唯一的分配正义理论从来就没有进入到现实的城邦实践当中,而是自始至终停留在"理想国"的层面上。柏拉图虽然为此耗费了毕生的精力,但终究没有取得一点政治上的实效。沃尔泽在这里对柏拉图"有付出而无回报"的结果表达了几分同情和惋惜,但也有一些鄙夷与不屑。

与柏拉图相似,功利主义者也提出了一种唯一的普适性的分配正义理论——"最大多数人的最大幸福"。从表述上看,没有哪一种分配正义理论及其原则能够像"最大多数人的最大幸福"这样简洁明了,浅显易懂,但是,在统计学意义上,如何确定"最大多数人"呢?如何评判"最大幸福"呢?对此,沃尔泽充满了疑问。沃尔泽说:"可以这样说,我拥有的东西是我该有的或不该有的、正义的或不正义的,但是,只要

---

① [美]沃尔泽:《正义诸领域——为多元主义和平等一辩》,褚松燕译,译林出版社2009年版,第3页。
② Michael Walzer, *Spheres of Justice: A Defense of Pluralism and Equality*, New York: Basic Books, 1983, p.79.
③ [美]沃尔泽:《正义诸领域——为多元主义和平等一辩》,褚松燕译,译林出版社2009年版,第3页。

涉及分配的范围和参与分配者的数量，这种判断就不容易做出了。"① 如何从范围和数量来判断分配是否正义，这是非常困难的。因此，与其说"最大多数人的最大幸福"是一个现实的分配正义原则，还不如说它是一个鼓舞士气和征服民众的口号。在功利主义所宣扬的分配正义原则的主导下，西方资本主义实现了飞速的发展，但是，"最大多数人的最大幸福"却从未实现过，因为它根本实现不了。

在分配正义理论的一元主义的思路上，罗尔斯在很大程度上继承了柏拉图的衣钵，他对于"哲学能够正确地成就一种，并且是唯一一种分配系统"②的假设充满了自信，并以此为理论预设展开了自己的学术创作。因此，沃尔泽对罗尔斯的批判也是最为激烈的。沃尔泽以一种嘲讽的方式将罗尔斯的分配正义理论概括地表述为："处于原初状态中理性的男人们和女人们，如果他们被迫公正地进行选择，而他们又对自己的状况一无所知，并且被禁止提出任何特殊要求，那么，面对一组抽象的善，他们将作出这个选择。"③ 进而，沃尔泽对此提出了质疑。他说，处于原初状态中特定的男人们和女人们，在被不同的条件与形势限制的前提下，还会选择一种并且是唯一一种分配系统，这个结论是不容易测量的。④ 在沃尔泽看来，即使罗尔斯的论证在逻辑上非常严密，但也没有足够的理由能够断定理性的男人们和女人们在面临诸多选择时，还会一致地选择以"两个正义原则"为核心内容的唯一一种分配正义系统。由此，沃尔泽进一步认为，对于形势的估计和结论的推出，罗尔斯显然是过于乐观和自信了。这也诚如巴利对罗尔斯所给予的指责："这样的简化是不可能实现的。我们不得不承认平衡是不可避免的，并且，我们不得不为原则的多样性让出比罗尔斯认可的还要大的空间。"⑤

除对罗尔斯所设计的"无知之幕"下特定的男人们和女人们在被不

---

① ［美］沃尔泽:《正义诸领域——为多元主义和平等一辩》，褚松燕译，译林出版社2009年版，第1页。

② 同上书，第3页。

③ Michael Walzer, *Spheres of Justice: A Defense of Pluralism and Equality*, New York: Basic Books, 1983, p. 5.

④ 参见［美］沃尔泽《正义诸领域——为多元主义和平等一辩》，褚松燕译，译林出版社2009年版，第3页。

⑤ Brian Barry, *Political Argument: A Reissue with a New Introduction*, Berkeley: University of California Press, 1990, p. lxxi.

同的条件与形势限制的前提下仍然会选择一种并且是唯一一种分配系统提出质疑之外，沃尔泽还对"原初状态"及其"无知之幕"下特定的男人们与女人们所做出的选择的真实性与有效性同样提出了质疑。沃尔泽说："同样是这些男人们和女人们，如果他们变成了普通人，有着对自己身份的稳固观念，手中握着自己的物品，陷入日常的困境当中，那么，他们是否还会重复他们的虚拟选择，或者甚至声称这一选择就是他们自己的选择。"① 也就是说，同样的一批人，让他们直接从"原初状态"进入到现实的政治共同体当中，即在情景发生了根本性变化的情况下，他们的选择还会是一样的吗？在沃尔泽看来，答案显然是否定的。这是因为，罗尔斯的"无知之幕"下的道德主体是"离群索居的主体"，"这种主体在形而上学的意义上是意志主义的，在心理学意义上是认识论主义的。由于这种道德主体脱离了历史环境，从而作为建构主体，他们不能真正的建构，作为选择主体，他们也不能真正的选择"。② 简而言之，在"无知之幕"下特定的男人们和女人们并不能做出适用于真实世界的有效选择。此外，对于"无知之幕"下面的男人们和女人们的选择，沃尔泽还借用"旅馆"之喻进一步予以讽刺道："无论这个旅馆如何改善，我们还是会渴望回到那个我们知道自己曾拥有只是想不起来的家。我们在道德上没有义务住在自己参与设计的旅馆里。"③

基于前面的分析，沃尔泽最后指出，罗尔斯所假想的存在于"原初状态"中的普遍性是无法与现实社会的历史、文化和成员资格的特殊性实现顺利对接的，而"原初状态"中当事各方做出的选择也不能有效地转化成现实政治共同体中成员所做出的真实选择。这主要是因为，在现实政治共同体中，每一个有着正常心智的理性个体都不会像机器人一样受别人的操控而去做出一个违背自己真实意愿的选择，而是一定会根据自己的处境，并以此来考虑谁和他/她的境地相同，谁和他/她分享同一

---

① Michael Walzer, *Spheres of Justice: A Defense of Pluralism and Equality*, New York: Basic Books, 1983, p. 5.
② 刁小行：《在厚与薄之间：考察正义的语境主义视角》，《中共南京市委党校学报》2012年第6期。
③ ［美］沃尔泽：《阐释和社会批判》，任辉献、段鸣玉译，江苏人民出版社2010年版，第17页。

种文化并注定继续分享这一文化,然后才去决定如何分配各种善。① 正如赵汀阳对罗尔斯的批评:"'无知之幕'虽然独具匠心,但无知状态的博弈与有知状态的博弈之间有着无法过渡或无法兑换的鸿沟,因为他们已经是本质不同的世界,不能互相兑换或转换。"② 由此,进而言之,尽管罗尔斯绞尽脑汁地运用"反思的平衡"③进行了激烈的争辩,但是,这也不能使人们相信从覆盖着"无知之幕"的"原初状态"中得出的以"两个正义原则"为核心内容的分配正义理论就是能够顺利地运用到现实的政治共同体当中的④,即"在原初状态下选择的正义原则对于特定的社会环境是没有多大用处的"。⑤ 关于这个问题,邓正来在研究哈耶克的方法论个体主义时也曾提出过一个深刻的论断,他说:"自由主义传统赖以为基础的上述个人主义假设,未能而且也不能对支配社会互动的经济、政治和历史过程给出真切且充分的解释。"⑥ 进一步说,罗尔斯等自由主义哲学家依据对人性和社会性质的虚构性解释如"原初状态"而建构起来的善社会的模式,是依旧无力解释人类社会是如何型构各种社会秩序的。

此外,沃尔泽还对罗尔斯通过"差别原则"以实现"简单平等"的努力进行了诘难。众所周知,罗尔斯的"差别原则"是为了将最大可能的利益带给并确实带给社会中处于最弱势地位的群体而设计的。沃尔泽认为,"差别原则"的设计是不合理的,没有任何理由能够对部分人通过自己的努力从而谋得某一职位,进而获得比一般人多得多的财富的现象进行控制或改变,例如,在外科手术医生并不能给最穷的弱势群体带来

---

① 参见[美]沃尔泽《正义诸领域——为多元主义和平等一辩》,褚松燕译,译林出版社2009年版,第4页。
② 赵汀阳:《冲突、合作与和谐的博弈哲学》,载廖申白、仇彦斌《正义与中国——纪念罗尔斯〈正义论〉出版四十周年文集》,中国社会科学出版社2011年版,第264页。
③ "反思的平衡"意味着(分配)正义理论与人们通常做出的关于制度或实践的正义判断具有充分紧密的关联,应与人们在谈论和主张什么是正义时所涉及的原则具有紧密的关联。
④ 沃尔泽在《阐释和社会批判》中,用一个"来自不同国家和道德文化、说不同语言的旅行者来到一个新地方(例如外太空)就如何确定生活方式"的例子对这个问题进行了讨论。参见[美]沃尔泽《阐释和社会批判》,任辉献、段鸣玉译,江苏人民出版社2010年版,第15—18页。
⑤ Michael Walzer, *Spheres of Justice: A Defense of Pluralism and Equality*, New York: Basic Books, 1983, p. 389.
⑥ 邓正来:《耶克方法论个人主义的研究》,《环球法律评论》2002年第2期。

利益增量时，就不应该"采取行动限制并规制外科手术的价格"。① 沃尔泽还特别指出，"差别原则"所承载的"简单平等将要求国家用连续不断的干涉来打破或限制早期的垄断并抑制支配的新形势，但那时，国家的权力自身将成为竞相争夺的中心目标。不同群体将试图去垄断国家权力，将国家权力用于巩固他们对别的社会物品的控制。或者，国家将由于寡头铁律被它自己的代理人垄断"。② 在这样的情况下，如何限制国家的政治权力将是非常困难的。这主要是因为，罗尔斯的"差别原则"造成了一个悖论：既需要强国家以顺利地实现再分配，又难以对强国家及其权力进行有效的制约；而如果采用宪政民主制度对强国家及其权力进行有效的制约，又会迎来一个虚弱的国家而难以应付整个社会重新出现的垄断，难以应付财阀、官僚、技术专家治国者、实力政治家等社会力量。③ 这样一来，罗尔斯的"差别原则"将使人们在分配结果的调整面前束手无策。

在对罗尔斯的"差别原则"设计进行了诘难之后，沃尔泽又集中火力批判了罗尔斯的"简单平等"幻想。从罗尔斯分配正义理论的整个抱负来看，"两个原则"充满着浓厚的平等主义意味：第一个原则是为了确保政治权利的平等，第二个原则是为了促进经济权利的平等。但是，在沃尔泽看来，罗尔斯的这种简单的平等梦想是永远实现不了的。因为"平等的根本含义是消极的，平等主义就其起源来说是一种废弃主义政见。它并不在于消灭全部差别，而是消灭特定的一套差别，以及在不同地点不同时间消灭不同的差别。他的目标总是明确的：贵族特权、资本主义财富、官僚权力、种族或性别优越性"。④ 而且，即使在起初实现了共同体成员平等的政治权利，即平等的自由，但是，共同体成员在经济方面的平等是无法保证的，即经济领域实现不了平等，而经济领域的不平等又必然会影响到政治领域，以至于造成政治权利上的不平等，这在历史与现实当中是非常普遍的现象。正如金里卡所言，"缺乏财产与缺乏

---

① ［美］沃尔泽：《正义诸领域——为多元主义和平等一辩》，褚松燕译，译林出版社 2009 年版，第 15 页。
② 同上。
③ 同上。
④ 同上书，序言，第 1 页。

权利具有完全一样的压迫效果"。① 也诚如麦金泰尔所言，罗尔斯"从未在他的结论中注意到，在他希望找到和谐与秩序的地方，他找到的是混乱"。② 罗尔斯的第一个原则只能宣告表面上的平等，而不能实现实质上的平等；第二个原则对第一个原则的实现并不能发挥实质性的辅助作用。

总而言之，"由于所有的道德总在某种程度上与社会性的当地情况特殊性相关联，当时的道德力图摆脱全部特殊性而成为一种普遍性道德的愿望，只不过是一种幻象"。③ 也就是说，无论是柏拉图所悉心论证的由神赋予的"德性"所决定的分配正义理论及其原则，还是功利主义的以"最大多数人的最大幸福"为衡量标准或尺度的分配正义理论及其原则，抑或是罗尔斯的"原初状态"中当事各方在"无知之幕"背后选择的以"两个正义原则"为核心的分配正义理论，都是不能实现的一种理想抱负，即一种"虚幻的乌托邦"或"不存在的乌托邦"。④

三 "意义"缺失的分配正义

在沃尔泽看来，柏拉图、功利主义者以及以罗尔斯为代表的权利论者的分配正义理论之所以表现出明显的方法论抽象和"乌托邦"色彩的特点，从根本上讲，是因为他们一概忽视了分配的核心元素——隐藏在物品或善背后的"意义"。有关这一点，沃尔泽尖锐地指出：在柏拉图、功利主义者、罗尔斯等哲学家那里，"分配正义的各种理论的焦点都集中在通常被描述为一种仿佛采用这种形式的社会过程：人们向（别的）人们分配物品"。⑤ 应该说，沃尔泽对罗尔斯等哲学家对分配过程的表述的提炼是非常到位的，也是非常新颖而深刻的。在这个表述中，蕴含着一个从未引起人们注意的问题。作为一个社会哲学家，沃尔泽的眼光是敏锐的，他注意到了这一问题。而这个问题正是一把引导解开以罗尔斯为代表的一元主义分配正义理论谜团的钥匙。

我们来详细地分析这个表述。按照沃尔泽给出的解释，在这个表述

---

① ［加］威尔·金里卡：《当代政治哲学》（上），刘莘译，上海三联书店2004年版，第228页。

② A Macintyre, "A Crisis in Moral Philosophy: Why is the Search for the Foundations of Ehtichs So Frustrating?", *Hastings Center Report*, Vol. 9, No. 4, 1979, pp. 16 – 22.

③ ［美］麦金太尔：《德性之后》，龚群等译，中国社会科学出版社1995年版，第159页。

④ 参见［美］沃尔泽《正义诸领域——为多元主义和平等一辩》（序言），褚松燕译，译林出版社2009年版，第5页。

⑤ 同上书，第4页。

中，第一个"人们"是指分配的主体或者施动者，第二个"人们"是指分配的客体或者受动者，而"分配"的意思则是给予、配给、交换，等等。显而易见，在柏拉图、功利主义者和罗尔斯等哲学家的分配正义理论当中，他们都是用单一的抽象的分配原则来分配物品或善，他们的焦点都是集中在分配代理人和物品或善的领受者身上，而不是集中在物品或善的制造者及其行为上和消费者及其行为上，即不是集中在物品或者善的"意义"上。进而言之，正是因为柏拉图、功利主义者和罗尔斯等哲学家的分配正义理论忽视了善及其背后的意义，才导致了他们的分配正义理论走向了一元主义的深渊。

那么，柏拉图、功利主义者、罗尔斯等哲学家为什么不能将分配集中在物品即善的"意义"上呢？对于这个问题，沃尔泽进一步给出了解释。他指出，这是因为，柏拉图、功利主义者、罗尔斯等哲学家犯了一个严重的错误，即没有认识到或者没有足够清醒地认识到物品或善首先是在人们的观念之中生成和存在的，然后才是被人们创造或生产出来的。沃尔泽是这样说的："人们构思和创造出物品，然后在他们自己当中进行分配。"[1] 在沃尔泽看来，构思和创造优先于善的分配，并控制着善的分配。柏拉图、功利主义者、罗尔斯等哲学家只是看到了摆在人们面前等待分配的有形的善，却忽视了善是从何而来的问题，即忽视了善在被分配之前首先是由人们在脑海中进行构思以及随后按照人们的构思进行生产或创造的问题。

结合沃尔泽的观点，我们来逐一分析柏拉图、功利主义者、罗尔斯等哲学家对"善"的意义予以忽视的问题。

在柏拉图的分配正义理论中，柏拉图重点关注的是分配的受动者——具有不同德性的城邦公民，他从来就没有考虑过作为善的"身份"和"职位"究竟从何而来？究竟为何产生？他将"身份"与"职位"视作先天就自然存在的，"身份"与"职位"的意义完全被柏拉图的分配正义理论抛在了一边。这是柏拉图的错误。而功利主义者呢？他们一进入到分配现场就删繁就简地提出了实现"最大多数人的最大幸福"的分配原则，"最大多数人"是分配的受动者，而作为善的"最大幸福"也只是

---

[1] ［美］沃尔泽：《正义诸领域——为多元主义和平等一辩》，褚松燕译，译林出版社2009年版，第5页。

被作为认定的一种事物来分配给前面所预设的"最大多数人","最大幸福"不仅从形式上失去了其作为一种善的"意义",而且从内涵上也失去了其作为一种善的"意义"。简言之,"最大幸福"过于抽象,它的意义从何而来不得而知。因此,沃尔泽认为:"如果我们要尊重社会意义,那么分配就不能与普遍幸福相洽和,也不能与别的什么东西相洽和。"① 而应该与且只能与普遍幸福背后的"意义"相洽和。

与柏拉图、功利主义者比较起来,罗尔斯在他的分配正义理论的论证过程中倒是在关注分配的受动者——第一原则中的"所有人"和第二原则中的"最少受惠者"——之外,还格外地关注到了善——罗尔斯列举了"一揽子"善并从中提炼出了基本善②,但是,罗尔斯却没有注意到这些"善"背后的"意义",即与"善"背后的"意义"失之交臂:平等的自由对于他的接受者来说意味着什么?它们从何而来?公平的机会对于它的接受者来说意味着什么?它们从何而来?收入和财富对于它的接受者来说意味着什么?它们从何而来?等等。罗尔斯没有注意到这些问题。由于罗尔斯没有注意到这些问题,使罗尔斯虽然费尽心力构建出让他引以为豪的以"两个正义原则"为主要命题的分配正义理论,但是,"两个正义原则"却并不能涵盖所有的善的分配,即在特定领域的特定善的面前,"两个正义原则"是严重失效乃至是无效的。

由上述分析可知,正是因为不能认识到作为"观念"存在的物品或善优先于作为"实体"存在的物品或善,即不能认识到善的社会意义优先于善本身,因此,柏拉图、功利主义者以及罗尔斯等哲学家也就不能将分配集中在物品或"善的意义"上。沃尔泽进一步指出,"物品及其意义……在处于人们手中之前就已经进入人们的脑海中了;分配是依据人们所共享的关于善是什么和它们的用途何在的观念摹制出来的"。③ 那么,

---

① [美]沃尔泽:《正义诸领域——为多元主义和平等一辩》(序言),褚松燕译,译林出版社 2009 年版,第 7 页。
② 罗尔斯列举的善包括:(1)基本自由,其中,重要的有政治上的自由(选举和担任公职的权利)与言论和集会自由、良心自由和思想自由、个人的自由——免除心理的压制、身体的攻击和肢解(个人完整性)的自由、拥有个人财产权利,以及依照法治的概念不受任意逮捕和没收财产的自由;(2)公平的任职机会;(3)收入和财富,等等。参见[美]罗尔斯《正义论》,何怀宏、何包钢、廖申白译,中国社会科学出版社 2009 年版,第 47—48 页。
③ [美]沃尔泽:《正义诸领域——为多元主义和平等一辩》,褚松燕译,译林出版社 2009 年版,第 5 页。

很自然地，柏拉图、功利主义者、罗尔斯等哲学家的分配正义理论也就不是根据"善的意义"摹制出来的，而是他们凭借自己的哲学之思人为地主观建构而成的。进而言之，柏拉图、功利主义者、罗尔斯等哲学家也就只能建构出一元主义分配正义理论，而不能提出多元主义分配正义理论。

总而言之，在沃尔泽看来，柏拉图、功利主义者以及以罗尔斯为代表的权利论者的分配正义理论是缺失"意义"的分配正义理论。需要说明的是，我们在这里所讲的罗尔斯等哲学家的分配正义理论"缺失意义"主要包括两层含义：第一层含义是指罗尔斯等哲学家在分配正义理论中，没有关注物品或善的"意义"，进而不能将物品或善的"意义"纳入分配当中。这一层含义主要是就沃尔泽思想的本义来讲的，或者说，是从原因层面来讲的。第二层含义是指罗尔斯等哲学家的分配正义理论由于没有关注到物品或善的"意义"，因而使他们的分配正义理论在效用上是大打折扣的，在一定程度上失去了实践价值。这一层含义在很大程度上是我们基于沃尔泽的思想引申出来的，或者说，是从结果层面来讲的。一言以蔽之，由于罗尔斯等哲学家的分配正义理论缺乏"意义"（没有关注善的"意义"），从而导致他们的分配正义理论缺乏实践上的"意义"（即实效性不够）。

第二章　多元主义分配正义的理论根基

沃尔泽通过对"自我的构成"以及以"构成性的自我"为起点所形成的遍布于社会中的"我们"与"他们"等社群现象的深刻论述,对"世界的本源是什么"的问题给出了"社群"这一答案,进而确立了"整体主义本体论"的研究假设;他继而通过对道德的"厚"与"薄"的解释以及对道德论证的三条道路——发现之路、创造之路和阐释之路的逐步分析,尤其是对"阐释之路"的深入解析,从而对"人们是如何获得知识的"问题给出了从"知识的情景化"着手这一答案,进而确立了"语境主义认识论"的研究路径。整体主义本体论的研究假设与语境主义认识论的研究路径共同构成了沃尔泽多元主义分配正义论的方法论基础,从而有力地支撑着沃尔泽分配正义的整个理论大厦。在整体主义本体论的研究假设和语境主义认识论的研究路径的引导和支撑下,沃尔泽敏锐地观察到并提出隐藏在"善"背后的"意义"才是一切分配活动的焦点和核心——而这正好是以柏拉图、罗尔斯为代表的一元主义分配正义理论家所忽视了的问题,他在对"善的意义"进行考察之后,开创性地主张应该将"善的意义"纳入分配当中,进而提出了与传统一元主义分配正义理论截然不同的"多元"主义的分配"正义"理论。

第一节　社群本原:整体主义本体论

一　自我的构成

自我是如何构成的?或者说,自我是谁?如何界定自我?这是自由主义和社群主义在进行思想交锋时必须首先要回答的一个重要问题。正如沃尔泽所言:"自我构成的问题,它通常被认为是自由主义与其他社群主义批判者之间的中心问题。"[1] 对这个问题给出不同的回答，也就决定了社群主义及其分配正义观和自由主义及其分配正义观有着不同的发展路径和脉络走向。与自由主义者的主张[2]截然相反，在社群主义者看来，自我不是"个人占有性"[3] 的概念，而是"社会占有性"[4] 的。丹尼尔·贝尔曾说过，"社群主义的本体论即是，我们首先是一种社会生物，汲汲于在世俗中实现某种生活形式"。[5] 泰勒也认为，一个人只有在其他自我之中才是自我。在不参照其他自我时，自我无法得到描述。"我通过我从何处说话，根据家谱、社会空间、社会地位和功能的地势、我所爱的与我关系密切的人，关键的还有其中我最重要的规定关系得以出现的道德和精神方向感，来定义我是谁。"[6] 尽管沃尔泽从来没有表明过自己是一位真正的社群主义者[7]——事实上，他不是一位社群主义者，而是一位平等主义者和一位社会主义者[8]，但是，他自始至终都是站在社群主义的立场上，认为自我从出生时起就是镶嵌在一定的社会结构之中的，自我是一种社会性的存在或社会性生物，而不是像罗尔斯、诺齐克等自由主义哲学家所认为的那样，自我是"独立于人们之间的任何道德或社会的联

---

[1] Michael Walzer, "The Communitarian Critique of Liberalism", *Political Theory*, Vol. 18, No. 1, 1990, p. 20.

[2] 人们往往指出，自由主义立基于一种前社会的自我观念，这种孤立的、有时候具有英雄气概的个人与社会相对抗，而在这种对抗开始之前，他就已经完全形成了。而当代自由主义致力阐述的并不是一个前社会的自我，而只是一个能够对那些支配其社会化过程的价值进行批判性反思的自我。参见 Michael Walzerr, "The Communitarian Critique of Liberalism", *Political Theory*, Vol. 18, No. 1, 1990, pp. 20 – 21。

[3] 在以罗尔斯为代表的新自由主义者那里，"个人占有性（占有性自我）"意指每个人都是一个道德主体，每个道德主体都先验地拥有一种作为其认同的"自我"，这个"自我"的本质特点亦即"占有性"。

[4] "社会占有性"意指社会永远先于个人，任何个人都属于社会，个人并不是先验的存在。

[5] [美] 丹尼尔·贝尔：《社群主义及其批评者》，李琨译，宋冰校，生活·读书·新知三联书店2002年版，第84页。

[6] 参见 [加拿大] 查尔斯·泰勒《自我的根源：现代认同的形成》，韩震、王成兵、乔春霞、李伟、彭立群译，译林出版社2012年版，第48—49页。

[7] 参见应奇《从自由主义到后现代主义》，生活·读书·新知三联书店2003年版，第6页；宁乐蜂：《社群主义与自由主义之争的方法论困境及其趋向》，《大连大学学报》2011年第1期；龚群：《当代自由主义与社群主义：背景与问题域》，《华中师范大学学报》（人文社会科学版）2012年第6期。

[8] 参见刁小行《多元价值的均衡：沃尔泽政治哲学研究》，博士学位论文，浙江大学，2013年，第87、173—177页。

结结构"① 的原子式自我，是一个没有承载的自我。沃尔泽这样说道："在社会中长大的人，将会发现自己处在各种关系模式、权力网络以及意义共同体之中，这是人类社会的本质属性。"② "我们不应该区分个体；我们要区分制度、实践，以及各种不同类型的关系。我们所划的线是要圈出教会、学校、集市、家族，而不是圈出你和我的不同。我们不必追求所谓孤独个体的自由，而是追求那种可堂皇名之为制度完整性的东西。"③ "教堂、学校、市场和家庭……在任何情况下，它们都不是完全通过个人意愿进行塑造的，因为这些意愿总是在特定的模式内发生。"④ 除了"我们的自由主义的自我"，没有人是存在的，"但这些自我应该明白我们自己都是社会性的存在物"⑤。如此等等，不一而足。

沃尔泽认为，自我是关联性或相互依赖性的自我，而不是孤独的或者无牵无挂的自我。不同的自我通过具有胶合和凝结作用的社会纽带紧密地联系在一起。"社会纽带不仅是一个情感问题，更是一种具有本体特性的构成性力量。"⑥ 通过社会纽带联结在一起的不同的自我，恰如生长在同一个根基上的生命共同体，是唇齿相依、难以割舍的。退一步来讲，即使不同的自我之间并不存在可视可知的情感关系，例如，父子母女、兄弟姐妹、夫妇情侣、同窗故旧等，也丝毫不影响不同的自我之间固有的内在亲缘性和吸引力。针对自由主义的分离主义意识形态对社群主义的肆掠，沃尔泽乐观地断言："自由主义的分离主义意识形态不可能夺走我们的人格与联系状态，它所夺走的只是对我们人格与联系状态的感觉。"⑦ 因而，对于自由主义的思想主张，不需要有过多的焦虑，也不需

---

① 王焱：《麦金太尔道德合理性思想的法理学意义》，《理论与现代化》2010 年第 1 期。
② Michael Walzer, "The Communitarian Critique of Liberalism", *Political Theory*, Vol. 18, No. 1, 1990, p. 10.
③ 参见江宜桦《自由主义、民族主义与国家认同》，(台北) 扬智文化事业股份有限公司 1998 年版，第 82 页。转引自吴玉军《现代性语境下的认同问题：对社群主义与自由主义论争的一种考察》，中国社会科学出版社 2012 年版，第 159—160 页。
④ Michael Walzer, *Thinking Politically: Essays in Political Theory*, New Haven: Yale University Press, 2007, p. 63.
⑤ Michael Walzer, "The Communitarian Critique of Liberalism", *Political Theory*, Vol. 18, No. 1, 1990, pp. 6 – 23.
⑥ 钱宁：《"共同善"与分配正义论——社群主义的社会福利思想及其对社会政策研究的启示》，《学海》2006 年第 6 期。
⑦ Michael Walzer, "The Communitarian Critique of Liberalism", *Political Theory*, Vol. 18, No. 1, 1990, p. 10.

要给予过多的担忧。总之,只要自我身处在社会与社群之中,自我就注定成为社群难以割舍的生命细胞,即社群构成性地决定了自我。沃尔泽的这个论断与海德格尔的存在主义的观点可以说是完全一致的。在这个问题上,海德格尔是这样认为的:"人类个体的存在从本质上说永远是在特定时间和地点中的存在,也就是说,它是已经存在的周围世界中的存在——'在这个世界的存在'。"① 只不过,海德格尔走向了另一个极端——绝对的个人主义。②

社群不仅构成性地决定自我,而且,它还决定个人总是过着社群式的生活。在沃尔泽看来,不同的自我集合在一起过社群生活是一种善或美德。现实社会并不像霍布斯所描述和形容那样,是一种"一切人反对一切人"的自然战争状态,自我的合作和互助还是必需的——当然,合作与互助也是可能的和可行的。这是因为,比起任何的独处或者单打独斗来说,合作与互助都能够给自我带来更切实的安全保障和提供更舒适的生活条件——这是毋庸置疑的,理论上和实践上都是如此。在社群中,不同的自我"彼此熟悉、彼此关注、彼此依靠、彼此支撑"③,共同发展和一起进步。例如,自我形成具有内聚力的团结、稳定的组织和党派,就为自我提供了良善的政治秩序和政治生活。反之,一旦离开社群,或者频繁地迁移流动,自我就变得无所适从,甚至成为无源之水、无本之木,以致到最后难以正常地生活下去。并且,沃尔泽还详细地指出了分离问题的严重性,他说:"在我们标准的文化神话中,迁移也许是一次个人冒险,但在现实生活中,它往往是一次家庭创伤。对于社会的流动性来说同样如此,这种流动性使人们上下浮动,而且需要一些很难驾驭的调整。……政治上的独立往往是一种不太值得推崇的孤立:持有观点的个人脱离了带有计划的群体,结果是'效能感'的下降,同时伴随着对奉献执着和民心士气的不利影响。"④

---

① 转引自[英]迈克尔·H. 莱斯诺夫《二十世纪的政治哲学家》,冯克利译,商务印书馆 2001 年版,第 82—83 页。

② 海德格尔曾言:他人就是地狱。这充分地表明海德格尔对于自我所处的既有世界的极不信任。

③ 钱宁:《"共同善"与分配正义论——社群主义的社会福利思想及其对社会政策研究的启示》,《学海》2006 年第 6 期。

④ Michael Walzer, "The Communitarian Critique of Liberalism", *Political Theory*, Vol. 18, No. 1, 1990, pp. 12 – 13.

按照康德的观点，自我是一个超验的自我，它先于任何特殊的经验。沃尔泽明确反对康德的观点。沃尔泽认为，自我的社会属性有一部分是先天就具备的，或者说是从历史或先辈那里继承下来的——不管自我是否愿意或乐意接受，它都成为既定事实。沃尔泽指出，"一个群体中的每一个成员都是由自己的父母所生，他们的父母又有自己的朋友、亲人、邻居、同事、教友与公民同胞——事实上，这些联系与其说是选择的，不如说是继承的或遗传的"。① 沃尔泽紧接着指出："他们随后所组成的群体（就像他们后来的职业一样），很多仅仅是表达了这些根本性的身份认同，它们同样与其说是选择的，不如说是被赋予的。"② 也就是说，自我是一个"经验的自我"。自我的经验表现在自我先天就具备属于某一社群的身份特征，这种身份特征或者是来自宏观视域下的历史，或者是来自微观视域下的先辈（包括父本和母本），自我会"下意识地按照社会惯例所规范的方式行事"。③ 正如金里卡所言："一个人的出身不是随便就可以抹杀的；他是也将依旧是形成他是谁的一个构成部分。"④ 自我之所以进入到某一社群中，并不是因为自我对某一社群感兴趣使然，而是因为自我先天就具备着与社群相同的性质使然。针对自由主义在这个方面用"独立选民"的例子来对社群主义进行攻击，沃尔泽巧妙地用自由主义之矛还击了自由主义之盾。他说："父母行为的预示作用即便对独立选民来说仍然有效：他们只不过是继承了这种独立性。"⑤ 换言之，选民确实具有独立性和不合群性，但这种独立性和不合群性也是来源于他们的父本和母本的。由此可见，沃尔泽的还击还是很有力量的，它使社群主义的观点更加稳固。自我在进入到某一社群之前，他/她实质上已经具备了特

---

① Michael Walzer, "The Communitarian Critique of Liberalism", *Political Theory*, Vol. 18, No. 1, 1990, p. 10.

② Ibid., p. 15.

③ 社会惯例是指我们的社会生活教给我们的行事规则，它告诉我们什么时候做什么事，它们是由我们所处的世界决定的，包括坐、站立、穿衣、发音、走路、打招呼、从事运动和一般的待人接物等方式。[美] 丹尼尔·贝尔：《社群主义及其批评者》，李琨译，宋冰校，生活·读书·新知三联书店 2002 年版，第 11 页。

④ Will Kymlicka, *Liberalism, Community, and Culture*, Oxford University Press, 1989, p. 175. 转引自埃文查尼《认同与自由主义的民族主义》，载翟学伟《全球化与民族认同》，南京大学出版社 2009 年版，第 227 页。

⑤ Michael Walzer, "The Communitarian Critique of Liberalism", *Political Theory*, Vol. 18, No. 1, 1990, p. 13.

定社群的成员身份，就已经属于特定的社群了。对于特定的社群来说，自我没有太多的选择余地，有的只有寻找和归属它的意念，而社群也迟早都会将属于它的自我囊括或收容进去。自我进入到某一社群，也就相当于寻找到了失落已久的精神家园。

　　自我的社会属性除被先天的赋予之外，还有就是在后天的成长过程中通过社会培育和发展起来的。沃尔泽认为："人们总是处在一定的关系中来看问题的，从出生起他们就有着历史的延续，这不仅体现在与他人的关系上，而且也体现在他们所生活于其中的道德和物质的世界中。"① 沃尔泽的这段话的重点在于，自我作为历史的延续，在他/她进入社会之后，总要与其身边的其他自我发生关系，也总要与外面的道德（精神）世界和物质世界发生关系。沃尔泽的这一看法与马克思的观点是比较相近的。马克思在谈到人的本质时，就曾经指出过："人的本质并不是单个人所固有的抽象物。在其现实性上，它是一切社会关系的总和。"② "社会不是由个人构成，而是表示这些个人彼此发生的那些联系和关系的总和。"③ 社会关系表征着作为"自我"的人的社会存在，是作为"自我"的人的社会本体论存在方式。自我在与身边其他的自我的密切交往当中，在与外面的道德（精神）世界和物质世界的不断融合中，就能够自然而然地培育起并持续发展与之前具备的先天属性并不相冲突的属性，从而使自我更加丰满和健全，进而以更好的社会性适应社群生活和社会生活。

　　沃尔泽在捍卫自我本质上是一个社会性生物的同时，也并不反对不同自我之间存在着一定程度的间隙与分歧。在沃尔泽看来，自我之间存在着间隙与分歧是一种比较普遍的现象，这种现象在以美国为代表的西方社会呈现出愈演愈烈的趋势。不过，沃尔泽认为，这种间隙与分歧是很正常的，它并不代表着自我之间是根本决裂的。因为自我之间的间隙与分歧始终是建立在自我的相互理解的基础上的。他说：我们并没有隔离得如此遥远，以致我们不再能够与其他的自我进行交谈；"我们经常发生意见分歧，但我们是以彼此可以理解的方式发生分歧的"。④ 沃尔泽还

---

① 韩震：《当代西方的另一种正义理论》，《哲学动态》1994 年第 4 期。
② 《马克思恩格斯选集》（第 1 卷），人民出版社 1972 年版，第 18 页。
③ 《马克思恩格斯全集》（第 46 卷），人民出版社 1979 年版，第 270 页。
④ Michael Walzer, "The Communitarian Critique of Liberalism", *Political Theory*, Vol. 18, No. 1, 1990, 13.

认为，麦金太尔所哀叹的那些哲学争议并不是社会不一致的一个标志，哲学争议证明不了社会存在着不一致或根本断裂。沃尔泽认为，"有哲学家的地方就会有争议，正如有骑士的地方就会有比武决斗一样"。① 而且，哲学家之间的争论，正好说明了他们与各自的支持者之间存在着联系而不是无关。沃尔泽进一步指出，不同自我之间存在的相互隔离并不是绝对的，而是相对的，它是以不同的自我之间存在着一定的社会共识为前提条件的。为此，他以存在于自由主义社会中的政治冲突的例子进行了说明，他说："即使是自由主义社会中的政治冲突，也很少会采取极端的方式，以至于不让其支持者使用谈判和妥协、程序正义以及言说。"② 政治冲突不会发展到完全破裂的地步，而是有共同的镶嵌性和融合性。

总而言之，对于沃尔泽来说，自我被"镶嵌于"或"置于"现存的各种社群之中，自我不可能与社群决裂。自我必须至少把某些社会角色和社会关系当作自我深思的目的和行动的内容。或者，用桑德尔的话说，自我是一种"构成性的自我"③，"主体获得其自我命令的方式不是通过选择业已给定的东西（这是不可理喻的），而是通过反思自我和探究自我构成的本性，认清其律法与命令，以及将其追求确认为是自己的"。④

二 "我们"与"他们"

如前所述，社会是以相互联系的"构成性的自我"而组成的一个有机整体，但是，整个社会并非"不可分割的铁板一块"或"整齐划一"的整体，而是被不同的社群进行了区隔和划分，社群是社会的主要组成单元或细胞。不同的社群分别以"我们"或"他们"的形式而存在。"'我们'因为某种相同或一致的东西而构成'我们'，也因此而区别于

---

① Michael Walzer, "The Communitarian Critique of Liberalism", *Political Theory*, Vol. 18, No. 1, 1990, 14.

② Ibid..

③ 关于"构成性的自我"的含义，桑德尔这样说道："只要我们的构成性自我理解包含着比单纯的个人更广泛的主体，无论是家庭、种族、城市，还是阶级、国家、民族，那么，这种自我理解就规定一种构成性意义上的共同体。这个共同体的标志不仅仅是一种仁慈精神，或是共同体主义的价值的主导地位，甚至也不只是某种'共享的终极目的'，而是一套共同的商谈语汇和隐含的实践与理解背景，在此背景内，参与者的互补理解如果说不会最终消失，也会减少。"[美] 桑德尔：《自由主义与正义的局限》，万俊人等译，译林出版社 2001 年版，第 208 页。

④ [美] 桑德尔：《自由主义与正义的局限》，万俊人等译，译林出版社 2001 年版，第 72 页。

'他们'"。① "我们"与"他们"规定着作为自我的"我"与作为自我的"他"拥有不同的特定身份。诚如桑德尔所言:"我们经常把自己看作是这一家庭、社区或民族或国家的成员,看作是自己历史的传承者,是那场革命的子女,是这个共和国的公民……"② 沃尔泽持有与桑德尔基本一致的观点,他曾说过这样一句简短而内涵丰富的话:"尽管经验是个人的,单个人本身却无法决定经验的特征。"③ 沃尔泽的意思是,个人的经验的特征是由"我们"与"他们"决定的,"我们"与"他们"才能将"自我"区分开来。因此,关注不同的"自我",也就是在关注本质上不同的"我们"与"他们",即不同的放大的"自我"。"对于沃尔泽来说,一个好社会最重要的是大量的组织——例如,邻居(社区)组织、教会、劳工联盟、政党、慈善协会,以及像绿色和平组织和人权观察组织等——蓬勃发展。"④ "我们"与"他们"就是这些蓬勃发展的各种组织。

沃尔泽认为,事实上,"我们"与"他们"是先天就存在的,即"自我"一生下来,就要么属于"我们",要么属于"他们";并且,对此,人们是别无选择的,而只能"听天由命"。沃尔泽说:"在一个自由主义社会中,正如在其他任何一个社会中一样,人们一生下来就处于某些非常重要的群体之中,生而具有身份认同,例如,男性或女性、工人阶级、天主教徒或犹太教徒、黑人、民主主义者,等等。"⑤ "我们都是许多不同种类的正式和非正式群体的成员。"⑥ 在这里,沃尔泽除指出"自我"所拥有的群体特性即"自我"总是归属于"我们"或者"他们"之外,还至少概括了形成"我们"与"他们"的三种不同的原因:第一种是生理(或自然)意义上的,例如,男性或女性、黑种人或白种人或黄种人、健全者或残疾人等;第二种是经济(或政治)意义上的,例如,

---

① 李志江:《试论沃尔泽与罗尔斯正义观的分歧》,《宁夏大学学报》(人文社会科学版) 2007 年第 2 期。

② 转引自俞可平《社群主义》,中国社会科学出版社 2005 年版,第 29 页。

③ [美] 沃尔泽:《正义诸领域——为多元主义和平等一辩》(序言),褚松燕译,译林出版社 2009 年版,第 4 页。

④ Michael Walzer, "Introduction", in Michael Walzer, *Thinking Politically: Essays in Political Theory*, New Haven: Yale University Press, 2007, p. xiii.

⑤ Michael Walzer, "The Communitarian Critique of Liberalism", *Political Theory*, Vol. 18, No. 1, 1990, p. 15.

⑥ [美] 沃尔泽:《正义诸领域——为多元主义和平等一辩》,褚松燕译,译林出版社 2009 年版,第 39 页。

工人阶级、地主阶级、农民阶级、资产阶级、商人、政治家等；第三种是文化（或社会）意义上的，例如，天主教徒或犹太教徒、印第安人、阿拉伯人等。严格来说，只有第一种才是先天的，而第二种和第三种则既可以是先天的，也可以是后天的。并且，第一种通过后天的努力（例如，采取变性手术、一般的医疗手术等）是无法改变的——男性变不成女性、黑种人也变不成白种人，而第二种和第三种通过后天的努力（例如，进行革命、出现背叛等）则可以发生改变——如果自我愿意的话——农民阶级可以变为资产阶级、工人阶级可以变为资产阶级、天主教徒可以变为佛教徒，等等。

在沃尔泽看来，正是因为"我们"与"他们"的存在，才（加速）促成了"自我"还原为不同种类的人。处于"我们"当中的"自我"，虽然具有"我们"的身份，但起初并不会深刻地体会到"我们"的本体意义和明显地表现出"我们"的固有特性，以致将"自我"视为与"他们"完全不同的一类人，但是，由于长期处在"我们"当中，"自我"就会以"我们"的方式和习惯来思考和行动，而不是以"他们"的方式和习惯来思考和行动；同样，长期处在"他们"中的自我也会以"他们"的方式和习惯来思考和行动，而不是以"我们"的方式和习惯来思考和行动。久而久之，处于"我们"当中的自我就与处于"他们"当中的自我变成不同类的人，从而被分别贴上"我们"与"他们"的标签。关于这一点，沃尔泽是这样论述的："正是身处其中的这种性质使他们成为某一类人。唯有如此，他们才能通过反思自己是谁、通过在那些无论他们愿意与否都属于他们的各种模式、网络与共同体中以或多或少有些独特的方式行动，从而使自己成为与别人（略有）不同的人。"[①] 总之，"我们"与"他们"对自我身份具有强烈的暗示效应，使自我对自我进行归类。

沃尔泽指出，"我们"与"他们"之间是相互封闭的和相对稳定的，也就是说，"我们"与"他们"之间存在着特定的边界和障碍。封闭与边界是主观内生的。一般来说，作为本域的"我们"相对于作为异域的"他们"而言，具有本质上的优越性。进一步来说，除非"我们"当中的

---

① Michael Walzer, "The Communitarian Critique of Liberalism", *Political Theory*, Vol. 18, No. 1, 1990, p. 10.

自我生活异常得艰难，或者自我在"我们"当中实在找不到归属感——即"我们"对于自我不具有吸引力，而自我对于"我们"则很不认同，否则，自我通常不愿意从"我们"当中退出而进入"他们"当中。在"我们"当中，自我能够体验着对"我们"的热爱和对"他们"的厌恶与不舒适。①"他们对这片土地（最初场所）的依恋和期望反驳了强迫前往别的国家的论点。"② 封闭与边界对"我们"与"他们"是意义重大的，其主要作用在于维护"我们"与"他们"的各自特性，尤其在于捍卫"我们"与"他们"的各自利益。沃尔泽认为："文化和群体的独特性依靠封闭，并且，没有封闭，文化和群体的独特性就不能被当作人类生活的一个稳定特征。"③ 此外，"限制入境有利于保护一个群体的自由和福利、政治和文化，使群体成员相互信任，信守共同的生活。"④ 总之，在有边界的封闭环境中，"我们"与"他们"能够处于一种相对稳定的状态之中。

当然，沃尔泽也指出，"群体的边界并不严格；人们来来往往、进进出出，或者他们只是消失在远处，但你却无法承认他们已经退出"。⑤ 这表明，"我们"与"他们"并不是固定不变的。由于主观上或者客观上的原因，"我们"与"他们"经常会发生变化，即"我们"当中的"自我"可能会从"我们"当中退出，进入到"他们"当中从而成为他们的一员；同理，"他们"当中的"自我"也会从"他们"当中退出，进入到"我们"当中从而成为我们的一员。不过，需要说明的是，自我或者从"我们"当中退出，或者从"他们"当中退出，并不意味着自我的完全退出——这是因为，自我退出的只是自我的身体层面的东西，而不是自我的心理层面（或精神层面）的东西，至少在短期内不是自我的心理层面（或精神层面）的东西。自我从"我们"或"他们"当中退出，进入到"他们"或者"我们"当中，会始终残留着"我们"或者"他们"的痕迹，以至于成为兼具"我们"与"他们"的混合性质的自我，即一个意

---

① 参见［美］沃尔泽《正义诸领域——为多元主义和平等一辩》，褚松燕译，译林出版社 2009 年版，第42页。
② 同上书，第47页。
③ 同上书，第43页。
④ 同上。
⑤ Michael Walzer, "The Communitarian Critique of Liberalism", *Political Theory*, Vol. 18, No. 1, 1990, pp. 15–16.

义复杂的自我。"许多人——可能大部分——将选择返回家乡",沃尔泽写道,"因为他们对母国家庭和土地有着感情依恋"。① 沃尔泽继续写道:"除非他们做出这种选择,其他选择都不能被当作他们对工作地国家的经济和法律予以默认的标志。"② 这可以用中国的一句俗语来说,就是"身在曹营心在汉"。因此,自我一旦属于或进入"我们"或者"他们",就是终身难以"褪色"的——不管自我做出多么大的努力试图去改变或重构它。诚如沃尔泽所言,即使"我们"与"他们"存在着流动性,"但地域、阶级或地位、家庭甚至政治在很大程度上都是相关联的"③,即始终背负着"群属性"。

群体的边界虽然并不严格,但还不致宽松到允许自我完全自由地退出或进入"我们"与"他们"的地步。沃尔泽认为,有时候,从"我们"当中退出是会受到一定的限制的。对此,沃尔泽举了一个例子予以说明。他说,每个国民确实可以从一个国家离开——任何正常的国家都不得对此设置障碍和进行阻拦,但是,在国家处于紧急关头时,即每个人都负有为共同体的生存而发挥作用时,每个国家都可以阻止它的国民离去。④ 这还只是从"我们"当中退出所遇到的限制。而在通常情况下,从"我们"当中退出进入到"他们"当中会受到更多、更大的限制,甚至在有些情况下是绝不被允许的。沃尔泽说道:"劳动力的完全流动可能是海市蜃楼,因为在地方层面,它几乎肯定遭到抵制。"⑤ "如果国家成为大型的居民区,那么居民区也有可能成为小型国家。他们的成员将组织起来保卫地方政治和文化不被陌生人侵入。"⑥ "他们"对"我们"始终会抱有提防和抵触的心理。因此,"个人能正当地离开他们自己的国家这一事实并不产生进入另一个(任何一个)国家的权利。"⑦ 从"我们"当

---

① [美]沃尔泽:《正义诸领域——为多元主义和平等一辩》,褚松燕译,译林出版社2009年版,第66页。
② 同上。
③ Michael Walzer, *Thinking Politically: Essays in Political Theory*, New Haven: Yale University Press, 2007, p.103.
④ 参见[美]沃尔泽《正义诸领域——为多元主义和平等一辩》,褚松燕译,译林出版社2009年版,第43页。
⑤ 同上书,第41页。
⑥ 同上书,第42页。
⑦ 同上书,第43页。

中退出而试图进入到"他们"当中的困难由此可见一斑。

按照沃尔泽的思想,"我们"与"他们"是一切社会都必定存在的一个普遍现象。每一个社会都以"我们"与"他们"的形式而存在着。每一个自我,不论身处何时与何地,都会对自己进行分门别类,寻找自己的所属位置——或者属于"我们",或者属于"他们",这是任何"自我"都回避不了的。正是因为存在着"我们"与"他们",自我的身心才有了安全保障,自我的生活才具有意义感。关于"我们"与"他们"的问题,我们暂时论述到此。接下来,我们将对沃尔泽在对"自我的构成"的深刻剖析以及对以"构成性的自我"为起点所形成的"我们"与"他们"的全面分析的基础之上所形成的整体主义本体论及其相关问题进行详细阐述。

三 整体主义本体论

通过对"自我的构成"以及以"构成性的自我"为起点所形成的遍布于社会中的"我们"与"他们"等社群现象的深刻论述,沃尔泽顺理成章地对一切哲学必须要面对和解决的基本问题——"本体论"问题,即"世界的本源是什么"或者说什么是"在解释序列中被确立为终极因素的项"① 的问题给出了自己的回答。进一步说,在"社会与个体之间何为本原"的问题上,沃尔泽给出的答案是"社会"。沃尔泽断言:世界的本源是社群,即世界是以社群这一实体形式而存在的,社群(而非个人)是社会的基本组成单元。据此,沃尔泽明确主张,观察和研究社会现象和政治问题——例如,哲学家争议已久的和莫衷一是的分配正义问题,必须要建立在以社群为基本分析单元的基础之上。沃尔泽说:"一个离群索居的人几乎不能够理解物品的含义或者弄清楚物品讨人喜爱或令人厌恶的原因。"② "正义始于人,更进一步地说,它始于社会领域中那些在他们的头脑中和手中都有物品(善)的人。"③ 换言之,正义离不开社群,正义始于社群。显而易见,沃尔泽在这里明晰地表达了一种典型的整体主义本体论的研究假设及其主导的研究进路。而且,沃尔泽将这一研究

---

① Taylor C. Cross - Purposes, "The Liberal - Communitarian Debate", in Taylor, C., *Philosophical Arguments*. Cambridge Mass.: Harvard University Press, 1995, p. 181.

② Michael Walzer, *Spheres of Justice: A Defense of Pluralism and Equality*, New York: Basic Books, 1983, pp. 7 - 8.

③ Ibid., p. 261.

假设和研究进路娴熟地运用到了他对分配正义理论的研究当中。

社群在沃尔泽多元主义分配正义论当中具有举足轻重的地位。沃尔泽的分配正义理论是建立在对不同社群进行综合性考察的基础之上的。可以说，没有一个个的社群作为分析对象，沃尔泽的分配正义理论是难以往前顺利铺开和推进的，至少是不能圆满完成的。众所周知，在沃尔泽之前，以罗尔斯、诺齐克等为代表的新自由主义哲学家都是将个体作为分配正义理论的基本分析视角，并力主个体才是道德和政治义务的真正本源。[①] 与罗尔斯、诺齐克等的主张完全不同，沃尔泽旗帜鲜明地将社群作为分配正义理论的基本分析视角，并认为，社群是一切分配活动产生的根源，因而理应成为研究分配正义理论的观察对象和分析单元。

沃尔泽首先指出，一切社会现象都是以社群的形式呈现的，分配活动也不例外。正是这些不同的社群，才使分配活动得以产生并不断发生变化。分配要解决的是社群对善的占有问题，而不是个人对善的占有问题。在现实社会中，分配活动虽然通常表现为个体对善的占有，但这只不过是一种表面现象而已，其背后隐藏着社群对善的占有的真相。没有特定的社群作为支撑，个人对善的占有是没有基础的。因此，只有通过对不同的社群展开分析，才能顺藤摸瓜地追寻分配活动的实质，进而有可能揭示出隐藏在不同社群背后的分配正义原理。

沃尔泽接着指出，与自由主义将个体作为分配正义理论的分析视角相比较，以社群作为分析视角来阐释分配正义理论更具有客观性和真实性。这是因为，作为分配的前提或者分配的后果并与分配密不可分的各类社会活动与社会现象，如"是"和"做""消费"和"生产"以及"占有"等，其承担的主体都是社群，社群是这些社会活动与社会现象的"生发源"，从社群的视角去观察"是"（being）和"做"（doing）、"消费"和"生产"以及"占有"等社会活动和社会现象，进而去理解人类社会的"分配"活动，这是对完整的人类实践活动的客观反映，也就是重现完整的历史和现实故事。只有基于这样的一种路径所实现的分配正义，才有可能成为被社会认可和接受进而成为指导分配实践的正义理论——罗尔斯等哲学家的分配正义理论正好缺乏这样一种情景深度和历

[①] 参见邓正来《哈耶克方法论个人主义的研究》，《环球法律评论》2002 年夏季号；宁乐蜂：《社群主义与自由主义之争的方法论困境及其趋向》，《大连大学学报》2011 年第 1 期。

史厚度。

在整体主义本体论即以社群作为分析单元的研究假设的引导下，沃尔泽在论证他的分配正义理论的过程中，对人类社会中的不同社群，例如，等级制和种姓制社会①、陌生人（移民）②、男人们或女人们③、宗教共同体④、希腊人和犹太人⑤、特罗布里安岛岛民⑥、家庭⑦、斯达汉诺夫工作者⑧，等等，展开了比较详细而深入的研究。通过这些研究，沃尔泽向人们完整地呈现了他的整体主义本体论的研究思想，进而得出了与罗尔斯等新自由主义者的分配正义理论截然不同的分配正义理论。

既然沃尔泽将社群作为基本分析视角，他就自然回避不了一个引起自由主义和社群主义之争的问题——个体的利益和权利与社群的利益和权利何者优先的问题。对于这个问题，沃尔泽并没有像麦金太尔、桑德尔等社群主义者那样，不惜花费大量笔墨去作深入的探讨，也不像其他社群主义者那样，热衷于社群的公共利益或善的弘扬进而推崇公共利益优先于个人权利，他只是在论证自己的分配正义理论的过程中，顺便给出了不超出自己的讨论范围并与自己的分配正义理论主旨相融洽的看法与观点——因为沃尔泽关注的重点并不在于此，他的焦点集中在"特定的善对于他所要分配的人的意义"上。⑨ 在沃尔泽看来，在分配活动中，个人的权利并不是至高无上的，个体利益不应该凌驾于社群之上。进一步来说，个体的利益和权利与社群的利益和权利之间并不存在绝对的优先性和界限问题。⑩

需要指出的是，沃尔泽虽然坚守着整体主义本体论的立场，但是，他并没有完全放弃个体主义。这表现在：一方面，沃尔泽主张作为个体

---

① ［美］沃尔泽：《正义诸领域——为多元主义和平等一辩》，褚松燕译，译林出版社 2009 年版，第 28、370 页。
② 同上书，第 34 页。
③ 同上书，第 85 页。
④ 同上。
⑤ 同上书，第 89 页。
⑥ 同上书，第 141 页。
⑦ 同上书，第 267 页。
⑧ 同上书，第 310 页。
⑨ 参见［美］史蒂芬·缪哈尔、［英］亚当·斯威夫特《自由主义者与社群主义者》，孙晓春译，吉林人民出版社 2007 年版，第 145—146 页。
⑩ 参见张秀《多元正义理论的构建及其困境》，《湖北社会科学》2010 年第 5 期。

的自我具有社会性和相互依赖性，从而一直将社群作为理论解释路径的起点；另一方面，他又以一种开放的态度，不断地吸收着自由主义的思想资源，以至于对个体自由的追求和捍卫也从未停止过。沃尔泽明确表示："自由社会之外的社会是不值得向往的。"① 因此可以说，沃尔泽的整体主义本体论是一种不彻底的整体主义本体论，相反地，他本人是一位保守的整体主义本体论者。也正因为如此，使沃尔泽的思想比麦金太尔、桑德尔等的思想的社群主义色彩要淡很多，以致给研究者在研究沃尔泽时造成了一定的识别困难，即难以判断沃尔泽究竟是一位社群主义者。还是一位自由主义者。尽管沃尔泽的思想不乏个体主义的色彩和自由主义的气质，但是，从本质上讲，沃尔泽还是一位社群主义者。当然，如果为了形容得更准确一些，可以在"社群主义者"前面加一个限定词——"自由主义的"。由此，不难看出，与麦金太尔、桑德尔等社群主义者比较起来，在对待个体主义本体论以及自由主义的问题上，沃尔泽的灵活性还是要高一些。

　　从前面的论述中，我们可以知道，整体主义本体论也为沃尔泽选择"语境主义认识论"并从"善的社会意义"切入来探讨分配正义理论奠定了基础。事实上，整体主义本体论和语境主义认识论是一体两面的关系，两者在逻辑上是统一的，它们一同构成了沃尔泽多元主义分配正义论的完整的方法论；而整体主义本体论和"善的社会意义"在某种程度上是决定与被决定、引起与被引起的关系——没有整体主义本体论作为理论前提，"善的社会意义"是无从谈起的——因为针对个体的意义是不存在的，在个体面前，善是没有意义的；"善的社会意义"总是以社群为载体和存在依据的，社群是善的社会意义产生的根源。

　　综上所述，整体主义本体论是沃尔泽多元主义分配正义论的立论之基。尽管沃尔泽在其著作中自始至终都没有明确讲过自己在分配正义理论中运用了整体主义本体论的研究假设和研究进路，但是，整体主义本体论却如一条沉下去的暗线，始终贯穿于沃尔泽多元主义分配正义论的讨论之中。

---

　　① ［美］沃尔泽：《正义诸领域——为多元主义和平等一辩》，褚松燕译，译林出版社2009年版，第150页。

第二节　知识的情景化：语境主义认识论

一　"厚"道德与"薄"道德

道德究竟有没有普遍性？对于这一问题的争论贯穿于整个西方伦理思想史，但始终没有形成一个定论。柏拉图、康德、罗尔斯、德沃金等哲学家都相信道德具有普遍性。在他们看来，"这种普遍性体现在，一方面，道德原则和价值不仅适用于我们自身、我们的亲属和族群，而且适用于其他与我们毫无关系的个体甚至其他生物；另一方面，道德原则和价值具有超越特定的历史和文化实践的意义。"[1] 作为一个对历史和社会均有深度研究的政治哲学家，沃尔泽并没有对这个问题做出或是或否的简单回答。沃尔泽的看法是，道德既不是普遍的，也不是特殊的，而是普遍与特殊的统一体。

随后，沃尔泽展开了自己的论证。在这里，沃尔泽同样表现出了一位哲学家少有的敏感与睿智。他首先向大家回忆和分享了一个很多人都非常熟悉但又没有给予特别关注的关于示威游行的电视新闻镜头：在美好的 1989 年年底，捷克共和国的民众举着简单的写有"真理""正义"等内容的标语在布拉格的街上游行。对于这个在一般人看来再平常不过的镜头，沃尔泽却激动地说道："当我看到这个镜头时，我能够立刻明白人们手中握着的标语意味着什么，（我想）其他人看到这些标语时也会一样。"[2] 沃尔泽的意思很简单，虽然人们处于不同的时空范围内，但大家对于捷克共和国的民众举着的标语"真理""正义"的含义却有着超越时空的共同的理解，在认识上不会存在因时、因地的根本差异。沃尔泽接着说道："不仅如此，我们也认同并理解那些示威者所捍卫的价值——几乎每一个人都会如此。"[3] 而且，对于游行队伍之外的身处世界各地的人们来说，"他们（游行者）不是相对主义者（relativists），世界上的每个

---

[1]　赵妍妍：《群体选择理论与道德的普遍性》，《道德与文明》2011 年第 6 期。
[2]　Michael Walzer, *Thick and Thin: Moral Argument at Home and Abroad*, Notre Dame: University of Notre Dame Press, 1994, p. 1.
[3]　Ibid..

人都能理解他们以'稀薄'的道德形式呈现出来的部分诉求"。① 通过这两段话，沃尔泽进一步说明，人们不仅能够共同理解"真理""正义"的含义，而且还会一致地认同"真理""正义"所代表的价值（取向），从而支持"真理""正义"背后的行动。

那为什么会这样呢？沃尔泽认为，其根本原因就在于"正义""真理"具有跨文化甚至是普遍的感召力量，即道德语言具有普遍性和一般性，是"稀薄"的，它们的确可以给"任何可能的道德生活提供了一个框架"。②

在论证了"稀薄"的道德即道德的普遍性与一般性之后，沃尔泽又对"厚重"的道德即道德的特殊性与个别性做了论证。沃尔泽首先举了一个关于"参与税收和福利政策辩论"的例子予以说明。他说：一群人坐在一起辩论税收和福利政策，但"参加税收和福利政策的……辩论将动用国内的真理和地方性的价值"。③ 沃尔泽的意思是，对于税收和福利政策，不同地域（例如国家、民族、团体等）的人们会存在不同的认知和价值评判标准，因而只能动用国内的或地方性的真理和价值标准来对其进行评判——而这与举着"真理""正义"标语的示威游行是完全不一样的。沃尔泽进一步解释道："当他们转向为捷克和斯洛伐克设计一个保健项目或者教育体制的事例时，或者为统一还是分裂的政策进行辩论的事例时，他们就不是普遍主义者：他们的目标在于什么对他们是最好的，什么是适合他们自己的历史和文化的。"④ 很显然，在沃尔泽看来，对于像税收和福利政策、保健项目、教育体制、统一或者分裂等这样的一些事例，处于不同时空范围的人们会持有不同的理解和看法，他们没有共同或统一的价值标准。在这样的情况下，对其只能用当地的语言和文化进行评判。当地的语言和文化是道德的"厚重"之源，道德的"厚重"也就体现在这里。

通过运用一系列历史和现实的事例对道德的"稀薄"与"厚重"的

---

① Michael Walzer, *Thick and Thin: Moral Argument at Home and Abroad*, Notre Dame: University of Notre Dame Press, 1994, p. 3.

② Michael Walzer, *Interpretation and Social Criticism*, New York: Harvard University Press, 1987, p. 25.

③ Michael Walzer, *Thick and Thin: Moral Argument at Home and Abroad*, Notre Dame: University of Notre Dame Press, 1994, p. 2.

④ Ibid., p. 3.

特性进行论证后，沃尔泽不无自信地总结道："道德语言（表达）存在着最小的和最大的两种内涵；我们能够标准地给出稀薄与厚重两种解释。"①

那么，道德语言为什么会存在"稀薄"与"厚重"两种解释呢？对此，沃尔泽给出的回答是："这两种解释与不同的背景密切相关，并且，它们服务于不同的目的。"②

换言之，在沃尔泽看来，道德之所以具有"厚重"与"稀薄"两种解释，是由道德生成的不同背景以及道德服务的不同目的所决定的。具体而言，由于道德产生于不同的地域及其文化土壤中，即产生的背景是各不相同的，因此，道德必然表现出"厚重"性；然而，由于处于不同的地域及其文化土壤上的人们始终摆脱不了人类的"社会本能"③，即共同属性，会对一些价值产生"共通感"④或"同情感"⑤，道德因而就一定具有某些共同的特点，即以"稀薄"的或一般性的面目呈现出来。用沃尔泽的话来说，"普遍性（稀薄）是因为人类，特殊性（厚重）是因为社会"⑥，"我们道德意识中人之为人所必需的那些东西"⑦，即"共同的经验，有时是共同的反应"⑧，它将不同时空范围的人们关联在一起，让大家对"真理""正义"等产生了最小主义的"共通感"或"同情

---

① Michael Walzer, *Thick and Thin: Moral Argument at Home and Abroad*, Notre Dame: University of Notre Dame Press, 1994, p. 2.

② Ibid..

③ "社会本能"一词出自达尔文《论人类的来源》一书。参见 Darwin, *The Descent of Man and Selection in Relation to Sex*, New York: Appleton, 1871, p. 127。

④ 按照康德的理解，"共通感"是指一种（为所有人）所共有的感觉的理念，即一种在我们的思维中（先天）反思地考虑每个人的表象方式的判断能力，以便就像将自己的判断和普遍人类理性相类比，从而避免由那种轻易误将主观和私人的条件当成客观的思维中产生的幻觉，这种幻觉会对判断产生不利影响。参见 Immanuel Kant, *Critique of Judgment*, translated by Werner S. Pluhar, Hackett Publishing Company, 1987, p. 160。

⑤ 在情感主义哲学家那里，"同情感"意味着在人类普遍具有的相应情感上的"心意相通"，即一切人的心灵在其感觉和运作方面都是类似的。凡是能激动某人的任何情感，在任何他人那里某种程度上都是可以感受到的……同样，任何情感都很容易地从一个人传到另一个人，并在每个人心中引起相应的思维活动。参见 David Hume, *A Treatise of Human Nature*, Batoche Books, 1999, p. 386。

⑥ Michael Walzer, *Thick and Thin: Moral Argument at Home and Abroad*, Notre Dame: University of Notre Dame Press, 1994, p. 8.

⑦ Michael Walzer, *Just and Unjust Wars*, New York: Basic Books, 1977, p. 54.

⑧ Michael Walzer, *Thick and Thin: Moral Argument at Home and Abroad*, Notre Dame: University of Notre Dame Press, 1994, p. 17.

感",而"正是'真理'和'正义'的最小主义使我们加入到布拉格游行成为可能"。① 因此,"当我们看到布拉格的游行者时,我们首先并（或者也许永远都）不能把'真理'和'正义'当作抽象命题来认同。更确切地说,是因为我们熟悉那个情景;我们想象着加入到游行队伍中;而且,我们的认同是会比冷漠和投机更具替代性的"。② 由此可见,正是情景与目的将游行队伍之外的身处世界各地的人虚拟性地带进了以"真理""正义"为标语的布拉格的游行队伍中,让他们对"真理""正义"的含义产生相同的理解,对"真理""正义"的价值拥有共同的评判标准,从而使他们积极地支持布拉格的示威游行。

沃尔泽还是一位彻底的道德"厚重"论的持有者。针对人们凭借直觉提出"道德起初是稀薄的,但随着时间的流变,它会成长为'厚重'的道德"③ 的观点,沃尔泽进行了反驳,他说:"从一开始,道德就是'厚重'的,它在文化上是完整的、充分共鸣的,当道德语言指向特定的目的时,它才以'稀薄'的面目表现出来。"④ 换言之,"厚重"是道德的固有属性,任何道德都是的"厚重"的道德,同时,在道德的"厚重"当中又潜藏着道德的"稀薄"性;当某一特定的事件需要道德予以辩护时,道德的"稀薄"性就从"厚重"性中显露出来。诚如沃尔泽所言:"在每一个'厚重'的特殊性道德里面都包含有一个'稀薄'的一般性道德。"正如"在每一个肥胖者当中都有一个瘦弱者,在每一块石头当中都有一个雕像"——尽管"两种道德故事并不完全等同于雕像和石头的关系"。⑤ 沃尔泽继续说道:"最小主义的道德的内涵镶嵌在最大化的道德之中,用相同的术语来表达,共享相同的（历史/文化/宗教/政治）取向。"⑥ 在这里,沃尔泽清楚地表达了道德的"稀薄"与道德的"厚重"即"厚"道德与"薄"道德的关系。而且,沃尔泽关于道德的"稀薄"与"厚重"的关系的论点与马克思主义唯物辩证法所讲到的"普遍性（一般）包含特殊性（个别）,特殊性（个别）寓于普遍性（一般）之

---

① Michael Walzer, *Thick and Thin: Moral Argument at Home and Abroad*, Notre Dame: University of Notre Dame Press, 1994, p. 10.
② Ibid., p. 7.
③ Ibid., p. 4.
④ Ibid..
⑤ Ibid., p. xi.
⑥ Ibid., p. 3.

中"的原理颇为相似。当然，沃尔泽是否从马克思的辩证法原理那里获得了思想启示，另当别论。总而言之，在沃尔泽看来，"二元主义是每一个道德的内在特征"。[①] 道德既是"薄"的，也是"厚"的，而且，从某种意义上讲，道德更（应该）是"厚"的。

沃尔泽还认为，"稀薄"的道德与"厚重"的道德各有其功能，它们在不同的场合和情景中发挥着各自不同的作用。沃尔泽指出："（最小化的道德）并不能代替或取代厚重的道德……相反，最小化的道德更多的是不同的充分发展了的道德文化的参与者之间相互认同的产物，而不是相互说服的产物。它们存在于能够在不同的时空条件下进行不断重申的规则与原则之中，看起来非常相似，即使它们用不同的术语来表达，并反映世界上不同的历史和不同的解释……在人们日常的生活情境中，它们各自调整着不同的人们；而在冲突和对抗等特殊情境中，它们又会导向部分的普遍性（一致性）。"[②] 根据沃尔泽在这里所表达的观点，"没有任何一种道德哲学或道德实践是系统规制的，不存在在任何情况下都能够指导我们怎样做和做什么的道德规则。道德是实用主义的，我们只有在事实之后才能知道什么是正确的，才能知道我们是否选择了正确的道德结构去表达一种特定的道德需要"。[③]

综上所述，在沃尔泽看来，人类的道德并不是普遍的和唯一的，而是普遍性与特殊性的统一体，即"稀薄"与"厚重"的统一体。"厚重"的道德根源于地方化的条件与情景，它会追问：我的归属是什么，谁与我拥有相似的历史、语言与文化？相比之下，"稀薄"的道德则是普遍性的，它服务于普遍的利益，表达普遍的文化，约束每一个人的行为。[④] 进一步来说，"稀薄的普遍道德存在于潜在的更为厚重和精细的特殊道德之中，而厚重的道德则蕴含在一系列制度安排和共享的意识形态之中"。[⑤]

[①] Michael Walzer, *Thick and Thin: Moral Argument at Home and Abroad*, Notre Dame: University of Notre Dame Press, 1994, p. 4.

[②] Ibid., p. 17.

[③] 刁小行：《情景化的正义：一种语境视角》，《吉林师范大学学报》（人文社会科学版）2012年第2期。

[④] Michael Walzer, *Thick and Thin: Moral Argument at Home and Abroad*, Notre Dame: University of Notre Dame Press, 1994, p. 7.

[⑤] 刁小行：《多元价值的均衡：沃尔泽政治哲学研究》，博士学位论文，浙江大学，2013年，第20页。

一言以蔽之，沃尔泽通过论证"厚重"的道德与"稀薄"的道德即"厚"道德与"薄"道德，向我们揭开了语境主义认识论的面纱，而这正是沃尔泽多元主义分配正义论的认识论基础之一。

二 哲学的"阐释"之路

沃尔泽在方法论开创上所展现的独到之处，不仅在于他提出了"厚"道德与"薄"道德两个内涵丰富的概念，还在于他总结了道德哲学研究既有的三条重要的道路。沃尔泽指出，研究道德哲学通常有（但不仅限于）三条常见的道路，它们分别是发现之路、创造之路和阐释之路。[①]

在《阐释和社会批判》一书中，沃尔泽首先对"发现之路"的内涵给予了详细的解说。沃尔泽认为，最先的发现之路来源于宗教传说（史），相应地，第一个发现之路也就是宗教的发现或神启的发现。在这样的一种发现之路中，发现者"必须爬上高山，走进沙漠，追寻神的启示，并把神说的话带回来"[②]，即带到人世间，带到我们每一个人的身边，并让我们去了解、遵守和研习它。根据沃尔泽的思想，宗教的发现暗含着一个前提预设，那就是：道德是由神创造的，而不是由发现者创造的，发现者只不过是通过自己的努力探索和发现了神创的道德而已。沃尔泽进一步指出，"道德世界不仅是神创造的，而且是由神的命令组成的"[③]。然而，如果道德世界是由神的命令组成的，进一步来说，如果"上帝命令我们做自己已经在做的事，或不做自己不曾做的事，就说不上是一种新发现了"[④]。换言之，在沃尔泽看来，宗教的发现或神启的发现并不是一种严格意义上的发现之路。

基于此，沃尔泽引出了另一种发现之路——自然的发现。在沃尔泽看来，发现之路至少也有两种："不光有宗教的发现，还有自然的发现。"[⑤] 那么，何为自然的发现呢？沃尔泽认为，比如像寻找自然法、自然权利以及其他的客观道德真理等就是自然的发现，即从自然界中寻找

[①] 参见［美］沃尔泽：《阐释和社会批判》，任辉献、段鸣玉译，江苏人民出版社2010年版，第1页。

[②] Michael Walzer, *Interpretation and Social Criticism*, New York: Harvard University Press, 1987, p.4.

[③] ［美］沃尔泽：《阐释和社会批判》，任辉献、段鸣玉译，江苏人民出版社2010年版，第2—3页。

[④] 同上书，第3页。

[⑤] 同上书，第2页。

固有的道德法则。对于自然的发现之路的内涵和要求,沃尔泽继续做了解释。他这样说道,"哲学家只有摆脱社会身份,退回到自己的内心,才能看清道德世界"①;进一步来说,他们要"从特殊团体利益和忠诚中超脱出来,放弃自己看问题的角度和方式",即从"没有任何特定的立场"的地方②观察世界,才能看清这个道德世界。显然,这与前面的宗教的发现之路中上帝的门徒"爬上高山、走近沙漠"的情景是非常相似的。也就是说,发现者的立场在某种意义上是完全客观、公正的,即他/她们就像是站在与不偏不倚的上帝一样的位置上。不过,在沃尔泽看来,尽管这种发现之路也能够让人们在自己的日常道德生活中遵循被发现的道德法则,但是,它给予人们的信任并不如宗教的发现给予人们的信任那样多。而且,沃尔泽还指出,自然的发现并不能做到像宗教的发现那样新颖和明晰,其对崭新的道德世界的描述听起来也并不像是真实的。③ 通过这个表述,沃尔泽对自然的发现之路已经发出了否定之声。

沃尔泽继续从发现之路的逻辑起点对自然的发现之路进行了否定。他说,"我并不想否认退出社会这种体验的真实性,但我怀疑我们能否一直退到不是任何特定地方的地方"④,也就是说,在沃尔泽看来,"不是任何特定地方的地方"似乎并不总是存在的。沃尔泽进一步指出,按照自然的发现之路,虽然我们从"不是任何特定的立场"的地方来观看世界,但我们事实上还是在看这个特定的世界;这样一来,"我们也许把它看得特别清楚,但我们不会发现任何这个世界里没有的东西"。⑤ 换言之,我们从"不是任何特定的立场"的地方观察世界并不会给我们的视野和世界增添新的内容。由此,在沃尔泽看来,自然的发现之路站在"不是任何特定的立场"的地方来观察世界实质上是多余的和没有必要的。沃尔泽还用发现之路的典型代表功利主义的例子来进一步否定了自然的发现之路。沃尔泽指出,建立在人类的欲望和厌恶的最根本的事实基础之上的功利主义满以为他们发现了一套客观的原则,但"在日常生活中根本

---

① Michael Walzer, *Interpretation and Social Criticism*, New York: Harvard University Press, 1987, p. 5.

② Ibid..

③ Ibid., p. 6.

④ [美] 沃尔泽:《阐释和社会批判》,任辉献、段鸣玉译,江苏人民出版社 2010 年版,第 6 页。

⑤ 同上。

找不到有使用这些原则的特征"。① 也就是说，功利主义所发现的道德法则并不适用于人们的日常生活实践。而在这样的情况下，功利主义试图通过更改原则的内容即暗地里改动对幸福的计算以使原则获得人们的信任，这样做的后果是，虽然被更改后的原则在某种意义上与人们的日常的生活实践相符了，即能够适应于人们的生活实践，但也确证了"我们只能发现自己已经知道的东西"② 的既定事实，即发现并不能增加新内容。

通过前面的阐述和分析，沃尔泽总结道："哲学是（小写的）基督再临，它带给我们的不是千年盛世将要到来的观点，而是暮色中猫头鹰的智慧。虽然还有另一种哲学：凌晨之鹰的智慧。我感到它更令人恐惧而不是令人神往。"③ 由此可见，沃尔泽对以发现之路作为代表之一的哲学的宏大抱负是并不认可和支持的。沃尔泽还进一步说道，站在"不是任何特定的立场"的地方去发现一套道德法则，并要让被发现的道德法则与人们日常的社会实践产生联系以及被人们普遍地去遵守，这不是一件容易的事情；而要达到这个目的，我们将会有很多工作要去做；但是，一个不在任何特定地方的人，或者说，一个身在别处的人究竟能不能完成这些工作还很难说。④ 一言以蔽之，在沃尔泽看来，"发现之路"并不是一条认识真实的人类社会及其背后的规律与法则的可行的哲学研究之路。

在对发现之路予以否定之后，沃尔泽进一步探讨了创造之路。对于创造之路，沃尔这样说道："不存在任何特定立场的人却可以创造一个崭新的道德世界——效仿上帝的创造而不是上帝仆人的发现。"⑤ "创造道德的目的是提供上帝和自然不能提供的东西，即一个对所有不同的社会道德普遍适用的矫正标准。"⑥ 简言之，创造者模仿上帝去试图创造一个崭

---

① Michael Walzer, *Interpretation and Social Criticism*, New York: Harvard University Press, 1987, p. 7.
② ［美］沃尔泽：《阐释和社会批判》，任辉献、段鸣玉译，江苏人民出版社 2010 年版，第 7 页。
③ 同上。
④ Michael Walzer, *Interpretation and Social Criticism*, New York: Harvard University Press, 1987, pp. 8 – 9.
⑤ Ibid., p. 9.
⑥ Ibid., p. 13.

新的普遍适用的道德世界。那么，人们为什么要试图去创造一个崭新的普遍适用的道德世界呢？沃尔泽认为，其主要原因就在于：一方面，人们认为，不存在任何实际的道德世界——或者因为上帝死了，或者因为人类彻底从自然中疏离，或者因为自然本身没有任何道德意义；另一方面，人们认为，即使存在实际的道德世界——但要么这个存在的道德世界本身是有缺陷的，要么关于这个道德世界的知识难以具有永恒的充分的批判性。正是在这样的背景下，人们就不得不去创造一个崭新的道德世界。而且，他们希望用亲手创造出来的这个道德世界，去确定一个"正义，或者政治美德，或者善，或者诸如此类的基本价值将得以实现"[①]的共同生命体。很显然，创造之路的前提预设是：在创造之前不存在任何创造物，而且连神创的或自然的蓝图都不能借以参考——这与"发现之路"的前提预设是完全相反的——一切都是从零开始的，即"从方法论开始：从对创造程序的（构思与）设计开始"。[②] 用沃尔泽的话来说，这是一种"从无到有"的创造之路。

那么，如何实现"从无到有"的创造呢？沃尔泽首先排除了一条传统的捷径，即"采用使立法者成为无所不知、无所不能的理性、仁慈的独裁者"的简单方法，这主要是因为，这种方法"在创造程序开始之前就确定了结果的一个基本部分——能力的正确分配"[③]，这本身就是不合理的和不正义的。此后，沃尔泽也排除了"全体发言"的方法，这主要是因为，"选择全体出场，其结果更可能是众声喧哗而不是秩序井然"，以致导致"意见难以达成一致"乃至"听天由命"的结局。在排除了两种方法之后，沃尔泽提出，"必须要以某种方式授权立法者代表我们说话"。[④] 但是，问题在于，"如何才能选出一个代表，一个全人类的代表"[⑤] 呢？在沃尔泽看来，对于这个难题，哲学家提出了很多解决办法，

---

① Michael Walzer, *Interpretation and Social Criticism*, New York: Harvard University Press, 1987, p. 10.

② Ibid..

③ ［美］沃尔泽：《阐释和社会批判》，任辉献、段鸣玉译，江苏人民出版社2010年版，第11页。

④ 参见 Michael Walzer, *Interpretation and Social Criticism*, New York: Harvard University Press, 1987, pp. 10 – 11。

⑤ ［美］沃尔泽：《阐释和社会批判》，任辉献、段鸣玉译，江苏人民出版社2010年版，第11页。

其中最著名、最出色的方法是罗尔斯的"原初状态"和"无知之幕"的设计。"原初状态"和"无知之幕"在一定意义上确实解决了"选代表"的问题，但是，"无知之幕"却把人与人之间的差别给抹去了，以致使所有人都成为"同样一个人"——一个类似于在上帝死了之后的企图代替上帝的"神"。其后果是，创造出来的道德法则与现实之间存在难以逾越的鸿沟，即不能有效地运用到现实社会当中。因此，在沃尔泽看来，这样一种"从无到有"的创造事实上是难以实现的。

至此，"从无到有"的创造之路也被沃尔泽否定了。所谓"柳暗花明""水到渠成"，将其用到沃尔泽在这里所进行的推论是再合适不过的了。在做了一系列的思想铺垫之后，沃尔泽极具洞察力地提出了一种"最低纲领主义"的创造之路，即一种"对某个现有道德的原则的批判效力已经有明确且被人们广泛理解的看法……创建一个不会因偏见和自我利益干扰而导致混乱的说明或模型"① 的创造之路。沃尔泽认为，在这样的一种创造之路中，或者说，这种创造之路的生成逻辑就是："在这个世界上，我们要从'没有特殊的立场'的地方去描述这个我们生活于其中的这个道德世界。"② 沃尔泽认为，尽管在这样一种创造之路中也不乏精心构造的描述和人为主观的设计，但整体上它却是对某个实际存在的真实事物的描述。③ 这种创造更接近于哲学发现或自然的发现而不是宗教的发现。进而言之，它介于"自然的发现"和"从无到有的创造"之间。

沃尔泽接着指出，在这种"最低纲领主义"④ 的创造中，被构造成理想模型的道德既不是神创的，也不是自然固有的，而是来自一种社会的道德。换言之，社会道德是"最低纲领主义"的创造的真正来源。沃尔泽又进一步指出，"将现存道德模型化和理想化的工作建立在对这种社会道德的价值的首肯的基础上"；⑤ 而建立在对这种社会道德的价值的首肯

---

① ［美］沃尔泽：《阐释和社会批判》，任辉献、段鸣玉译，江苏人民出版社 2010 年版，第 19 页。
② Michael Walzer, Interpretation and Social Criticism, New York: Harvard University Press, 1987, p. 16.
③ Ibid., pp. 16–17.
④ ［美］沃尔泽：《阐释和社会批判》，任辉献、段鸣玉译，江苏人民出版社 2010 年版，第 23 页。
⑤ Michael Walzer, Interpretation and Social Criticism, New York: Harvard University Press, 1987, p. 17.

的基础上，就意味着"道德思考没有任何其他出发点……我们只能从我们所在的地方出发"；而"我们所在的地方总是具有价值的某个地方，否则我们绝对不会在那里生活"。① 从沃尔泽的以上一系列推论中，我们不难看出，"最低纲领主义"的创造实质上已经打开了通往"阐释之路"的大门，即在不断地靠近"阐释之路"。这也是沃尔泽所说的："在我看来，这一观点对第二种创造即'最低纲领主义'的创造与对阐释具有同等的重要性。"② "最低纲领主义"的创造通常依赖于我们的直觉，即"关于这个道德世界的一种先于反思、先于哲学的知识"。③ 在这里，道德哲学成为一种对熟知之物的反思，对我们自己家园的再创造。按照沃尔泽的理解，这是一种批判性的反思、有目的的再创造：或者根据模型修正直觉，或者根据直觉修正模型。

沃尔泽继续说道，"此时我们要理解的不是神创的律法或一套客观道德；我们也不是要创造一个全新的（道德）城邦，而是聚焦于我们自己以及我们自己的原则和价值标准"。④ 换言之，我们要理解的正是我们自己的道德法则，"我们关注的焦点是我们自己，是我们自己的原则和价值标准"⑤ ——而这正是"阐释（interpretation）之路"的思想真谛和题中应有之义。我们自己就是道德世界的主人，我们自己的原则和价值标准实质上就是道德的反映和关照。在道德世界里，"长期有人居住，就像一个被经历了许多世代的毫无计划零星增长的家族占据的家园，全部可用的空间充满了载有记忆的物体和人造工艺品"。⑥ 对于这些东西，最合适的方式是去描述而不是抽象的模型化。换言之，在这种环境中，道德论证是阐释性的。沃尔泽指出，虽然哲学家或者通过"发现之路"论证了道德，或者通过"创造之路"论证了道德，但到最后，发现者和创造者

---

① ［美］沃尔泽：《阐释和社会批判》，任辉献、段鸣玉译，江苏人民出版社 2010 年版，第 20 页。

② 参见 Michael Walzer, *Interpretation and Social Criticism*, New York：Harvard University Press, 1987, p. 17.

③ ［美］沃尔泽：《阐释和社会批判》，任辉献、段鸣玉译，江苏人民出版社 2010 年版，第 20—21 页。

④ 同上书，第 21 页。

⑤ Michael Walzer, *Interpretation and Social Criticism*, New York：Harvard University Press, 1987, p. 18.

⑥ Ibid., p. 20.

只会得出相同的认识,即发现或者创造的道德总是与我们现有的道德或者经过阐释的道德十分相似。据此,沃尔泽总结道:"哲学发现和创造是经过伪装的阐释";道德哲学其实只有一条道路,那就是"阐释之路"。①"阐释的方法是对道德争论经验的最佳理解。我们在论证时所做的是要阐述实际存在的道德"②,即"对我而言,日常生活的世界就是一个道德的世界,我们最好先去研究它内在的规律、箴言、惯例和理念,而不是将我们自己从中分离出去以寻求一种普遍的或超然的立场"。③

沃尔泽指出,阐释的道德(世界)对于我们来说是富有权威性的。其原因在于,正是"凭借着它我们才作为道德人而存在"④,"我们的范畴、关系、承诺和愿望都是由现有的道德塑造,并且通过现有道德的语言来表达的"⑤;而且,"它为我们提供了过一种道德生活所需要的包括反思和批判能力在内的全部东西"。⑥阐释之路不仅要求我们致力于对现有道德世界进行实证主义解读,即致力于描述(described)那些似乎就摆在我们面前的道德事实,更要求我们在实践中去"解读"(read)、用文字表述(rendered)、诠释(construed)、注释(glossed)、阐明(elucidated)道德世界。也就是说,阐释之路是一种必须深入实践的工作模式。

在沃尔泽看来,哲学家不是道德唯一的阐释者,所有人都参与了道德的阐释工作,"我们是我们共享道德的阐释者"。⑦每个人都生活在现实的道德世界之中,没有谁能够或者有权力把别人(即使是愚夫愚妇们)置于阐释的主体之外,也不能使自己置身于阐释的主体之外,就像柏拉图或者罗尔斯那样,"走出洞穴,离开城市,攀登山峰"⑧——任何人,

---

① 参见[美]沃尔泽《阐释和社会批判》,任辉献、段鸣玉译,江苏人民出版社2010年版,第25页。
② 同上。
③ Michael Walzer, *The Company of Critics*: *Social Criticism and Political Commitment in the Twentieth Century*, New York: Basic Books, 1988, p. ix.
④ [美]沃尔泽:《阐释和社会批判》,任辉献、段鸣玉译,江苏人民出版社2010年版,第25—26页。
⑤ 同上书,第26页。
⑥ Michael Walzer, *Interpretation and Social Criticism*, New York: Harvard University Press, 1987, p. 21.
⑦ Ibid., p. 29.
⑧ [美]沃尔泽:《释和社会批判》(序言),辉献、段鸣玉译,江苏人民出版社2010年版,第5页。

包括哲学家，都不可能站在所有社会道德文化之外还能够做到所谓的客观、公正。对于道德（世界）的论证来说，有且只有阐释之路，才是大家共同行走的必由之路，才是"与我们日常的道德经验最相符合"的道路。①

综上所述，沃尔泽通过对哲学研究的三条道路——发现之路、创造之路和阐释之路进行全面而深刻的分析，不仅指出了"发现和创造是逃避现实的做法"②，而且还指出了"我们不必发现道德世界，因为我们已经生活在道德世界中。我们不必创造道德世界，因为道德世界已经被创造出来了"③，进而得出我们唯一需要做的就是去阐释道德世界，即走"阐释之路"。阐释之路的核心思想是：道德本身就存在于我们所生活的现实世界当中，它与其中的各种记忆密切相关；对道德的论证不能脱离和超越现实世界，而只能站立在现实世界当中，通过阐释现实世界来实现。沃尔泽的"道德的阐释之路"的思想如同前面讲到的道德的"厚"与"薄"的思想一样，也是沃尔泽多元主义分配正义论认识论基础的重要组成部分。

三 语境主义认识论

通过对道德的"厚"与"薄"以及道德论证的三条道路的深刻分析，沃尔泽继确立整体主义本体论的研究假设之后，又成功地确立了语境主义认知论的研究路径——而这正是沃尔泽多元主义分配正义论方法论的另一个组成部分（认识论层面的方法论）。

知识是如何得来的？或者说，人们是如何获得知识的？这是与前面讲到的"世界的本源是什么？"同等重要的一个哲学问题，也是引起广泛争议而终无定论的一个哲学论题。对于这个问题，我们可以从前面的分析和论证中找到沃尔泽给出的答案。在沃尔泽看来，任何知识（包括道德认知）都只能从特定的语境中产生和从特定的语境中去寻找。具体来说，就是我们要深入到当时当地的背景当中，对具体的"载有记忆的物

---

① Michael Walzer, *Interpretation and Social Criticism*, New York: Harvard University Press, 1987, p. 1.
② ［美］沃尔泽：《阐释和社会批判》，任辉献、段鸣玉译，江苏人民出版社 2010 年版，第 26 页。
③ 同上书，第 24 页。

体和人造物"① 进行"解读、诠释、注释和阐明"②,从而让既已存在于背景中的(包括道德在内的)所有知识完整而真实地呈现在我们面前。对此,沃尔泽还用一句话进行了明晰的表达,他说:"一个核心的道德背景在不同的文化下要进行不同的阐释。"③ 换言之,哲学家的使命(和方法)是去阐释已有的道德世界,而不是去发现世界上的道德王国或者去创造一个崭新的道德世界。从认识论的角度来看,这是一种语境主义的认识论。

在语境主义认识论之前,认识论领域盛行的是奎因的"自然化认识论"④ 的设想。奎因之后,认识论的研究出现了新的转向,即产生了自然主义的进路。自然主义的进路"将对知识的辩护转变为对知识产生的个体生理机制和具体语境的考察,尤其是对科学知识的考察,从先前单纯对命题陈述的研究转向对科学实践过程进行解释学阐释"⑤。实质上,认识论的自然主义的进路又可以概括为一种"科学实践解释学"⑥。而语境主义认识论正是基于这种"科学实践解释学"的一种知识分析框架⑦。换言之,语境主义认识论在很大程度上继承了"科学实践解释学"的思想内核和精神要义。如此一来,所谓语境主义认识论,是指"在具体情境

---

① [美]沃尔泽:《阐释和社会批判》,任辉献、段鸣玉译,江苏人民出版社2010年版,第24页。
② 同上书,第37页。
③ Michael Walzer, *Thick and Thin: Moral Argument at Home and Abroad*, Notre Dame: University of Notre Dame Press, 1994, p.4.
④ "自然化认识论"在奎因的同名论文《自然化的认识论》中得到了系统的阐述和刻画,他的逻辑是这样的:首先,找到一个可以反驳的对象——理性的重构,并确立自己的立场;然后,提出改进的建议和主张;最后,去发现科学事实上是如何发展起来以及如何被学习的,而不是去编织一种具有类似效果的虚假结构。参见 [美]W.V.奎因《自然化的认识论》,贾可春译,陈波校,《世界哲学》2004年第5期。
⑤ 王娜:《语境主义知识观:一种新的可能》,《哲学研究》2010年第5期。
⑥ 科学实践解释学是约瑟夫·劳斯对理论解释学的缺陷进行反思的基础上提出来的一种解释模式,其核心就是把科学理解为一种实践活动。世界本身是什么、世界本身是怎样的并不重要,重要的是我们如何理解它、对待它,重要的是我们眼中的世界是什么。"只有介入世界,我们才能发现世界是什么样的。世界不是处在我们理论和观察彼岸的遥不可及的东西。它就是在我们的实践中所呈现出来的东西,就是当我们试图作用它时,它所抵制或接纳我们的东西。"参见 [美]约瑟夫·劳斯《知识与权力:走向科学的政治哲学》,盛晓明、邱慧、孟强译,北京大学出版社2004年版,第23—24页。
⑦ 参见王娜《语境主义知识观:一种新的可能》,《哲学研究》2010年第5期。

中对知识进行解释学阐释"。① 关于"语境主义认识论"的要义,我们还可以进一步用施拉格尔的话来予以描述,那就是:"所有的经验和知识都是相对于各种语境的,无论是物理的、历史的、文化的,还是语言的,都是随着语境而变化的。"② 一言以蔽之,语境主义认识论告诉我们:没有语境,就没有知识;阐释(变化着的)语境,才能(渊源不断地)获得知识。

从语境主义认识论的内在逻辑来看,它存在两个基本立场:一个基本立场是,语境主义认识论"承认不同个体的认知具有差异性,同时承认存在主体间性,个体通过语言交流可以达到同等程度的理解和阐释,但其背后仍然具有语境敏感性和语境依赖性";另一个基本立场是,语境主义认识论"承认个体认知对知识形成的基本作用:个体认知仍然是重要的认识论研究维度,不能以社会认知取代个体认知"。③ 对此,我们可以继续从两个方面来予以理解:首先,就个体认知的维度来讲,"语境主义认识论更加关注知识产生和辩护的个体所处的语境(信念、背景知识等)、个体的差异性(感知、操作能力等),以及个体的科学实践活动与知识的特定关系";其次,就社会认知的维度来讲,"知识的产生和辩护对语境具有依赖性,它是一种存在于一定的社会环境和文化传统中的信念系统,是一种集体财产,是一个经过社会协商而逐步被共同体认可的过程"。④ 总而言之,语境主义认识论的两个基本立场进一步告诉我们:语境主义认识论不仅承认知识的独立性,而且更强调知识对具体语境的敏感性和依赖性,即知识是产生于地方性的具体语境当中并随具体语境的变化而发生迁移的。

沃尔泽将语境主义认识论路径运用到了他的分配正义理论当中。在《哲学与民主》一文中,沃尔泽说道:"任何历史共同体的成员,都在塑造他们自己的制度和法律,这样的共同体必然会有它独特的而非普遍的

---

① 刁小行:《情景化的正义:一种语境视角》,《吉林师范大学学报》(人文社会科学版) 2012 年第 2 期。

② Schlagel, Richard H., *Contextual Realism*, New York: Paragon House Publishers, 1986, p. xxxi.

③ 王娜:《语境主义知识观:一种新的可能》,《哲学研究》2010 年第 3 期;刁小行:《语境主义:作为一种认识论与正义观——兼论沃尔泽的正义理论》,《中共青岛市委党校、青岛行政学院学报》2012 年第 1 期。

④ 同上。

生活方式。"① "独特的而非普遍的生活方式"包括在不同的语境中运用不同的分配正义原则分配善。在《正义诸领域——为多元主义和平等一辩》一书中,沃尔泽开篇即说:"我的论点完全是特殊主义(语境主义)的,我不是要宣称我从生活于其中的社会环境获得了多大的进展。"② 在《厚与薄:基于国内外的道德论辩》一文中,沃尔泽进一步总结道:"关于社会善应当如何被分配的任何完整论述,都将表现为道德最大主义的特征:在语言方面它将是符合语言惯例的,在文化属性上它将是特殊主义的。"③ 显而易见,在沃尔泽看来,正义原则是具体情景化的而不是超越情景而恒定不变的;正义并非是高高在上的君王,而只能是对现实生活情景的评判性解释与内在的反思。因此,沃尔泽认为,对于分配正义,首先应该提出的是这样一个基本问题:谁在何种情景下向谁分配何种善?在这里,"何种情景"才是确定分配正义的关键因素。只有首先明确了"何种情景"即"地方性"④ 这个事关全局的重要问题,才能进一步考察分配或制度所适用的正义原则。关于"情景"或"地方性",沃尔泽形象地将其比喻为:"我的意思是站在洞穴里,站在城市里,站在地面上来做描述。研究哲学的另一个方法是向其他公民们阐释我们共享的意义世界。"⑤ 不难看出,语境(情景)是沃尔泽论证分配正义理论的立足点或出发点,而"阐释"则是沃尔泽论证分配正义理论的基本工具。

自古希腊以来尤其是自近代以来,哲学界关于法则或规则是如何产生的流行着两种说法:一种是自然为人立法,另一种是人为自己立法。也就是说,现实社会中的行为主体受制约的规则不外乎两种,要么是受自然制定的规则的制约,要么是受人(主要是哲学家)所制定的规则的制约。举例来说,柏拉图、罗尔斯等哲学家的分配正义理论即是"人为

---

① Michael Walzer, "Philosophy and Democracy", *Political Theory*, Vol. 9, No. 3, 1981, p. 395.
② [美]沃尔泽:《正义诸领域——为多元主义和平等一辩》(序言),褚松燕译,译林出版社 2009 年版,第 5 页。
③ Michael Walzer, *Thick and Thin: Moral Argument at Home and Abroad*, Notre Dame: University of Notre Dame Press, 1994, p. 21.
④ "地方性"主要是指在知识生成和辩护中所形成的特定情景,诸如特定文化、价值观、利益和由此造成的立场与视域,等等。参见盛晓明《地方性知识的构造》,《哲学研究》2000 年第 12 期。
⑤ [美]沃尔泽:《正义诸领域——为多元主义和平等一辩》(序言),褚松燕译,译林出版社 2009 年版,第 5 页。

自己立法"的典型。按照这样的一种逻辑，社会中的行为主体的实践活动就是柏拉图或者罗尔斯的分配正义原则所引致的结果。社会主体根本不需要有什么想法，只需要遵照执行柏拉图、罗尔斯的分配正义理论确定的原则即可。然而，沃尔泽的语境主义认知论告诉人们，道理并非如此。在沃尔泽看来，人们（包括那些以拥有过人智慧著称的哲学家）根本不能为自己立法，即不能为自己创造分配正义理论及其原则，而只能从既有的社会语境中阐释出一套包括分配正义理论在内的道德规则。社会主体的实践活动不是在遵照人制定的原则，而是在阐释既已存在的道德规则。诚如麦克道威尔（McDowell）所言："假如一个人知道他应当做什么，这与其说是普遍原则应用的结果，毋宁说是其作为某一种以特定的方式来理解处境的结果。"① 而正是从这个意义上，伯纳德·威廉斯（B. Williams）认为，"哲学对于决定我们在伦理问题上应当如何思考，其所能做到的地方很少"。②

　　沃尔泽站在具体的语境中阐释的分配正义理论也是实证主义的。关于分配正义理论的实证主义特点，沃尔泽这样说道："我试图通过当代和历史上的实例、自己所处社会中的分配状况以及别的社会的比较，来推演出我的论点。"③ 对于沃尔泽来说，语境并不是他作为一位哲学家在头脑中虚构的，而是完全来源于现实生活，来源于不同社会的历史文化尤其是来源于现实社会中真实的不同的分配状况。现实生活以及不同社会的历史文化和真实的分配状况是分配正义理论及其原则得以产生的第一源泉。正是因为沃尔泽是根据现实的社会环境在头脑中论证和阐释分配正义理论，所以，沃尔泽相信，他的头脑中所思考的分配正义理论与社会实践并不会重蹈罗尔斯等哲学家的分配正义理论那样的覆辙，即与现实社会存在着不可弥合的巨大鸿沟。对此，沃尔泽这样说道："我们用头脑所创造的社会环境就像我们用双手创造的社会环境一样。"④ 也正因为如此，沃尔泽自信地认为，他的分配正义理论能够被现实接受并运用到

---

　　① 转引自东方朔《自我概念之诠释及其冲突——社群主义和伦理学中的反理论思潮对自由主义自我概念的批判》，《开放时代》2001 年第 3 期。
　　② B. Williams, *Ethics and the Limits of Philosophy*, Harveard University Press 1995, p. 74.
　　③ ［美］沃尔泽：《正义诸领域——为多元主义和平等一辩》（序言），褚松燕译，译林出版社 2009 年版，第 5 页。
　　④ 同上书，第 5—6 页。

现实当中。

　　沃尔泽也指出，尽管分配正义原则要坚持从语境中去论证和阐释，但是，"特定语境下的分配正义原则却是独立存在的"，它"并不是某种恒定的基本原则的派生物或衍生物"。① 语境主义正义观所寻求的是运用系统化的方式将情景与原则勾连起来。换言之，为了理解某种分配正义原则，就需要在正义原则与其适用的情景即语境之间建立某种系统化的关联。②

　　语境主义认识论带来的最重要结果就是"知识的语境相关性"：不仅"关于知识的主张是相对于言说语境的……而且，对认识论结果的评价，也只能在具体的语境中进行"。③ 关于这一点，沃尔泽指出，绝不能试图把自己与其所生活的社会相分离，进而从某种超乎文化特殊性的优势地位去评价这个社会及其分配正义原则，而应该把自己放在具体的历史语境中去评判某种分配正义原则。哲学家没有资格站在世界的外面来对世界里面所施行的包括分配正义原则在内的一切道德规则进行指点评判。他说道："批判并不要求我们完全退出所在的社会，而是只要求远离社会中的某些权力关系。我们必须让自己远离的不是与这个社会的联系，而是权力机构和统治。"④ 评判或者评判永远都只能是近距离的。

　　当然，沃尔泽的语境主义认识论，也在一定意义上回应了"麦金太尔之问"。麦金太尔曾在他的《追寻美德》一书中讲："正因为我们的社会中没有任何既定的方式可以在这些主张之间进行抉择，道德论辩才必然无止无休。"⑤ 按照沃尔泽的语境主义认识论的观点，人们根本不需要在各种道德主张（例如分配正义原理）当中犹豫不决，并为此发生激烈的争论；正确的做法是，立足于具体的、地方性的、历史的语境当中并对其进行符合事物本来面目的阐释，如果这样，道德原则（例如分配正

---

①　刁小行：《语境与正义：思考正义的认识论视角》，《江西教育学院学报》2012年第1期。

②　参见刁小行《情景化的正义：一种语境视角》，《吉林师范大学学报》（人文社会科学版）2012年第2期。

③　Hookway Christopher, *Questions of Context*, Pro-ceeding of the Aristotelian Society, Part 1, 1996, New Series – Vol. XCVI.

④　［美］沃尔泽：《阐释和社会批判》，任辉献、段鸣玉译，江苏人民出版社2010年版，第77页。

⑤　［美］麦金太尔：《追寻美德》，宋继杰译，译林出版社2008年版，第8页。

义原理）就自然而然地呈现在我们面前了，而不是等着人们艰难地从中做出一个选择。

总而言之，语境主义认识论是沃尔泽多元主义分配正义论的另一块奠基石（第一块奠基石是整体主义本体论）。正是这样的一种语境主义认识论的路径，即主张分配正义原则必须到具体的语境中去寻找，导致了沃尔泽形成了一种与众不同的分配正义理论；也正是语境主义认识论的研究路径，决定了沃尔泽的分配正义理论从一开始就要与以罗尔斯为代表的以普遍主义为视角的分配正义理论分道扬镳、势不两立。

第三节 善的社会意义：多元与正义

一 社会中的"善"

如前所述，沃尔泽提出整体主义本体论和语境主义认识论，就必然会将思考进一步引入到善及其社会意义上。换言之，善及其社会意义是由整体主义本体论和语境主义认识论所决定的。那么，接下来，我们将对善及其社会意义进行讨论。

沃尔泽指出，"分配的正义所关注的所有物品都是社会物品"。[①] 一种东西（如面包）作为善，既是指作为物质层面的这个东西（面包）本身，也是指作为精神层面的这个东西（面包）的意义。这是沃尔泽多元主义分配正义论的一个非常重要的论断。这个论断隐含的意思是，非社会物品（例如，空气、水、土壤等自然物品）均不在分配活动的范围之内，或者说，对非社会物品的处理并不是一种严格意义上的分配活动。在一切分配活动中，被分配的善都是"社会中的'善'"。"社会"是善的底色或者背景，并使"善"具有相对于它的所有者或使用者而言的特定的"意义"。因此，对于沃尔泽来说，任何一种"善"与其说是指善本身，还不如确切地说是指它的特定意义。所有的善都是社会中的善，这意味着每件东西（善）的意义都是社会的；一件东西（善）的意义是社会的，

[①] ［美］沃尔泽：《正义诸领域——为多元主义和平等一辩》，褚松燕译，译林出版社2009年版，第6页。

则意味着它的意义是某种特定的文化即人们的共同观念所赋予的。① 用沃尔泽的话来讲，那就是，"一个共同体的文化是它的成员们所讲述的故事，以便使他们的社会生活的所有不同的片段都具有一定的意义"。② 由此，进一步说，"一个共同体的成员，他/她可以反对事物已经被赋予的意义，但他/她不能轻易否定这种意义是被赋予的"。③

一般来说，参与分配的善要么是从自然界直接获取的，要么是人们后天生产或创造出来的。这也是迄今为止人类获得善的两种基本方式。

首先，就人们从自然界直接获取的善而言，它在进入社会分配领域以前，并不是以满足人们的某种特定需求的方式而存在的，因而也就不具有社会意义；而一旦它进入到社会领域，就意味着它的某些属性满足了人们的某种需求；满足人们的需求，就表明善的社会意义产生了。人们从自然界千千万万种物品中稳定地选择某一种善，一定首先是在观念上认可了它即认为它能够满足人们的某些方面的需求的情况下才采取行动。人们绝不会在观念上并不认可某一特定物品的情况下而随意地将自然界中的物品带到社会中；当然，也存在着人们在无意识的情况下将自然界中的善带到社会的例子，但这种被人们带到社会的善无异于自然界中无明确指向的一般物品，与其说它（们）已经被人们带到了社会中，还不如说（们）它仍然处在自然界当中，因而它（们）的意义就是不存在的，至少在短期内是不能体现出来的——它（们）的意义要等到人们发现它（们）能够满足人们的某一（些）方面的需求时才能体现出来。简言之，自然界中的善进入到社会是以首先满足人们在观念上所构想的需求即意义为前提的。

其次，就人们后天生产或者创造的善而言，它更是以满足人们在观念上的需求为前提的。人们在不能直接从自然界获取满足自己需求的某

---

① 洛克在《政府论》中说："将绝大部分的价值加在土地上的是劳动，没有劳动就几乎分文不值。……自然和土地只提供本身几乎没有价值的资料。"由此，在洛克看来，纯自然物品即未经人们的劳动作用的物品，是没有什么价值的物品。换言之，人类的劳动即实践活动赋予了物品以意义。事实上，这与沃尔泽讲的人的文化观念赋予物品以意义是一个道理。参见［英］洛克《政府论》（下篇），商务印书馆2009年版，第28页。

② ［美］沃尔泽《正义诸领域——为多元主义和平等一辩》，褚松燕译，译林出版社2009年版，第376页。

③ Michael Walzer, "Objectivity and Social Meaning", in David Miller ed., *Thinking Politically: Essays in Political Theory*, New Haven: Yale University Press, 2007, p.42.

种善的情况下，只能亲自动手进行生产或者创造。如何生产或者创造呢？通常来讲，其程序是这样的：人们首先会按照自己的某种需求在脑海中对善的形态和功能进行构思，从而形成一个与将要生产或者创造出来的实物善（基本）相同的理念模型，然后按照脑海中的理念模型来进行实物善的生产或者创造。这个程序用图示来表示，就是：善的意义→善的理念模型→善的实物（批量生产或创造）。由此可见，作为善所要满足的我（们）的意义与我（们）将要生产出来的善的实物是融为一体的。正如沃尔泽在《正义诸领域——为多元主义和平等一辩》中引用威廉·詹姆斯的话所说的那样："什么是我和什么是我的之间的界限是很难划分的。"[1] "我"即为"意义"的代名词，而"我的"即为"善"的代名词。"意义"和"善"是根本不能分开的，"我"和"我的"也是很难划分的。善的意义从人们对善进行命名并根据既有的概念对善的模型进行构思开始，一直到善的实物被人们生产或者创造出来逐步得到了实现。这既是一个"善"由概念（理念）变为实物的过程，更是一个"善"的意义从设想变成现实的过程——用沃尔泽的话来说，是一个"为物品命名，赋予其意义以及集体制造它们"[2] 的过程。

总之，在沃尔泽看来，无论是人们直接从自然界中获取的善，还是人们后天生产或者创造的善，它们的意义都不是先天固有的，而是人们的需求因社会而生成的。正如姚大志在论述这个问题时所说的，"一个物（善）本身可能是我们创造出来的（如一个桌子），也可能不是我们创造出来的（如一棵树），但是它们的社会意义一定是我们创造的，比如说，我们把一棵松树称为'圣诞树'，把一张桌子称为'祭坛'"。[3] 只要善处于社会之中，它就必定具有社会意义。所以，沃尔泽再三强调，在论证分配正义理论时，我们尤其要考虑到我们所关注的物品都是"社会中的善"，而不是处于其他地方如自然界中的善。为此，沃尔泽总结道："物品不会与附着于它的意义一起来到这个世界，或者如果它们有了意义，

---

[1] 转引自［美］沃尔泽《正义诸领域——为多元主义和平等一辩》，褚松燕译，译林出版社2009年版，第7页。

[2] 同上书，第6页。

[3] 姚大志：《一种约定主义的正义？——评沃尔策的正义观》，《学习与探索》2013年第2期。

第二章 多元主义分配正义的理论根基 | 117

也只能是因为它们符合了某种不可约分的社会态度而被理解和创造的。"①进一步说，社会意义必须反映普遍的一致意见，或者说社会意义必须代表一种共识。②

沃尔泽也指出，之所以说参与分配的"善"具有社会意义，一个非常重要的因素还在于参与分配的"善"是群体而不是个体构想和创造的，也就是说，它是一个社会过程，即一个群体性过程。③ 关于这一点，史蒂芬·缪哈尔和亚当·斯威夫特在研究了沃尔泽的分配正义理论之后也说道："一方面，物品并没有残忍的'自然的'意义，它们仅仅是通过某种解释和理解的过程，获得了'观念与创造'的意义。另一方面，那一过程总是而且必然是一种社会的过程而不是个人过程。"④ 群体是善的社会意义得以产生的直接原因，社会过程是善的社会意义不断实现的过程。如果以个体的视角去观察某一种善，它的意义也许并不能呈现出来；然而，如果以群体的视角去观察某一种善，它的意义就可以很自然地呈现出来了。所以，沃尔泽说："一个离群索居的人几乎不能够理解物品的含义并想出物品可爱或令人厌恶的原因。"⑤ 换言之，个体只有生活在群体当中，他才能够理解善的含义进而表现出对善是喜爱还是厌恶的态度，即善对它来说是否存在意义。沃尔泽甚至还说道："一旦人们聚群而居，个人旨在得到别的价值——包括例如说臭名昭著和怪癖等价值——而带着潜伏或颠覆性企图离开群体就是可能的。"⑥ 沃尔泽的意思是，即使个人远离群体而去，那也是以群体为根本前提的（看起来似乎个体不需要群体了，而事实上却不是。）——个体之所以离开现在所生活于其中的群体，是因为现在群体让他/她明白了善的含义，让他/她明白了善的意义，让他/她明白了还有其他的善对他/她更有意义，从而使他/她产生了离开

---

① ［美］史蒂芬·缪哈尔、［英］亚当·斯威夫特：《自由主义者与社群主义者》，孙晓春译，吉林人民出版社2007年版，第150页。
② Michael Walzer, "Objectivity and Social Meaning", in David Miller, ed. *Thinking Politically: Essays in Political Theory*, New Haven: Yale University Press, 2007, p. 40.
③ 参见［美］沃尔泽《正义诸领域——为多元主义和平等一辩》，褚松燕译，译林出版社2009年版，第6页。
④ ［美］史蒂芬·缪哈尔、［英］亚当·斯威夫特：《自由主义者与社群主义者》，孙晓春译，吉林人民出版社2007年版，第150页。
⑤ ［美］沃尔泽：《正义诸领域——为多元主义和平等一辩》，褚松燕译，译林出版社2009年版，第7页。
⑥ 同上。

社群的意念与动力。所以，与其说个体离开了社群，不如说个体一直在社群中游走，而且是一直在善的意义的诱惑下游走。所以，沃尔泽说："甚至新发明所受到的重视与它的发明者的思想也是不相符的；它们受制于一个更为宽广的构想和创造过程。"①

那么，为何群体能够生成善的社会意义呢？对于这个问题，沃尔泽做了进一步解释。沃尔泽认为，在群体构想和创造的这样一个社会过程中，其构想和创造是以群体的"共享理解"为背景的。"共享理解"即"深层理解"，是指在特定的情景中特定的人群因出生环境和成长经历大致相同而形成的能够相通的情感和认知，它"意味着自由、正义以及其他重要的道德观念，是产生并内在地镶嵌于特定的文化及其历史发展之中的，而并非与某种普遍的人性或自然法，或某些从特定文化中理性抽象出来的普遍原则相联系"。②"共享理解"不仅将社群中的人们紧密地结合在一起，而且使善对某一个社群来说具有不能化约的特殊意义。在这里，"共享理解"是意义产生的前提和基础。有没有"共享理解"，将直接决定善有没有意义。为此，沃尔泽举了一个例子，他说："有些家用物品之所以备受珍爱，是出于个人的和情感的原因。但只有在文化中，情感才常常依恋于此类物品。"③ 个人的和情感的原因只是善的意义产生的表因，而作为"共享理解"的文化（认同）才是善的意义产生的根源。没有特定的文化作为依托和背景，个人就体现不出对某一种善的情感。情感是在特定的文化中才有效的。④ 总而言之，"共享理解"因社群而存在，而善的意义则因"共享理解"而存在。

综上所述，社会中的"善"在其被人们从自然界带到社会之前，或者在被人们生产与创造之时，人们就已经在观念上对它的意义进行了构

---

① [美]沃尔泽：《正义诸领域——为多元主义和平等一辩》，褚松燕译，译林出版社2009年版，第6页。
② 刁小行：《多元价值的均衡：沃尔泽政治哲学研究》，浙江大学，博士学位论文，2013年，第6页。
③ [美]沃尔泽：《正义诸领域——为多元主义和平等一辩》，褚松燕译，译林出版社2009年版，第6页。
④ 汪丁丁曾表达过同样的观点，他说："在主体之间'分享着的经验'（shared experience）是一切'意义'的基础，是任何事情变得有意义的前提。"参见汪丁丁《扩展秩序与演进道德——哈耶克"扩展秩序"思想初论》（下篇），载刘军宁《自由与社群》，生活·读书·新知三联书店2002年版，第121页。

思。而且，对善的构思与创造还不只是发生在个体身上的，而是发生在群体身上的，并以群体的"共享理解"为背景，因此，社会中的善从一开始就具有意义。人们表面上是在追寻各种善，实质上是在为"善的意义"而四处奔波。

二 "意义"的流变性

善的意义是与人们的需求同生共存的。人们对善是否有需求将决定着善是否有意义，人们对善的需求的强弱将决定着善的意义大小，人们对善的不同需求决定着善的不同意义。人们对善的需求并不是恒定不变的，而会随着时间和空间的变化而变化。因此，一旦人们对善的需求发生了变化，善的意义就会跟着发生相应的变化。这就是"意义"的流变性。

人们对善的需求会随着时间的变化而变化。人们在过去的某个时段内对某一种善具有显著的需求，但并不代表人们现在依然对同一种善具有显著的需求（例如，在闹饥荒的年代，人们对野菜、树皮乃至观音土等物质都具有非常强烈的需求，但是，在物质资料比较丰富的时代，人们就不会或者说很难会像从前那样对野菜、树皮、观音土等物质具有强烈的需求了）；同样，人们现在对某一种善具有显著的需求，也不代表将来人们还对同一种善具有显著的需求。那么，相应地，过去具有意义的某一种善（例如，野菜、树皮、观音土等），并不代表它现在具有意义；现在具有意义的某一种善，也并不代表它将来仍然具有同样的意义。用沃尔泽的话说，"社会意义具有历史性"[1]，同一个善在不同的历史时期具有不同的意义。比如，同一个桌子，在五百年前的"你们"那里可以当一张课桌使用，在如今的"我们"这里可以当一个祭坛使用，而在五百年后的"他们"那里却只可能当作一个垫脚石使用，等等。[2] 不同历史时期的人们对善拥有不同的共享理解，进而决定着善拥有不同的社会意义。

人们对善的需求也会随着空间的变化而变化。人们在本地对某一种善具有显著的需求，但并不代表在另外一个地方对同一种善也具有显著的需求；同样，人们在其他地方对某一种善具有显著的需求，也不代表

---

[1] ［美］沃尔泽：《正义诸领域——为多元主义和平等一辩》，褚松燕译，译林出版社 2009 年版，第 9 页。

[2] 参见 Michael Walzerr, "Objectivity and Social Meaning", in David Miller ed., *Thinking Politically: Essays in Political Theory*, New Haven: Yale University Press, 2007, p. 40.

在本地对同一种善也具有显著的需求。那么，相应地，在本地具有意义的善放在异地就不一定具有意义，而在异地具有意义的善放到本地也同样不一定具有意义。对此，沃尔泽说道："出于同样的原因，物品在不同的社会里有着不同的含义。同一个'东西'被认可是因为不同的原因，或者同一个东西在此地被珍爱而在别处则一文不值。"① 善所处的地方不同，它的意义就会不同，甚至会发生颠覆性的改变。正所谓"十里不同风，百里不同俗，千里不同情"。在沃尔泽看来，就是通常作为人类必需品而对于人类来说其意义是基本相通的食物，在不同的地方它都承载着不同的意义。例如，拿食物中的面包来说，根据所处的不同地方不同，它既可以是生命的全部、基督的身体、安息日的象征，还可以是待客的方法、资助的手段，等等。② 由此可见，"善的意义"具有明显的地方性，它因空间的变化而变化，因空间的不同而不同。

总而言之，人们对善的需求是因时因地而变的，没有一种善能够让其意义随着人们的需求的变化而变化，进而永远满足和适应人们的需求。用沃尔泽的话来说："不存在可想象的跨越全部精神和物质世界的唯一一组首要的或基本的物品。"③ 也就是说，具有万能意义的善是根本不存在的。

当然，"善的意义"的流变并不是漫无边际的，而是保持在一定的限度之内。诚然，人们的需求会随着时间和空间的转换而发生变化，但是，由于受群体的"共享理解"的影响和制约，群体内所有成员的需求发生整体性变化需要经历一个比较漫长的过程。一般来说，当环境发生改变后（或者时间发生了变化，或者空间发生了变化，或者时间与空间都发生了变化），群体中只有（极）小部分成员会迅速放弃原有的需求而同时产生新的需求，（绝）大部分成员都很有可能仍然保持原有的需求而不会产生任何新的需求——他们对原有的善存在文化上和情感上的依赖，因而不会立刻放弃或者忘记原有的善及对它的需求——例如，虔诚的宗教信徒就是如此，即使对他们的居住地做出很大的改变，他们也不会或者

---

① Michael Walzer, *Spheres of Justice: A Defense of Pluralism and Equality*, New York: Basic Books, 1983, p. 7.
② 参见［美］沃尔泽《正义诸领域——为多元主义和平等一辩》，褚松燕译，译林出版社2009年版，第 7 页。
③ 同上。

说难以放弃或改变"初衷"。在这样的情况下,由于善的意义还是以"共享理解"为背景和依托的,即由群体的"共享理解"来决定的,但旧的"共享理解"仍然居于主导地位,而新的"共享理解"却还处于萌芽或发育的状态,新的善的意义就难以呈现出来,而旧的善的意义却依然是主流。新的善与旧的善共存,导致它们的意义也是交织模糊的。这也就是沃尔泽所说的:"社会意义在任何社会都不是完全清楚明确的。"① 总之,"善的意义"确实具有多变性,但这种多变只会在一定范围之内发生。

沃尔泽指出,"意义"除具有流变性之外,它还时常具有难以调和的冲突性。而"意义"的冲突性正是由它的流变性所导致的。如前所述,善的意义是由人们的需求所决定的。同一种善,由于人们对它的需求是不一样的,所以,它的意义也会不一样。在此,还是以面包为例,持宗教信仰的人们对它的需求是用它祭神,而处于贫穷状态中的非宗教信仰的人们对它的需求则是用它充饥。祭神和充饥是面包表现出来的两种不同的意义,很显然,它们在面包并不充裕的情况下是存在冲突的(一方意义的实现必然会导致另一方意义的落空),而且,即使是在面包相当充裕的情况下,它们也可能存在激烈的冲突——持特定宗教信仰的人们可能难以理解其他/她人居然用他们"祭神的面包"来充饥,进而表现出极度的不满和反感,而处于贫穷状态中的不拥有宗教信仰的人们也可能难以理解那些特定的宗教人士居然用他/她们"充饥的面包"来祭神,进而表现出极度的不满和反感。沃尔泽说:"如果面包的宗教用途与作为食物的用途相冲突——如果诸神要求将面包烘烤并烤焦而非吃掉——那么,哪一种用途是首要的就毫不清楚了。"② 在这里,面包的意义的冲突得到了淋漓尽致的体现。总之,从历史和现实来看,"善的意义"之间的冲突是经常会发生的。

三 多元与正义

除认为分配正义所关注的所有物品(善)都是"社会中的善"因而使其具有特定的社会意义之外,沃尔泽还进一步指出,"善"及其"意义"尤其是"善的意义"在人们脑海中被构思和创造时,实质上就是在

---

① 参见[美]沃尔泽《正义诸领域——为多元主义和平等一辩》,褚松燕,译林出版社2009年版,第9页。
② 同上书,第8页。

进行一次真实而有效的分配——人们在构思和创造某一种"善"及其"意义"时，同时也在思考着和期待着这种"善"能够在现实的分配活动中按照他们构思和创造的"意义"而划归给合适的他/她占有或使用。对于这一点，沃尔泽是这样说的："物品及其意义……在处于人们手中之前就已经进入人们的脑海中了；分配是依据人们所共享的关于善是什么和它们的用途何在的观念摹制出来的。"① 一言以蔽之，在沃尔泽看来，分配一种"善"实质上是分配一种善的"意义"。

沃尔泽否定了传统的分配正义理论对分配现象所做的经典描述——"人们向（别的）人们分配物品"②，而是别具一格地提出了一个针对分配现象的全新的描述："人们构思和创造出物品，然后在他们自己当中进行分配。"并且，沃尔泽还进一步指出，"在这里，构思和创造优先于并控制分配"。③ 在沃尔泽看来，人们的构思和创造对于分配活动来说是具有决定性意义的一个环节和步骤。进而言之，有什么样的构思和创造，即"善"有什么样的意义，相应地，就会导致什么样的分配。构思和创造（善的意义）引导着分配，分配受制于构思和创造（善的意义）。"分配不能被理解为男人们和女人们的脑海中或手中尚没有特定物品的行为。事实上，（在分配进行之前——笔者加注）人们已经与一组物品发生了关系；他们不仅在相互之间，而且也在他们所生活的精神和物质世界之间有着交易史。"④ 也就是说，在人们参与现实社会的分配活动之前，各种善就已经根据其意义划归给了不同的合适的男女占有或使用。人们参与现实社会中的分配活动，只是在按照脑海中既有的"善的意义"领取已经划归给他们占有或使用的"善"。严格地讲，分配只有一个，那就是在构思和创造中那个看不见、摸不着但可以意会到的"无形分配"，而不是在现实社会中那个看得见、摸得着的"有形分配"。总而言之，现实社会中的分配只是对构思和创造出来的分配结果的贯彻与执行。

沃尔泽进一步指出，当人们构思和创造的分配进入到现实社会中被

---

① 参见[美]沃尔泽《正义诸领域——为多元主义和平等一辩》，褚松燕译，译林出版社2009年版，第5页。
② 同上书，第4页。
③ 同上书，第5页。
④ Michael Walzer, *Spheres of Justice: A Defense of Pluralism and Equality*, New York: Basic Books, 1983, p. 8.

贯彻和执行时,即现实社会的分配活动展开时,"分配代理人受他们所掌握的物品或善的制约"。① 根据沃尔泽的思想,在分配活动中不存在主导者和被主导者,参与分配的人们都是受善及其社会意义主导的,分配不是一部分人根据哲学家发现或创造的作为道德规则的分配正义原理或原则将其掌握和控制的善授予另一部分人。在分配活动中,所有的参与者在"善的意义"面前都是一律平等的,既没有上下、主次之分,也没有高低、贵贱之别。甚至可以这样说,善根本不是由人来进行分配的,而是"在人们中间自行分配"② 的。善根据其自身的意义自主地将自己划归给不同的合适的男女占有或使用。显而易见,沃尔泽的这个观点对传统的分配正义理论是一个颠覆性的挑战。在以罗尔斯为代表的传统的分配正义理论家那里,他们无一不是将"分配"定义为"人们向(别的)人们分配物品"。③ 按照这个定义,势必会有一部分人处于优势和上层地位,而另一部分人却处于劣势和下层地位。因此,在分配尚未开始之前,人们的不平等地位就已经被人为地建构和制造出来了。为此,沃尔泽一改传统的分配正义理论关注的重点,确立了新的切入点,他说:"我们关注的不是帕斯卡所说的团体中的成员——不管是强壮还是弱小,不管是英俊还是相貌平平——而是他们分享和分割的物品……这个原则引导我们去研究社会物品的意义,从内部去考察不同的分配领域。"④ 沃尔泽关于"善的意义"的思想的深刻性和独特性,由此也可窥见一斑。

基于前面的分析,沃尔泽明确指出,"分配源于社会意义并与之相关联"⑤,"所有的分配公平与否与物品(善)的社会意义息息相关"。⑥ 也就是说,分配离不开"善的意义",分配必须要以"善的意义"而不是以"善"为重点和主导。所以,沃尔泽主张,必须要将"善的意义"纳入分配当中。这是沃尔泽分配正义论的逻辑起点。至此,沃尔泽确立了他的

---

① Michael Walzer, *Spheres of Justice: A Defense of Pluralism and Equality*, New York: Basic Books, 1983, p. 7.
② [美]沃尔泽:《正义诸领域——为多元主义和平等一辩》,褚松燕译,译林出版社2009年版,第5页。
③ 同上书,第4页。
④ 同上书,第22页。
⑤ Michael Walzer, "To the Editors", *New York Review of Books*, 21. July 1983.
⑥ Michael Walzer, *Spheres of Justice: A Defense of Pluralism and Equality*, New York: Basic Books, 1983, p. 9.

分配正义理论的关键的思想命题。

那么，沃尔泽将"善的意义"纳入分配当中，在理论上会产生什么样的结果呢？沃尔泽根据"善的意义"的流变性即多面性的事实，以一种特有的敏锐告诉人们：将"善的意义"纳入分配之中将导致一种"多元主义的分配"。在沃尔泽看来，由于"善的意义"是流变的，因此，建立在"善的意义"基础之上的分配当然是多元的而非一元的。沃尔泽还指出，所谓"多元主义的分配"，具体来说，是指"社会不同善应当基于不同的理由、依据不同的程序、通过不同的机构来分配；并且，所有这些不同都来自对社会诸善本身的不同理解——历史和文化特殊主义的必然产物"。① 中国台湾学者梁文韬曾对多元主义与普适主义进行了比较，从另一方向展示了多元主义分配的含义。他说："普适主义会提出 P_1……P_n 是适用于任何社会情形的原则，而多元主义则会指出，P_1 适用于情形 C_1，P_2 适用于情形 C_2……如此类推，P_n 适用于情形 C_n。"② 从这里也可以看出多元主义分配的基本模式。

对于自己提出的多元主义的分配，沃尔泽还用大量的历史事实进行了论证。他的论证是从三个方面展开的：首先，人类历史上"从来不曾有过一个普遍的交换媒介"，尽管易货经济衰落后金钱是最常见的交换媒介，但并非所有的东西都是能够用金钱购买的；其次，人类历史上"也从来不存在一个控制所有分配活动的决策源或者一套做决策的机构"③，很多东西从一种控制模式（如国家控制）的缝隙中溜出来，产生出新的模式（如家族网络、黑市、官僚同盟、秘密的政治和宗教组织等）；最后，人类历史上也"从来不存在一个适用于所有分配的单一标准或一套相互联系的标准"④，功绩、资格、出身和血统、友谊、需求、自由交换、政治忠诚、民主决策，等等，都做过分配的标准，而且是并存着的。总而言之，古今大量的历史实例表明，"并不存在划分商品和服务领域的单

---

① [美]沃尔泽：《正义诸领域——为多元主义和平等一辩》，褚松燕译，译林出版社2009年版，第4页。
② 转引自张秀《两种多元主义正义论的比较——迈克尔·沃尔泽与戴维·米勒正义理论的异同思考》，《社会科学家》2006年第1期。
③ Michael Walzer, *Spheres of Justice: A Defense of Pluralism and Equality*, New York: Basic Books, 1983, p. 4.
④ [美]沃尔泽：《正义诸领域——为多元主义和平等一辩》，褚松燕译，译林出版社2009年版，第2页。

一原则"①，分配只能是多元的而不是一元的。

沃尔泽认为，将"善的意义"纳入分配除会导致"多元主义的分配"之外，还会导致"正义的分配"。这是沃尔泽的分配正义理论的一个非常重要的论断。在沃尔泽看来，"善的意义"是一切分配正义得以确立的决定性因素，分配是否正义完全依赖于"善的意义"而非取决于其他因素。在沃尔泽看来，"正义扎根于人们对地位、荣誉、工作以及构成一种共享生活方式的所有东西的不同理解"②，"社会正义问题不是由于基本善而发生的，它们是由于有着特殊的并且常常是在特定的社会有着根本不同意义的特殊物品而发生的"。③ 在沃尔泽看来，善的社会意义保证了善的分配之正义性，即建立在"善的意义"基础之上因而与"善的意义"相匹配、相一致的分配就是公正或正义的分配。

同时，沃尔泽也注意到一个人类学问题，即在一些特殊的社会中，比如像印度那样的种姓社会和新几内亚的 Cahuku – Cama 族（处于农耕父系社会）④，就出现了与流行的分配正义法则如平等相悖的分配现象。而且，在通常情况下，人们都会将这种分配现象斥为一种非正义的分配。那么，究竟怎样看待这个问题呢？沃尔泽的观点是，这不仅不是一种非正义的分配，而且还是一种正义因而应该被人们认可和接受的分配。那为什么会有这样论断呢？在沃尔泽看来，其根本原因就在于，这种分配是与当地的人们对善的共享理解即与社群的文化语境相匹配的和相一致的；而"只要人们相信那是代表了神的意志或者某种类似的自然力量或共享理解，就无法对其中的任何一种制度进行深刻的批判"。⑤ 为此，沃尔泽还进一步强调指出，如果人们企图根据流行的分配正义法则对这种

---

① Michael Walzer, "Toward a Theory of Social Assignments", in W. Knowlton and R. Zechhauser eds., *American Society: Public and Private Responsibilities*, Cambridge: Harper and Row, Ballinger, 1986, p. 81.
② ［美］沃尔泽：《正义诸领域——为多元主义和平等一辩》，褚松燕译，译林出版社 2009 年版，第 371 页。
③ ［美］史蒂芬·缪哈尔、［英］亚当·斯威夫特：《自由主义者与社群主义者》，孙晓春译，吉林人民出版社 2007 年版，第 151—152 页。
④ 在 Cahuku – Cama 族，杀自己族人是错误的，会受到惩罚，即给予惩罚之善的分配；而杀别族人则是被允许的，不会受到惩罚。参见东方朔《自我概念之诠释及其冲突——社群主义和伦理学中的反理论思潮对自由主义自我概念的批判》，《开放时代》2001 年第 3 期。
⑤ 刁小行：《多元价值的均衡：沃尔泽政治哲学研究》，浙江大学，博士学位论文，2013 年，第 200 页。

分配进行极端的重新设计和改造，那就是一种暴政行为①，因而是不正义的。总之，在沃尔泽看来，正义与否和平等没有必然关系——平等根本不能引导分配正义，"与社会意义密切相关"②；"分配正义的每一种实质解释都是一种地方性解释"③，"如果一个特定的社会的实质生活是以某种特定方式——以一种忠实于成员们共享知识的方式来生活的话，那么，这个社会就是正义的"④；反之，则是不正义的。

至此，沃尔泽正式提出了他的多元主义的分配正义理论，开启了他从系统脉络上论证多元主义分配正义理论的序幕。多元主义分配具体是什么样的形态？多元主义分配都有哪些核心原则？这是我们在接下来的章节中要重点讨论的问题。

---

① ［美］沃尔泽：《正义诸领域——为多元主义和平等一辩》，褚松燕译，译林出版社2009年版，第369页。
② Michael Walzer, *Spheres of Justice: A Defense of Pluralism and Equality*, New York: Basic Books, 1983, p. 312.
③ ［美］沃尔泽：《正义诸领域——为多元主义和平等一辩》，褚松燕译，译林出版社2009年版，第371页。
④ Michael Walzer, *Spheres of Justice: A Defense of Pluralism and Equality*, New York: Basic Books, 1983, p. 313.

第三章 多元主义分配正义的逻辑前提

沃尔泽以独特的视角、深邃的思想对多元主义分配的逻辑前提进行了分析。传统或者理想的分配正义理论，要么以世界共同体作为分配发生的背景，要么以历史共同体作为分配发生的背景，而在沃尔泽看来，世界共同体或者历史共同体都不能作为分配发生的背景，分配发生的真实背景应该是政治共同体。在将政治共同体设定为分配发生的背景之后，沃尔泽又提出了分配的目标不是实现简单平等而是实现复合平等，从根本上否定了传统的分配正义理论的目标追求。沃尔泽在阐述简单平等与复合平等理论的过程中，敏锐地洞察到人们经常错误地将垄断而不是支配当成分配的中心问题，从而导致在论述分配问题时提不出合适的分配目标，并且在处理分配问题时遭遇到很多棘手的问题。沃尔泽在对垄断与支配的含义和特点进行严格区分的基础上并结合善的社会意义的区分性，提出独立自主应该是分配的根本标准，而其他的一切分配原则都应该遵循独立自主的分配标准。

第一节 政治共同体：分配的真实场景

为了引出分配的真实场景——政治共同体，沃尔泽对同为分配的场景的世界共同体和历史共同体进行了详细阐述而逐一淘汰。在这一节中，我们将遵从沃尔泽的论证思路，从世界共同体和历史共同体讲起，进而落脚到政治共同体上。

一 世界共同体

任何一个分配正义理论家在研究分配正义问题时，必定会首先思考并设定分配发生的背景或者场景。沃尔泽将分配正义发生的场景称为分配正义"立论的背景"。① 沃尔泽对分配发生的背景的思考与设定，是从否定罗尔斯等哲学家将"世界共同体"作为分配的背景开始的。众所周知，在罗尔斯的分配正义理论当中，罗尔斯继承近代思想家的"自然状态"思想，创设了一个与"自然状态"相似的"原初状态"作为分配展开的背景。而对于"原初状态"，罗尔斯除界定其中的资源为"中度匮乏"以及其中的人具有"有限理性"之外，却并没有对它的边界与范围进行明确的规定。这样一来，罗尔斯的"原初状态"实质上是一个没有边界的虚拟的"世界共同体"。换言之，"世界共同体"是罗尔斯分配正义理论所设定的分配发生的背景。对于罗尔斯将"世界共同体"作为分配发生的背景的做法，沃尔泽不以为然。在沃尔泽看来，"世界共同体"并不适于作为分配发生的背景。

沃尔泽认为，世界是"一个自足的分配领域"②，而"自足的分配领域"是不能长久的。那么，为什么说"世界是一个自足的分配领域并且不能长久"呢？对于这个问题，沃尔泽没有直接给出解释与说明。不过，从沃尔泽的整个思想逻辑来看，沃尔泽提出，世界是一个自足的分配领域，明显是在回应洛克并站在洛克的思想立场上。如此看来，洛克对于这一问题的解释，也可以看作沃尔泽对于这一问题的回答。我们来看看洛克是如何阐述这一个问题的。

在《政府论》中，洛克认为，人们缔结社会契约之前的"自然状态"是一种自给自足的世界。在这种自给自足的世界中，人们凭借自己的辛勤劳动获取生活资料和生产资料。并且，"按劳分配"③ 是人们分配善的一种根本原则。然而，由于人性的自私及其私欲的无限膨胀，使人们并不会永远顺从并遵守自然状态中的"按劳分配"法则，而是必定会有些人去掠夺和侵占别人的劳动果实。在这样的条件下，自然状态就会变成一种战争状态，世界上的每个人都有可能面临着不可预料的危险。为了避免战争状态及其给人类生活造成的破坏与伤害，人们不得不跳出"自

---

① ［美］沃尔泽：《正义诸领域——为多元主义和平等一辩》，褚松燕译，译林出版社2009年版，第30页。

② 同上。

③ 洛克的"按劳分配"原则与马克思的"按劳分配"原则有着本质上的区别，洛克的"按劳分配"原则是一种"个体性的按劳分配"，而马克思的"按劳分配"原则是一种"集体性的按劳分配"。

然状态"的世界，重新以契约的方式组建政治共同体。那么，建立在"按劳分配"原则基础之上的以"自然状态"的形式存在的自给自足的"世界共同体"也就会随之坍塌而不复存在。所以，洛克认为，"世界共同体"从一开始就不适宜作为分配的背景。诚然，这也是沃尔泽的看法。

在从世界作为一个自足的分配领域并不可行从而对"世界共同体"作为分配发生背景进行第一轮否定之后，沃尔泽紧接着又从世界要成为一个共同体所必须具备的条件等方面来对将"世界共同体"作为分配发生的背景的做法进行了更深刻的否定——应该说，这一轮的否定是更让人信服的。

在沃尔泽看来，将"世界共同体"作为分配发生的背景，就等同于人为地取消了世界上业已存在的政治边界或历史边界。而一旦边界取消，社会物品就能够在世界或者全球范围内被分享、分割和交换；并且，物品和人们自身能够在世界或者全球范围内自由地往来。尽管这看起来是一幅十分美好的图景，但沃尔泽认为，这是"根本不可能出现的时刻"。[①]它为什么不可能出现呢？对此，沃尔泽又做了详细的解释。

沃尔泽指出，"如果把整个地球（世界）作为我们（分配发生）的背景，那么，我们就不得不去想象尚不存在的东西：一个包括所有地方的所有男人和女人在内的共同体。我们还不得不为这些人发明一套通用的意义，以避免（如果我们能的话）把我们自己的价值强加给他们。并且，我们还不得不请这个假想中的共同体的成员（或他们假定的代表）对什么是公正的分配安排和分配模式达成一致共识"。[②]

沃尔泽的这段话对于我们来说是非常关键的，当然，这段话也是非常难以理解的。而要比较确切地理解沃尔泽的这段话，我们必须要回到前面对沃尔泽的"善的意义"与"共享理解"的思想的解释上。也就是说，必须要结合"善的意义"与"共享理解"的含义去理解沃尔泽的这段话，我们才能确切地把握沃尔泽的思想。

沃尔泽的这段话所表明的意思是：整个世界本来不是一个合适的分配背景，但是，如果人们坚持要把整个世界作为一个分配发生的背景，

[①] ［美］沃尔泽：《正义诸领域——为多元主义和平等一辩》，褚松燕译，译林出版社 2009 年版，第 33—31 页。

[②] Michael Walzer, *Spheres of Justice: A Defense of Pluralism and Equality*, New York: Basic Books, 1983, pp. 29–30.

那么，就不得不将世界假想为一个包括所有的男人和女人在内的共同体，即世界与包括所有的男人和女人在内的共同体是同一的与重合的。一般来说，共同体形成的前提条件是，共同体成员拥有"默认一致"① 的"共享理解"，即摆在成员们面前的绝大多数的"善"对于他们而言具有"通用的意义"。因循这样的逻辑，如果要让世界上所有的男人和女人构成一个无缝隙即严密的共同体，那就必须要为他们发明一套"共享理解"，即世界上绝大多数的善甚至所有的善对于世界上所有的男人和女人具有"通用的意义"，所有的男人和女人对于摆在他们面前的所有的"善"的观念基本上是甚至完全是一致的——这是为了避免一部分人将自己的意志强加于另一部分人身上以至于造成虚假的共同体。而且，仅仅发明一套"通用的意义"还不充分，还必须让地球上所有的男人和女人或者他们的代表对于何为公正的分配安排及其分配模式能够达成一致意见。

以上对于将世界共同体作为分配的背景所设定的一系列限制条件是非常严格的。从现实来看，所有的男人和女人确实生活在同一个世界上，但所有的男人和女人并不属于同一个共同体；至今，世界上还没有哪一个共同体——无论这个共同体的涵盖范围（包括地理范围和文化范围）有多么广泛——能够将所有的男人和女人囊括进去。即使假想着地球上所有的男人和女人构成了同一个共同体，但是，也没有哪一个人包括伟大的哲学家能够发明出一套适用于所有的男人和女人的意义——没有这个前提，共同体是不能形成的。更为困难的是，地球上所有的男人和女人根本不可能就何为公正的分配安排及其分配模式达成一致意见——这在理论上已经被"阿罗不可能定律"证明过，而在实践中也是根本不可能的。这一切表明，将"世界共同体"作为分配发生的背景是不现实的。

除"世界共同体"得以形成的前提条件不存在进而使将"世界共同体"作为分配的背景不能成为现实之外，沃尔泽还认为，即使是像罗尔斯和哈贝马斯所主张的那样，以"世界共同体"作为分配发生的背景并通过"社会契约"或者通过"语境交流"的方式达成了分配正义的协定，但是，当分配正义的协定进入到具体实施的过程中时，还是会遇到严重

---

① [德]斐迪南·滕尼斯：《共同体与社会——纯粹社会学的基本概念》，林荣远译，北京大学出版社2010年版，第58页。

的困难。这是因为，世界层面上的国家及其政府的政策是垄断的，权力是集中的。而且，无论是从过去历史的经验来看，还是从现实的经验来看，政策垄断和权力集中都是很不容易被打破的；而"如果不打破世界层面上现有国家的政策垄断和权力集中"[1]，由地球上所有的男人和女人构成的共同体对分配安排和分配模式达成的协定就不能或者很难付诸实施。更何况，从客观上看，世界层面上的国家及其政府在历史上是从来不曾有过的，并且，将来也一定不会产生。

进而，沃尔泽认为，由于作为世界层面的国家的政策垄断和权力集中不能或者很难被打破，那么，以"世界共同体"作为分配发生的背景并通过"社会契约"或者通过"语境交流"的方式来达成的分配正义协定，将可能导致两个方面的后果：第一，如果权力是支配性的，将导致与复合平等相对应的简单平等。那么，在简单平等的干扰下，世界人民将不得不忍受"不断出现的地方特权，不断出现的中央集权主义"[2] 的危害。第二，如果权力被一群国际官僚攫取的话，将导致专制。在专制主义的笼罩下，世界人民将不得不忍受更加糟糕的危害——这种危害是世界历史上一切专制主义国家的人们都经历过的，没有自由、没有民主，甚至连基本的生存权都丧失了。这些都是以"世界共同体"作为分配背景所形成的不良后果；而正是这些不良后果，警示着人们绝不能以"世界共同体"作为分配发生的背景。

综上所述，在沃尔泽看来，无论是从形成"世界共同体"的前提条件不存在这个方面来看，还是从将"世界共同体"作为分配发生的背景会给人们造成严重的不良后果这个方面来看，"世界共同体"都不能或者不适合作为分配发生的背景。

二 历史共同体

既然分配不能以"世界共同体"作为发生背景，那么，分配可否以"历史共同体"作为发生背景呢？沃尔泽紧接着对这一问题进行了回答。

在沃尔泽的分配正义理论当中，历史共同体是一个十分重要的术语。虽然沃尔泽对历史共同体所用的笔墨并不多，但透过沃尔泽简短而隐晦

---

[1] ［美］沃尔泽：《正义诸领域——为多元主义和平等一辩》，褚松燕，译林出版社2009年版，第32页。

[2] 同上。

的描述，我们还是可以得出沃尔泽对历史共同体所作的一个基本界定。根据沃尔泽的描述，所谓"历史共同体"，是指伴随着历史的演变所形成的具有共同的或者相似的语言、历史与文化的群体。沃尔泽认为，在历史共同体中，"成员有共同的感情和直觉"。① 这种共同的感情和直觉是历史共同体的核心与精髓，它实质上是一种共同的理解。在关于共同体成员的"共同的理解"的问题上，沃尔泽与共同体研究大家齐格蒙特·鲍曼走到了一起，他们的思想是极其相似的。在齐格蒙特·鲍曼看来，"这种理解并不需要去追求，更不用说需要建立或斗争了……它是现成的、可以随时使用的"。② 历史共同体依赖的这种理解先于所有的一致和分歧，并借助于它实现了自身的根本性的团结——历史共同体并没有消除分歧，而是仍然存在各种各样的分离因素。

从上面的论述中不难得知，历史共同体是自然而然地演化而成的，而不是人为理性地主观设计和建构的。历史共同体在其形成过程中，并没有明确的指向性和目的性，而是具有较强的随意性和偶然性。不过，当历史共同体形成后，其成员就具有比较稳定的亲缘性和同质性，这种亲缘性和同质性不会被外界的干扰所破坏。因此，对于历史共同体来说，"谁是不是'我们中的一员'是显而易见的，不存在混乱状态，也没有混乱的理由——没有认识上的含混不清，因而也就没有行为上的摇摆不定"。③ 也就是说，历史共同体有明确的边界，世界则是由若干历史共同体构成的。

而且，在沃尔泽看来，与世界共同体相比较，历史共同体还具有三个方面的显著特点：首先，历史共同体是一个客观存在的真实的共同体，而不是人们头脑中"想象的共同体"④，不管历史共同体的范围有多大，它都包含着数量有限的男人和女人；其次，历史共同体的成员对于他们

---

① ［美］沃尔泽：《正义诸领域——为多元主义和平等一辩》，褚松燕译，译林出版社2009年版，第31页。
② ［英］齐格蒙特·鲍曼：《共同体》，欧阳景根译，江苏人民出版社2007年版，第5页。
③ 同上书，第6页。
④ 笔者在这里所用的"想象的共同体"不同于本尼迪克特·安德森所提出来的那个"想象的共同体"的概念。本尼迪克特·安德森的"想象的共同体"主要是对民族主义形成过程的一种描述，即民族主义是在众多个人的想象中促成的（参见［美］本尼迪克特·安德森《想象的共同体——民族主义的起源与散布》，上海人民出版社2011年版），而笔者这里所用的"想象的共同体"是指不存在的共同体或者假想的共同体。

面前的绝大多数的善都拥有"通用的意义"感,即对物品有着共同的价值观,这是历史共同体得以形成的基石;最后,历史共同体由于其中的人数是有限的,因而能够就具体的分配问题达成某些"共识"①,而不会产生无穷无尽的意见分歧与思想纷争。

历史共同体的特征及其相对于政治共同体而言所具有的特点似乎向我们表明,历史共同体与分配发生的基本环境是不相违背的,进而言之,历史共同体能够作为分配发生的背景。按理说,这是顺理成章的一个推论。然而,沃尔泽却否定了这一推论。在沃尔泽看来,虽然"历史共同体"不同于"政治共同体"即克服了导致"政治共同体"不适于作为分配发生的背景的那些先天缺陷,但历史共同体同样不适于作为分配发生的背景。对此,沃尔泽给出的原因是,"政治共同体和历史共同体有时并不重合"。② 换言之,当政治共同体与历史共同体重合时,历史共同体就可以作为分配发生的背景——而此时,说历史共同体是分配发生的背景,还不如说政治共同体是分配发生的背景;当政治共同体与历史共同体并不重合时,历史共同体就不能作为分配发生的背景。可见,沃尔泽所讲的历史共同体不适于作为分配发生的背景,主要就是针对政治共同体与历史共同体并不重合的情况。

从政治共同体的形成来看,政治共同体一定是历史共同体(但反过来并不成立)③,而且,绝大多数的政治共同体在范围或边界上都是小于历史共同体的,例如,作为政治共同体的现代法国、德国等就比作为历史共同体的西欧要小,作为政治共同体的中国就比作为历史共同体的东亚儒家文化圈要小,等等。在这样的情况下,政治共同体就并不能与历史共同体完全分享感情和直觉。而且,不仅政治共同体不能与历史共同体完全分享感情和直觉,就是政治共同体内部也越来越不能分享感情和直觉。用沃尔泽的话来说,"当今世界,感情和直觉难以分享的国家可能

---

① "共识"是指思想见解根本不同的人们达成的一致,它是艰难的谈判和妥协的产物,是经历多次争吵、许多次反对和偶尔的对抗后的结果。参见[英]齐格蒙特·鲍曼《共同体》,欧阳景根译,江苏人民出版社 2007 年版,第 5 页。
② [美]沃尔泽:《正义诸领域——为多元主义和平等一辩》,褚松燕译,译林出版社 2009 年版,第 31 页。
③ 参见刁小行《多元价值的均衡:沃尔泽政治哲学研究》,浙江大学,博士学位论文,2013 年,第 202 页。

正在增多；而分享则在更小的单位体里发生"。① 越来越多的国家不能与它背后的历史共同体分享感情和直觉，而分享感情和直觉甚至只能在比政治共同体更小的单元里发生。

那么，当政治共同体不能与历史共同体重合时，甚至在政治共同体内部都不容易分享感情和直觉时，该怎么办呢？对此，沃尔泽的思考往前又推进了一步，他指出，当感情和直觉在更小的单元而不是在政治共同体内分享时，"应该寻找某种办法将分配决定调整得符合单位体的要求"。② 而且，"这一调整必须通过政治方式达成……其根本特征将建立在公民们对文化多样性、地方自治等价值的共识基础上"。③ 公民是政治共同体的基本单元，是在政治共同体中成长起来的。从现代社会的发展来看，只有公民，才能对文化多样性和地方自治等价值达成共识，而其他的社会主体是难以对文化多样性和地方自治等价值达成共识的。换言之，只有政治共同体，才能将文化多样性和地方自治等价值联结在一起。因此，在沃尔泽看来，分配的合适背景只能是"政治共同体"，而不能是"历史共同体"及其他共同体。

三 政治共同体

对于为什么要将"政治共同体"作为分配发生的背景，沃尔泽在前面所进行的反面论证的基础上，又做了进一步的正面论证。沃尔泽认为，在政治共同体中，语言、历史和文化结合得更紧密，从而可以产生一种粘连性极强的集体意识。然而，在其他的共同体例如历史共同体中，虽然语言、历史和文化也会结合，但是，其结合的紧密程度明显不及政治共同体，集体意识也会相应地减弱。因此，沃尔泽说："政治共同体可能与我们所理解的有共同意义的世界是最相近的。"④ 在这里，沃尔泽对政治共同体的定位是有道理的。从现实来看，政治共同体确实是具有"通用意义"的最大单位；只要我们将一个特定的政治共同体的外延稍微进行扩展，使之向历史共同体不断地靠近，那么，政治共同体所具有的

---

① Michael Walzer, *Spheres of Justice: A Defense of Pluralism and Equality*, New York: Basic Books, 1983, p. 29.

② Ibid..

③ [美]沃尔泽：《正义诸领域——为多元主义和平等一辩》，褚松燕译，译林出版社2009年版，第31页。

④ Michael Walzer, *Spheres of Justice: A Defense of Pluralism and Equality*, New York: Basic Books, 1983, p. 28.

"通用意义"就会逐渐淡化直至消失。"通用意义"淡化或者消失了,分配背景所需要的基本条件就不具备了。

　　沃尔泽进一步指出,在政治共同体中,男人们和女人们掌握着他们自己的命运,他们既是利益共同体,也是命运共同体,所有的决定都是由政治共同体中的男人们和女人们做出的,即使不是由他们做出的而是由政治领导人或者假想的代表做出的,但最终也是由他们控制的。具体来说,一旦政治领导人做出的决定偏离了政治共同体中男人们和女人们的利益(取向),男人们和女人们就将重新进行权力分配,即剥夺或收回他们从前转让给政治领导人的权力而重新进行选举或任命新的政治领导人。这是政治共同体特有的优势,它能够最大限度地保障分配不偏不倚地遵照共同体中男人们和女人们的共同意志。

　　论及于此,沃尔泽特别强调,当政治共同体中的男人们和女人们为政治权力的分配而斗争时,将会受到共同体的制度结构的影响。共同体的制度结构是历史性的,共同体中的男人们和女人们前一次的斗争结果将决定着当前的斗争。换言之,当前的政治权力分配将受之前的政治权力分配结果的强烈影响。用沃尔泽的话来说,"现在的政治是过去的政治的产物,它为分配正义的思考设立了一个不可避免的背景"。[①] 尽管分配不能由政治决定,但是,分配不能摆脱历史政治和现实政治的影响。在一切分配当中,政治都会起着支撑或者保障作用。

　　沃尔泽还指出,之所以要将"政治共同体"作为分配发生的背景,还在于一切分配展开的前提条件都是对共同体成员资格的分配。这是将"政治共同体"作为分配背景的根本原因之所在。不具备共同体的成员资格,显然是不能够参与共同体对善的分配的,更不用说享有共同体提供的善。例如,非中国公民或者非美国公民就相应地不能或难以享有中国境内或者美国境内的分配资格。诚如沃尔泽所言,"只有作为某个地方的成员,男人们和女人们才有希望分享所有其他社会物品——安全、福利、荣誉、职务和权力"。[②] 成员资格是由政治共同体赋予的,也是由政治共同体维护和保障的,它"不能被某种外部机构分派,它的价值依靠于一

[①] Michael Walzer, *Spheres of Justice: A Defense of Pluralism and Equality*, New York: Basic Books, 1983, p. 29.

[②] [美]沃尔泽:《正义诸领域——为多元主义和平等一辩》,褚松燕译,译林出版社 2009 年版,第 69 页。

种内部决定。如果没有一个共同体有能力做出那样的决策,那么,在这种情况下,就没有什么物品值得分配"。① 因此,在沃尔泽看来,成员资格对于成员参与共同体的分配是极其重要的。也许,在成员资格与分配这一问题上,沃尔泽受到了麦金太尔的影响。麦金太尔曾经强调:"离开一个人在某种特殊城邦中的成员资格,他就无法成为正义的,所以,也可以说,离开一个人在某种城邦中的成员资格,他就无法在实践中成为合理的。"②

除此之外,沃尔泽认为,政治共同体还有一个特殊而重要的功能,那就是它能够创造或者说能够提供"文化、政治、宗教"三大支柱型的特殊物品,如果说得更明确一点,就是能够创造或提供"安全、福利、荣誉、职务和权力"等特殊物品,但是,历史共同体与世界共同体却都没法创造或提供这些特殊物品;而"只有在这三大支柱的庇护下,我们所需要的所有其他东西才成为被社会承认的需要,并呈现出历史的、确定的模式"。③ 换言之,没有政治共同体所提供的安全、福利与权力作为保障,共同体成员是没法生存的,他们的生活将充满"孤独、贫困、污秽、野蛮和浅薄"。"没有完善的基础设施,就会限制某些人的活动范围,就会使某一部分人无法参与某些活动,而这是不正义的。"④ 国家"提供了一种框架,一种保护性的结构",在其中,"个体和群体能够发展出多元的生活形式"。⑤ 总之,"至为明显的是,在那些最重要的事情当中,决定人们生活前景的——包括存活下来庆祝他们自己第一个生日的机会的基本前提——是他们所出生的国家。"⑥ "世界上最贫穷的人们最需要的东

---

① [美]沃尔泽:《正义诸领域——为多元主义和平等一辩》,褚松燕译,译林出版社2009年版,第32页。
② [美]麦金太尔:《谁之正义?何种合理性?》,万俊人等译,中国当代出版社1996年版,第174页。
③ [美]沃尔泽:《正义诸领域——为多元主义和平等一辩》,褚松燕译,译林出版社2009年版,第71页。
④ Michael Walzer, "Justice Here and Now", in Frank S. Lucash eds., *Justice and Equality: Here and Now*, lthaca, New York: Cornell University Press, 1986, p. 137.
⑤ Michael Walzer, "The communitarian critique of liberalism", *Political Theory*, Vol. 18, No. 1, 1990, p. 12.
⑥ [英]布莱恩·巴里:《正义诸理论》,孙晓春、曹海军译,吉林出版社2011年版,第304页。

西，是一个强有力而开明的国家的保护。"①

总体来说，沃尔泽对政治共同体即国家作为分配发生的背景是坚信不疑的。我们仅仅从下面这一段话也可以管窥一斑。沃尔泽是这样说的："它（指国家）确定所有社群活动（包括政治活动）的边界条件和基本规则。它还使社群成员们超越他们自己关于美好生活的理论范畴，从共同利益的角度出发来考虑问题。市民社会需要政治力量，市民社会产生出差距悬殊的权力关系，也只有国家权力可以与之抗衡。"② 另外，在此需要特别指出的是，沃尔泽将政治共同体作为分配发生的场景，也是对罗尔斯否定存在政治共同体的观点的一个回应。罗尔斯认为，"作为公平的正义确实抛弃了政治共同体的理想，如果这个理想意味着政治社会统一在一个（部分的或完全的）整全性的宗教、哲学或道德学说之上的话"。③ 在罗尔斯看来，一个民主社会可以容纳许多种共同体，但其自身并不是一个共同体——因而不能成为分配正义发生的背景，要成为一个共同体，就需要动用强制性的政治权力和力量，而这是同基本的民主理念相悖的。④ 在这个问题上，沃尔泽明显地不赞同罗尔斯的观点。

通过正反两个方面的论证，沃尔泽最后得出了自己的结论，他说："政治共同体是这项事业的合适背景。"⑤ "当我们思考分配正义时，我们所考虑的是能够公正地或不公正地安排他们自己的分割和交换模式的、独立的城市或国家。"⑥

第二节 复合平等：分配的理想目标

在这一节中，我们将主要对分配的理想目标——复合平等进行确立。

---

① Michael Walzer, "Political Theology: Response to the Six", *Political Theology*, Vol. 7, No. 1, 2006, p. 93.
② 应奇：《从自由主义到后自由主义》，生活·读书·新知三联书店2003年版，第85页。
③ Rawls, J., *Justice as Fairness – A Restatement*, Cambridge, Mass: Harvard University Press, 2001, pp. 198–199.
④ Ibid., p. 21.
⑤ [美]沃尔泽：《正义诸领域——为多元主义和平等一辩》，褚松燕，译林出版社2009年版，第30页。
⑥ 同上书，第34页。

在确立"复合平等"之前,必须首先对"简单平等"进行否定以及对"永恒的差别"进行捍卫,从而顺理成章地进入到对"复合平等"的论证上。

一 简单平等

"从道义的角度来看,人类从根本上讲是平等的,但是从描述性的、事实的或者经验的角度来看,人类至今从未完全平等过。"[1] 正因如此,人类自有历史以来,人们对于平等的向往与追求就一直未曾中断过。关于人们对"平等"的向往与追求,贡斯当曾经表达过一个十分深刻而令人信服的观点,他是这样说的,"平等之所以重要,是因为它是人性的一种自然需要","对平等的欲望是我们的最自然的情感"。[2] 显而易见,在贡斯当看来,平等是人的内在属性规定的(自在的),而不是外在因素赋予的(负载的);平等是人得以存在的重要前提。在对贡斯当的观点给予支持与回应的基础上,沃尔泽对于人们对平等的向往与追求也做了一个直观而生动的描述,他说:"生活在独裁专制或者寡头统治的国家里,我们可能梦想一个分享权力并且每个人都精确地分享同样份额的权力的社会……生活在资本主义国家里,我们可能梦想一个每个人都拥有同样多的钱的社会……生活在封建国家里,我们可能梦想一个所有成员都平等地得到荣耀和尊敬的社会。"[3] 总之,不管生活在哪一个社会,人们都对平等有着强烈的向往与追求。这是一个普遍的现象和规律。

诚然,人们对平等的向往与追求是一个普遍的现象和规律,可是,人们所追求的平等的具体形式却并不是一样的,而呈现出不同的类型。在沃尔泽看来,以往人们普遍向往和追求的平等更多的还是一种"简单平等"。"简单平等"是沃尔泽率先提出来的一个概念。在沃尔泽之前,还没有哪一位思想家明确提出"简单平等"这一概念。因此,我们可以认为,"简单平等"的概念是沃尔泽的思想独创。那么,何谓"简单平等"呢?在沃尔泽看来,所谓"简单平等","它要求每一个人正好对每

---

[1] [美]罗伯特·A. 达尔:《论政治平等》,谢岳译,上海世纪出版集团2010年版,第78页。

[2] 转引自崇明《现代自由之消极与积极:论贡斯当的自由思想》,《复旦学报》(社会科学版)2010年第5期。

[3] Michael Walzer, *Spheres of Justice: A Defense of Pluralism and Equality*, New York: Basic Books, 1983, p. xi.

一事物都占有一个相等的份额"①,用最直观的话来讲,就是"如果我有十四顶帽子,你也有十四顶帽子,那么,我们就是平等的"。②关于达到或实现"简单平等"的方式,沃尔泽还列举了两个比较极端的例子:一个是所有的"工作应该(像公职那样)在公民中分享、轮换"③的平等主义观点,即除会将污名带到工作之上的罪犯之外,没有一个人被排除在既有的社会工作之外,所有的人都平等地参加所有的社会工作;另一个是由柏拉图和萧伯纳所提出的"废除家庭"④"消灭家族差别"⑤以实现彻底的平等主义的主张。家庭被废除和家族被消灭之后,人与人之间将不存在任何的亲疏远近之分——每个人都找不到自己的父母和孩子,所有的社会成员都是兄弟姐妹,他们对自己的血缘纽带一无所知,也就是说,导致人们无限地占有善的私欲的根源不存在了,那么,亲属关系和爱以及其他的社会善就会在所有社会成员之间平等地、平均地分配。

进而言之,"简单平等"既不看所分配的物品自身的差异,也不看物品的接受者存在的差异,而只是看或者主要是看分配的结果在数量上和质量上是否是(完全)一样的。在沃尔泽看来,罗尔斯是"简单平等"论的代表人物,罗尔斯除关注基本的自由权利是不是平等分配之外,还重点关注分配的结果是否照顾到了"最少受惠者"的利益。如果分配的结果能够增加"最少受惠者"的利益,那么分配就是平等的进而是正义的;如果分配不能增加"最少受惠者"的利益,那么分配就是不平等的进而是不正义的。平均主义(或者说绝对平等)是简单平等的极端形式。在平等问题上,平均主义者比罗尔斯走得更远,他们主张无论什么善都要进行平均分配,而绝不允许在分配结果上存在任何的差异。在短期内,平均主义会对人们产生极大的诱惑力和吸引力,但是,从长远来看,平均主义是最不受认可的一种分配方法,它否定了正义的"应得"。

人们为什么会追求"简单平等"呢?沃尔泽指出,按照流行的说法,

---

① [美]德沃金:《原则问题》,张国清译,江苏人民出版社2012年版,第273页。
② [美]沃尔泽:《正义诸领域——为多元主义和平等一辩》,褚松燕译,译林出版社2009年版,第18页。
③ 同上书,第193页。
④ 同上书,第269页。
⑤ 同上书,第276页。

人们之所以追求简单平等，主要是由"嫉妒和怨恨"[1]所导致的。当其他的人比自己富有时，贫困者就会对富有者产生嫉妒与怨恨的心理，这种嫉妒与怨恨的心理促使贫困者对富有者的财富提出重新分配即再分配的要求。然而，富有者绝不会心甘情愿地将自己所掌握的财富转让给或者无偿地赠送给贫困者。这样一来，在贫困者与富有者之间就产生了矛盾，矛盾进一步激化后，就演变为贫困者对富有者的暴力革命。在运用暴力革命对富有者进行打击时，贫困者同时会对富有者的财富进行掠夺和占有。从现实来看，"嫉妒与怨恨"说对于人们对平等的向往和追求具有一定的解释力。

然而，在沃尔泽看来，"嫉妒与怨恨"并不是导致人们向往和追求平等主义的主要原因。沃尔泽认为，"嫉妒与怨恨是一种不畅快的激情，没有人喜欢它们"[2]，"屈从的经历——首先是个人屈从的经历——是憧憬平等的原因"[3]。在一个存在贫富差距悬殊的社会里，富有者不仅占有社会的绝大多数财富，而且，还会凭借经济上的优势而对贫困者进行压迫乃至精神上的奴役和摧残。贫困者受尽了富有者的屈辱后，才会起来反抗富有者。沃尔泽继续说道："产生平等主义政见的并不是有富有与贫困并存这一事实，而是富者'碾碎穷人的容颜'，把贫穷强加到他们身上，迫使他们恭顺这一事实。"[4]"没有钱的公民开始形成一种政治根本不给他们提供任何希望的根深蒂固的信念。"[5]也就是说，贫困者并不会觊觎富有者的财富，也不会非常在意自己的贫困处境，但是，贫困者绝不会忍受富有者对他们的尊严的伤害。当富有者伤害了贫困者的尊严时，贫困者就会对富有者进行还击。沃尔泽认为，这才是平等主义产生的主要原因。

除原始社会以外，人类社会迄今的历史表明，"简单平等"往往并不能自发地实现。在"简单平等"不能自发地实现的情况下，如何才能实现"简单平等"的目标呢？沃尔泽认为，其唯一的办法就是，持续不断

---

[1] Michael Walzer, *Spheres of Justice: A Defense of Pluralism and Equality*, New York: Basic Books, 1983, p. xiii.

[2] [美]沃尔泽：《正义诸领域——为多元主义和平等一辩》（序言），褚松燕译，译林出版社2009年版，第4页。

[3] 同上书，第3页。

[4] 同上书，第3页。

[5] Michael Walzer, *Spheres of Justice: A Defense of Pluralism and Equality*, New York: Basic Books, 1983, p. 310.

地运用国家权力对分配进行干预和纠正，即一旦社会的分配出现了不平等，国家权力就要立刻站出来进行干涉，以阻止分配不平等的继续扩大，进而将社会拉回到平等的初始状态。罗尔斯的"差异原则"就是这样的一种思路。根据罗尔斯的差异原则，社会的分配设计如果不能给最少受惠者带来利益增量，国家及其掌握的权力就应该主动站出来阻止和矫正这种分配，即国家要运用自己的权力通过税收的方式将富有者的财富转移给贫困者。

但是，运用国家权力对分配进行干预和纠正并非一件容易的事情，而是会牵涉一系列问题，甚至产生了一个难以解决的悖论。

在沃尔泽看来，运用国家权力对分配进行干预和纠正，"国家的权力自身将成为竞相争夺的中心目标。不同群体将试图去垄断国家权力，将国家用于巩固他们对别的社会物品的控制"。① 国家权力自身将变成一种最危险的善。在这样的情况下，就需要对国家权力进行制约。如何对国家权力进行制约呢？沃尔泽认为，限制政治权力的一种有效方法是将权力广泛地进行分配，即实行民主政治。然而，不可避免的是，将政治权力广泛地进行分配至少会导致两个问题：一个问题是广泛的民主容易引发多数人的暴政，另一个问题是虚弱的民主政府将"难于应付财阀、官僚、技术专家治国者、实力政治家等社会力量"②，以至于不能顺利地对分配进行干预和纠正。

所以，如果要让政治权力对分配进行有效的干预和调节，就不能对政治权力进行限制。诚如沃尔泽所言，"为了战胜这些垄断，权力将必须集中……如果想要实现由差别原则或别的类似的干涉主义规则给它定下的国家目标，国家就必须是非常强有力的"。③ 然而，不能对国家权力进行限制，那么，强而有力的国家权力就会对个人的合法权利乃至基本的自由构成威胁。

这就产生了一个悖论：对分配进行干预和调节即实施再分配需要国家权力，而国家权力有可能演变为一种最危险的善，进而危害个人的合法权利，那么，就需要对国家权力进行制约；制约国家权力通行的方法

---

① ［美］沃尔泽：《正义诸领域——为多元主义和平等一辩》，褚松燕译，译林出版社2009年版，第15页。
② 同上书，第16页。
③ 同上。

是将国家权力进行广泛分配，即实行民主政治；而实行民主政治，要么会导致多数人的暴政，要么难以对分配进行干预和调节即实施再分配。在对分配进行干预和调节这个问题上，国家主义与民主政治成为两难的选择。为什么会出现悖论和导致两难选择呢？沃尔泽敏锐地指出，之所以出现悖论和两难选择，"都源自将垄断而非支配当作分配正义的中心问题"。① 关于"垄断"与"支配"的问题，我们将在下一节作专门的讨论。

  总之，在沃尔泽看来，"再分配绝不可能产生简单平等"②，而且，"平等所需要的压制可能产生单调和可怕的顺从"。③ 这也是诺齐克所担心的一个问题。国家权力对社会的分配进行干预和调节，不仅会扼杀社会的活力，而且会破坏社会的生产秩序。社会的活力被扼杀了，生产秩序被破坏了，仅仅剩下一个拉平的墨守成规的社会是没有意义的，甚至整个社会都有可能陷入万劫不复的深渊。与诺齐克一样，沃尔泽对国家干预分配是持质疑态度的。对此，沃尔泽举了一个例子，他说，"学校教育对政治目的的任何根本屈服都会削弱学校的力量、学校调节的成功，以及作为一种社会之善的学校教育的价值。当学生和教师都屈从于政治的专制暴政时，它所导致的不是更大的平等，而是更少的平等"。④

  通过前面的论述，沃尔泽向人们表达了三个层面的意思：首先，平等是人们普遍向往和追求的目标，这是任何人也阻止不了的，因此，必须要满足人们对平等的向往与追求；其次，简单平等实现起来会遇到十分严重的困难，而且，即使在短期内实现了简单平等的目标，但随着时间与空间条件的变化，简单平等还是会发生根本的改变；最后，实现简单平等需要国家权力乃至暴力的介入，这会给社会及其生产造成破坏乃至灾难，最终将影响整个社会的分配。总而言之，在沃尔泽看来，简单平等是不可能实现的，而只能追求其他形式的平等。

二 永恒的差别

  在前一部分中，我们重点对沃尔泽的"简单平等"思想进行了阐述。

---

① ［美］沃尔泽：《正义诸领域——为多元主义和平等一辩》，褚松燕译，译林出版社2009年版，第17页。
② 同上书，第140页。
③ 同上书，第2页。
④ 同上书，第265页。

我们发现，沃尔泽在关于"简单平等"思想的论述中，始终夹杂着他对"差别"这一问题的看法。因此，在这一部分中，我们还将专门对沃尔泽关于"差别"问题的相关看法进行详细的论述，以进一步深化对"简单平等"的理解。同时，也为接下来论述沃尔泽的"复合平等"思想做一定的准备。在沃尔泽看来，"简单平等"是短暂易逝的，而"差别"却是永恒的。他说："平等的根本含义是消极的，平等主义就其起源来说是一种废弃主义政见。它并不在于消灭全部差别，而是消灭特定的一套差别，以及在不同地点时间消灭不同的差别。"① 换言之，差别是不可能被完全消灭掉的，人们只可能消灭部分差别和一定范围内的差别。

与所有其他/她将简单平等视为虚假现象的思想家一样——例如，德沃金就曾说过："绝对而无差别的平等，不但是一个软弱无力的或容易被其他价值压倒的政治价值，它根本就没有价值。"②——沃尔泽也认为，"一个人人平等的社会将是一个假象充斥的世界，在这样的世界中事实上并不一样的人将被迫显得和做得好像他们是一样似的"③。但凡声称实现了简单平等的社会，都是虚假的社会。为了让社会呈现出平等的样貌，人们就要通过表演的手法来掩盖社会上既已存在的各种差异。特别是那些在善的占有方面低人一等的人，为了维护自己的尊严和面子，就会采用掩饰的手法遮蔽自己的弱势和缺陷，让别人误以为他们与所有其他人都是平等的、无差异的。而实质上，任何的掩饰都是自欺欺人的，都是不可能从根本上消除社会上客观存在的差异的，而只会进一步加剧社会既已客观存在的差异。

在沃尔泽看来，"简单平等只有在一个具体时间点和地点内的一个群体中才能保证"④。在具体的时间点和地点之外，差别是一直客观存在的。"平等总是相对的，它要求我们比较这种个人所受到的对待和某些其他人

---

① ［美］沃尔泽：《正义诸领域——为多元主义和平等一辩》（序言），褚松燕译，译林出版社 2009 年版，第 3 页。
② ［美］罗纳德·德沃金：《至上的美德：平等的理论与实践》，冯克利译，江苏人民出版社 2003 年版，第 2 页。
③ ［美］沃尔泽：《正义诸领域——为多元主义和平等一辩》（序言），褚松燕译，译林出版社 2009 年版，第 2 页。
④ 同上书，第 166 页。

所受到的对待，而不是和所有其他人所受到的对待相互比较。"① 没有绝对的平等，也没有普遍的平等，平等总是在发生一定的范围之内，超过了一定的范围（时间、地点和数量），就没有任何平等可言了。如果将人与人之间的比较范围扩展到所有的人，那么，差异必然会产生，而此时平等则是不可能变成现实的。差别是永远存在的，"我们不必用自己的标尺裁剪个人"，"平等再一次地如我们所梦想的那样不需要压制个人"。②

差别为什么是永恒存在的呢？沃尔泽给出了三个方面的主要原因。

首先，善的占有者的禀赋和能力是不一样的。善的占有者从一出生就存在差异——有的人禀赋高，有的人禀赋低；而且，在进入社会之后，他们的能力还会进一步产生差距——有的人能力会增强，有的人能力会减弱。在这样的背景下，即使起初赋予每一个善的占有者以平等的机会，让他们在公平、公正的制度环境下竞争，但是，禀赋和能力高的人还是更容易获得权力或者职位，而禀赋和能力低的人则更难以甚至不能获得权力或者职位，差异就自然而然地产生了。对此，沃尔泽运用一系列例子进行了说明。他说："献身于（指平等）它的男人和女人，一旦组织起争取平等的运动并在他们中间分配权力、职位和影响力，就背叛了它，或者似乎背叛了它。有记得所有成员名字的行政秘书，有用高超技巧对付记者的新闻专员，还有不知疲倦地周游地方分部'打基础'的受欢迎的演说家。……他们无疑在某些方面要胜过他们的伙伴。"③ "许多种类不同、程度不同的技能、力量、智慧、勇气、仁慈、精力和风度把每个人区别开了。"④ "不是每个人都能成为医生。不是每个人都能成为工厂中的首席工程师，即便是民主管理的。"⑤ 人们的禀赋不一样，最终对善的占有就会截然不同。这也是卢梭所讲的，"不平等在自然状态中几乎是人们感觉不到的"。⑥ 但在经济生活和社会生活中，"从前本是自由、自主的

---

① ［美］沃尔泽：《正义诸领域——为多元主义和平等一辩》（序言），褚松燕译，译林出版社 2009 年版，第 173 页。
② 同上书，第 4 页。
③ 同上书，第 1 页。
④ 同上书，第 2 页。
⑤ 同上书，第 154 页。
⑥ ［法］卢梭：《论人类不平等的起源与基础》，李常山译，商务印书馆 1962 年版，第 109 页。

人，如今由于无数新的需要……不得不受他的同类的支配"。①

其次，善的占有者对善的运用和消费是不一样的。诚如沃尔泽所言："我们的差异是很大的。"② 不仅每个人的禀赋和能力存在巨大的差异，而且每个人的兴趣爱好、行为取向、消费方式等方面也存在着显著的差异。由于每个人的兴趣爱好、行为取向、消费方式等方面存在差异，从而导致他们对善的消费和运用也是千差万别的。经过一段时间后，平等地分配给消费者手中的善就会发生明显的变化，有的消费者手中的善会变多，而有的消费者手中的善却会变少，甚至还有的消费者手中的善会彻底失去。这些都是十分常见的现象，没有人能够阻止这些现象的发生。例如，沃尔泽说道："星期天中午十二点平均分配的钱不到周末就会被不平等地再分配了。一些人将把钱存起来，一些人将把钱用于投资，还有人将把钱花光了（他们将通过不同方式花钱）。钱的存在就是为了使各种各样的活动成为可能。"③ 也就是说，给每个消费者分配一样数目的钱，但过一段时间后，钱的数目就出现了差异。总之，在沃尔泽看来，"市场产生并再生出不平等；人们最终所拥有的是或多或少的、不同数目的、不同种类的财产"④，"简单平等政体不会持续多长时间，因为转换的进一步发展和市场的自由交换必然将不平等带入它的运行轨道"。⑤

最后，善及其占有者所处的时间与空间是不断变化着的。善的使用价值即善的意义不是恒定不变的，它并不是在所有的时空条件下都是完全一样的，而是会随着时空条件的变化而发生变化。具体来说，在这个时空条件下具有使用价值的善，放到另一个时空条件下就可能没有使用价值；同样地，在另一个时空条件下具有使用价值的善，拿到这个时空条件下也可能就没有使用价值。沃尔泽指出，"一个在去年看起来非常适合一个特定职位的人在今年的求职大军中失败了，或者他的品质已经不

---

① [法] 卢梭：《论人类不平等的起源与基础》，李常山译，商务印书馆 1962 年版，第 125 页。
② [美] 沃尔泽：《正义诸领域——为多元主义和平等一辩》，褚松燕译，译林出版社 2009 年版，第 3 页。
③ 同上书，第 1 页。
④ 同上书，第 121 页。
⑤ 同上书，第 14 页。

再是选择委员会心中所青睐的了,这都是很正常的"。① 因此,善的使用价值即意义的变化,会导致平等地分配给人们的善产生差异。善的占有者所处的时空条件也不是恒定不变的。时空条件变化了,善的占有者对善的需求和消费就会不一样。善的使用者会根据具体的时空条件调整自己的消费计划,并因此产生不同的消费结果。所以,善的占有者对善的需求和消费的变化,会导致平等地分配给他们手中的善产生差异。

总而言之,在沃尔泽看来,差别是永恒的。不管人类借助于何种方法或者手段,都不可能消除差别。差别与人类是同生共存的。"在任何数量的人口中,总有些人无论在特定的方面还是在总体上处境最差,这在统计学上是必然的。"② "在最好的社会中,我们也无法均等地分配爱。"③ 即使是到了马克思所设想的物质财富极大丰富的共产主义社会,仍然不可能消灭差别,而只能在一定程度上控制差别的扩展和蔓延。

三 复合平等

在对"简单平等"的理念进行了详细的解释和坚决的否定以及对"永恒的差别"是客观存在的事实进行了深入的分析和论证的基础上,沃尔泽郑重地提出了他的"复合平等"理念。相应地,与我们前面所讲到的"简单平等"一样,"复合平等"也是由沃尔泽最先提出来的一个全新的概念。在沃尔泽的整个分配正义理论体系中,"复合平等"占有十分重要的地位,它是沃尔泽多元主义分配正义论追求的理想目标,贯穿于沃尔泽多元主义分配正义论的始终。从某种意义上讲,沃尔泽多元主义分配正义论正是为实现"复合平等"而产生的。在沃尔泽看来,所有的分配都只能是实现复合平等,而不能是实现其他类型的平等,比如,"强制平等""绝对平等",等等。

正如我们在前面所阐述的,差别是客观存在的,并且是永远存在的。因此,在沃尔泽看来,复合平等就不可能消灭差别。沃尔泽着重指出,差别是复合平等的题中应有之义,捍卫差别是复合平等得以实现的前提

---

① [美]沃尔泽:《正义诸领域——为多元主义和平等一辩》,褚松燕译,译林出版社2009年版,第166页。

② [美]约翰·凯克斯:《反对自由主义》,应奇译,江苏人民出版社2003年版,第274页。

③ Michael Walzer, *Radical Principles: Reflections of an Unreconstructed Democrat*, New York: Basic Books, 1980, p.245.

条件；没有差别，就没有复合平等甚至没有任何的平等可言。进一步说，不承认差别的永恒存在，分配活动就无法正常地展开，更谈不上实现分配的正义。平等是由各种差别即不平等所构成的，而分配正是为了实现有差别的平等而不是无差别的平等，即实现复合平等。总之，分配并不以消除差别为目的，消除差别不是而且不应该是分配的主要任务。沃尔泽这样说道："我们不需要所有人都一个样子或者拥有同样数量的同一种东西。"① 所有的人都是一个样子，所有的人都拥有同样数量或同等质量的东西，并不是平等，更不是复合平等。"在复合平等条件下，工资和薪水将不是平等的，与今天的情况下相比，只不过不平等减少了许多而已。"② 诚然，复合平等认为，不可能完全消灭差别并坚决捍卫差别，但是，沃尔泽同时认为，复合平等并不能放弃削减差别和控制差别的努力，削减差别和控制不平等仍然是复合平等非常重要的一项内容和任务。

对于复合平等，沃尔泽做了进一步解释。沃尔泽说道："复合平等意味着任何处于某个领域或掌握某种善的公民可以被剥夺在其他领域的地位或其他的善。"③ 也就是说，任何人都不可能获得所有的善，或者在所有的领域都取得成功。进而言之，包括成功在内的各种善是分配给不同的人的。有的人获得这种善，在这个领域取得成功；其他的人则可以获得其他的善，在其他领域取得成功。并且，不能获得所有的善，或者说，不能在所有的领域都取得成功，并不意味着不平等，而是正好彰显着一种实质意义上的平等。即使在一个领域乃至很多领域失败了，他/她也只是承受"不应得苦难"的不幸运的人而已，而不是"被排斥的受害者"。④ 因此，沃尔泽说，"可能是公民 X 而不是公民 Y 当选政治职务，于是，这两个人在政治领域就是不平等的。但只要 X 的职务没有在任何领域给他带来超越 Y 的利益——优越的医疗照顾、将自己的子女送到更好的学校、享有更好的事业机会等，那么，一般而言，他们并不是不平

---

① ［美］沃尔泽：《正义诸领域——为多元主义和平等一辩》，褚松燕译，译林出版社 2009 年版，第 4 页。
② 同上书，第 224 页。
③ 同上书，第 21 页。
④ Michael Walzer, *Thinking Politically: Essays in Political Theory*, New Haven: Yale University Press, 2007, pp. 85–86.

等的"。① 个人凭借自己的能力取得比其他人再大的成就,也不能认为是不平等的。总而言之,在沃尔泽看来,复合平等的观念要求的即"一个较大的正义观念要求的不是公民们轮番为治,而是他们在一个领域内统治,而在另一个领域内被统治——在那里,'统治'的意思不是他们行使权力,而是比别人享有对被分配的任何善的更大份额。公民们不能被保证在每个地方都有'轮流'的机会"②,而是百花齐放,"每个铃儿叮当响"。③

沃尔泽还认为,"在复合平等条件下,他们的孩子们也不可能继承他们的成功。总的来说,最有成就的政治家、企业家、科学家、士兵和情侣将是不同的人;并且,只要他们所拥有的物品并不给他们带来一连串别的物品,那么,我们就没有理由害怕他们的成就"。④ 按照复合平等的理念,有些善(例如,金钱、房子等有形资产)是可以继承的,而有些善(例如,身份、地位、职位、名誉等无形资产)是不能被继承的。父辈不能将自己获得的成就与成功随意地转让给自己的后辈;如果父辈将自己获得的成就与成功随意地转让给自己的后辈,则是对复合平等的一种亵渎和破坏,那么,最终也必然会将分配引向严重的不平等和不正义。沃尔泽进一步指出,个人取得再大的成就与成功并不可怕,可怕的是他/她凭借一个领域的成就与成功而侵犯所有的领域,进而在所有的领域都取得成就与成功。

在沃尔泽看来,"复合平等"实质上描述的是人与人之间的一种社会关系⑤,即一种可能的"未经加工的"平等⑥,而不是像简单平等所表明

---

① [美]沃尔泽:《正义诸领域——为多元主义和平等一辩》,褚松燕译,译林出版社2009年版,第21页。
② 同上书,第378—379页。
③ [美]沃尔泽:《论宽容》(前言),袁建华译,上海人民出版社2000年版,第2页。
④ [美]沃尔泽:《正义诸领域——为多元主义和平等一辩》,褚松燕译,译林出版社2009年版,第22页。
⑤ 这类似于安德森的观点,安德森说:"平等主义的正义,其恰当的消极目标不是从人类事务中消除残酷运气的影响,而是要终结压迫……其恰当的积极目标不是确保每个人得到其道德上应得的东西,而是要创造这样一个共同体,使人们在其中与他人处于平等的关系之中。"即平等的理念的目的是要使人能够作为社会平等者与他人彼此发生关系。参见 Elizabeth S. Anderson, "What Is the Point of Equality", *Ethics*, Vol. 109, No. 2, 1999, pp. 288–289, 313–314。
⑥ Michael Walzer, *Politics and Passion: Toward a More Egalitarian Liberalism*, New Haven: Yale University Press, 2005, p. 139.

或要求的那种人与人之间对善的获取或占有的形式上的数量关系，例如，相同的权利和法律地位，或者平等的资源和福利分配。对此，沃尔泽是这样说的："平等是人与人之间的一种复杂关系，由我们在我们中间制造、分享和分割的物品来调节；它并不是财产的等价物。"① 进一步说，与罗尔斯、诺齐克等分配正义理论家不同，沃尔泽并没有将分配的核心放在人们对善的占有的数量关系上，而是将分配的核心放在人们对善进行构思、制造、分享和分割的社会关系上。在分配中，人们之间的社会关系取代了善与善进行对比的数量关系。沃尔泽认为，平等不能与相等的财物画等号，甚至不能以获得的善的多少或者取得的成就的大小来衡量。复合平等意味着人们在社会关系上是一律平等的。获得的善的多少或者取得的成就的大小，并不必然影响人与人之间平等的社会关系。评判人与人之间是否是平等的，关键是要看人与人之间的社会关系或者社会地位是否是平等的——例如，看社会分裂成富人和穷人、掌权者和普通人、高级知识分子和教育落选者之后，在人与人之间是否存在一方颐指气使、盛气凌人，另一方则打躬作揖、谄媚奉承的现象；在人与人之间是否存在严重的不理解、不信任、不包容甚至是相互反对、相互攻讦的状态——而不是看人们对善的占有在数量上是否是相等的，在质量上是否是对称的。关于这一点，沃尔泽还举了一个教育分配的例子予以说明。沃尔泽指出："孩子们在一个复合分配制度安排中是平等的，他们接受的是一种公共教育，即使课程（以及教师们强调的方式不同或在一门课中不讲这个或那个地方）在各个地方略有变化；全体教员的内聚力和家长们的合作或批评热情也会有所不同。"②

正是因为复合平等的立意在于人们对善进行构思、制造、分享和分割的社会关系上而不是在于人们对善的占有的数量关系上，所以，沃尔泽突出地强调，"复合平等"的宗旨在于确保和维护人们的人格尊严平等。沃尔泽说，在复合平等社会里，"不再需要打躬作揖、谄媚奉承；不再有恐惧的哆嗦；不再有盛气凌人者；不再有主人，不再有奴隶"。③ 凡是有辱人格尊严的言行举止都要废止和破除。总之，在沃尔泽看来，对

---

① ［美］沃尔泽：《正义诸领域——为多元主义和平等一辩》，褚松燕译，译林出版社2009年版，第18页。
② 同上书，第264页。
③ 同上书，第4页。

善的占有可以存在一定的差别,但是,人们的人格尊严不应该存在差别,所有的人在人格尊严上都是一律平等的,绝不允许存在高低、贵贱之分。复合平等最重要的目标就在于实现每一个人的人格尊严平等。如果不能实现人们的人格尊严平等,分配正义将是没有意义的;而且,这样的分配迟早会引起人们的反抗乃至将人与人之间的矛盾与冲突引向暴力革命。沃尔泽多元主义分配正义论对人们的人格尊严平等的关注和捍卫是罗尔斯、诺齐克等分配正义理论家所不曾注意到的。从这一点来看,沃尔泽已经将罗尔斯、诺齐克等的分配正义理论往前明显地推进了一步,他不仅关注平等的一般内涵,而且将平等引到了整个社会的性质问题上。所以,在捍卫人的人格尊严平等问题上,沃尔泽的分配正义理论是可圈可点的。

从一定意义上讲,任何一种分配正义理论都必须要面对和处理"自由与平等"的关系这一问题。沃尔泽的分配正义理论也不例外。沃尔泽的复合平等理念是处理"自由与平等"关系的另一种途径。沃尔泽虽然被认为是一位社群主义者,但是,他并没有像桑德尔等社群主义者那样,将"平等"绝对地放在"自由"之上或是过度地贬低"自由",而是赋予了"平等"与"自由"各自应有的地位。在沃尔泽看来,自由与平等并不必然存在矛盾与冲突。自由与平等是相辅相成的。平等离不开自由,自由依赖于平等。没有自由的平等是不值得追求的平等,没有平等的自由也不是真正的自由。沃尔泽指出,复合平等能够将自由与平等很好地协调、融合和统一起来。复合平等不仅以保障自由为前提条件,而且还在为进一步实现人们更广泛的自由创造条件。复合平等实现的过程,就是自由不断推进和扩展的过程。在人们实现复合平等的过程中,自由也得到了保障和实现。所以,在沃尔泽看来,他提出的复合平等是"一个没有普罗克汝斯忒斯之床的平等主义;一个鲜活开放的平等主义,它不与'平等主义'一词的字面意思相合,而是与这一憧憬的更加丰富的层面相宜;一个与自由相一致的平等主义"。[①] 不难看出,在沃尔泽多元主义分配正义论当中,复合平等理念表现出了比较强的自由主义色彩。这也是沃尔泽不同于其他社群主义者的地方。

综上所述,复合平等是沃尔泽为他的分配正义理论所设定的理想目

[①] [美]沃尔泽:《正义诸领域——为多元主义和平等一辩》,褚松燕译,译林出版社2009年版,第4—5页。

标。如果不将分配的目标定位在复合平等之上，正义的分配活动将寸步难移。沃尔泽的多元主义分配正是在"复合平等"理念的引导下展开的。

第三节 独立自主：分配的根本法则

独立自主是分配的根本法则。在确立独立自主的根本法则之前，需要先对合理的垄断和反对支配进行一个阐述，这个阐述是为确立独立自主这个根本法则所做的理论铺垫。

一 合理的垄断

"垄断"是一个经常挂在人们嘴边的词汇或概念，但沃尔泽在这里所讲的"垄断"完全不是人们通常所讲的那个意义上的"垄断"。对于自己所讲的"垄断"，沃尔泽是这样描述的，他说，"当一个男人或女人，或世界上一个重要的君主——或一群男人或女人，以及寡头——能够成功地用一种善来对抗所有的对手，那么，这种善就是垄断性的。"[①] 显而易见，在沃尔泽这里，"垄断"并不是指某个人或者某个群体对某种善的把持与独占乃至霸占，而是指人们在公平、公正的环境中凭借自己的实力在众多竞争者中脱颖而出，从而赢得和占有某种善。

简单地讲，垄断就是合法地、排他性地占有或拥有某一种善。它主要包含两个方面的特征：第一，拥有合法性。垄断是通过公平竞争得来的，而不是通过坑蒙拐骗、巧取豪夺得来的，它以主体所拥有的实力为前提，而不是以主体所掌握的暴力为后盾；通过非法的坑蒙拐骗和暴力的巧取豪夺而占有某一种善不是垄断，而是掠夺。第二，拥有排他性。某个人或一群人一旦垄断某种善之后，其他人就不能再对这种善提出占有或使用的权利了。除非垄断者自愿地将自己垄断的善拿出来与其他人分享，或者，其他人通过自己的努力在这一领域取得比现有的垄断者更大的成功以至于拥有更强的垄断实力，否则，别人提出占有要求并付出行动就是不正当的。

[①] Michael Walzer, *Spheres of Justice: A Defense of Pluralism and Equality*, New York: Basic Books, 1983, p. 10.

在沃尔泽看来，人们对于分配领域中的垄断普遍存在不同程度的误解。人们误以为"垄断是不公正的"甚至是不合法的，因而"主张支配性的善不管是什么，应当重新分配，以便人们能够平等地或至少更广泛地分享它"。① 例如，罗尔斯的差别原则就是如此——它反对和抵制基于所学的技术与在大学和医学院里经过艰苦的竞争、奋斗的成功人士占有比同辈人更多的财富，除非这种更多的占有能够给最少受惠者带来利益增量。沃尔泽认为，罗尔斯之所以提出用差别原则来抗拒人们对善的垄断，其主要原因就在于罗尔斯并没有正视垄断的合理性与正当性。

因此，沃尔泽主张，不能对垄断进行干预，更不能运用国家权力对垄断进行矫正。垄断是对善的一种合法性占有。任何个人，只要他凭借自己的禀赋和通过自己的努力，就有机会垄断性地占有某一种善。而且，其他任何人都不能对这种垄断性的占有提出反对意见和表达不满。垄断的这种特性无疑有利于培养和促进积极向上的社会风气。在法治与制度比较健全的环境中，应该鼓励垄断的存在和发展。

沃尔泽强调，一个垄断事件只能发生在一个分配领域，而不能发生在所有的分配领域。在某一个领域，你可以凭借自己的禀赋和通过自己的努力，战胜所有其他竞争者从而独占某一种善，但是，你不能利用这种垄断性占有侵犯其他分配领域。沃尔泽说："从来没有一种社会善能够自始至终地支配（统治）所有领域的善；从来没有一种垄断是完美无缺的。"② 例如，作为一名科学家，你只能垄断科学领域的善，而不能进军政治领域并垄断政治领域的善；科学领域的才能只能在科学领域内发挥作用，在政治领域，它是发挥不了作用的，至少是不能很好地发挥作用的。再如，作为一名政治家，你只能垄断政治领域的善，而不能进军知识领域并垄断知识领域的善；政治领域的才能只能在政治领域内发挥作用，在知识领域，它也是发挥不了作用的。科学领域的才能与政治领域的才能、政治领域的才能与知识领域的才能是不能画等号的，科学、政治、知识等都不是完美无缺的，都只能在有限的特定的领域内发挥作用。沃尔泽如是说："每一种人类能力都应该得到发展和表达……如果那不是

---

① ［美］沃尔泽：《正义诸领域——为多元主义和平等一辩》，褚松燕译，译林出版社 2009 年版，第 12 页。

② Michael Walzer, *Spheres of Justice: A Defense of Pluralism and Equality*, New York: Basic Books, 1983, p. 11.

古怪的、道德上不可接受的……不是每一种社会善都应该分配给具有制造货币才能的人。"①

从垄断本身是有限度的观点出发，沃尔泽进一步指出，个人对善的垄断领域也是有限度的。换言之，个人不可能垄断所有领域的善，而只可能垄断某一个领域的善或者某几个领域的善。垄断所有领域的善，需要个人在所有的领域都取得成功；而事实上，这是根本不可能出现的。沃尔泽用一个例子对此进行了解释，他说："我们自由选出了一个人（没有考虑他的家庭关系和个人财富）做我们的政治代表，他同样是一个勇敢的、有创造力的企业家。当他年少时，他学习了科学，在每次考试中都名列前茅，并有重大发现。在战争中，他异常勇敢，赢得了最高荣誉。他自己是富有同情心的、引人注目的，并为所有认识他的人所爱戴。"②总之，按照沃尔泽的描述，这个被人们选出的政治代表是一个类似于上帝的全知全能的人。然而，沃尔泽并不相信存在这样的一个全知全能的人。"有这样的人吗？"他说，"可能有，但我还是有所怀疑。"③ 这是一个虚构的故事，故事中的主人翁也只是人们幻想出来的一个传奇式人物。实际上，世界上不可能出现这样的一个万能人。一个人无论多么聪明、多么勤奋，他/她也不可能做到全知全能，他/她也不可能超越人性的弱点而成为一个"神人"。既然不可能在每个分配领域都取得成功，所以，他/她就不可能垄断所有领域的善。

当然，沃尔泽也暗示，垄断形成之后并不是永恒不变的。这是因为，垄断是以实力为前提的，即以"随时都能成功地用一种善来对抗所有的对手"为基础的；一旦垄断者的实力不及别人，即垄断者不能运用自己所垄断的善随时应对来自外面世界的挑战，那么，垄断就会发生改变，垄断者手中的善就会易手。曾经的垄断者就会失去他过去垄断的某种善，而战胜者将接过这种善，从而成为新的垄断者。新的垄断者同样要随时准备着应对来自其他人的挑战。所以，垄断者为了维护自己对某种善持久的垄断权，就需要不断进取以保障自己的核心竞争力。例如，一位篮

---

① Michael Walzer, *Radical Principles: Reflections of an Unreconstructed Democrat*, New York: Basic Books, 1980, p. 240.
② ［美］沃尔泽：《正义诸领域——为多元主义和平等一辩》，褚松燕译，译林出版社2009年版，第21页。
③ 同上。

球运动员因自己精湛的篮球技艺而垄断着篮球运动领域的分配，为了始终保持自己对篮球运动领域的分配垄断权，他就需要不断地提高自己的球技，以防止别人超过自己。事实上，在现实社会中，长期保持对某种善的垄断是很困难的。正所谓"江山代有才人出，一代新人胜旧人"。在人才不断更新且竞争日趋激烈的背景下，垄断便会经常发生易手，这是正常的社会现象。

二 反对支配

在前面讨论垄断时，我们已经初步涉及沃尔泽多元主义分配正义论当中的另外一个核心概念——支配。支配是与垄断密切相关且非常容易混淆，并在沃尔泽看来已经被人们混淆的一个概念。如果从词语的表面意思来看，支配与垄断似乎是无区别的。而且，在日常生活中，人们也时常是将支配与垄断混用乃至并用。与通常的情况相反，沃尔泽认为，支配与垄断之间的差异是很大的。支配是一个比垄断更为复杂的概念，基本上，它"是一个更为精巧的社会创造，一个混合了现实与象征并经由许多工序制成的杰作"。[1] 与对垄断持辩护的态度不同，沃尔泽自始至终都对支配持反对态度。在沃尔泽看来，分配正义绝不允许支配有立足之地。沃尔泽为什么要强烈地反对支配呢？对于这个问题，我们将遵循沃尔泽的解释做出回答。

对于"支配"的含义，沃尔泽也做了一个比较直观的描述，他是这样说的："如果拥有一种善的个人因为拥有这种善就能够支配大量别的物品的话，那么，我将称这种善是支配性的。"[2] "这种支配性的善或多或少有规律地转化成所有其他种类的东西——机会、权力和名誉。"[3] 由此可见，"支配"是指人们用一种善来免费获取其他善的过程，它的显著特征就是善的跨领域的非法攫取或占有。进而言之，支配性的善并不仅仅局限在它的意义所指向的一个特定的分配领域，而是能够染指与它的意义并不直接相关的其他分配领域乃至所有的分配领域。用沃尔泽的话说，

---

[1] Michael Walzer, *Spheres of Justice: A Defense of Pluralism and Equality*, New York: Basic Books, 1983, p. 11.

[2] [美]沃尔泽：《正义诸领域——为多元主义和平等一辩》，褚松燕译，译林出版社2009年版，第10页。

[3] 同上书，第12页。

某个人因为拥有某种最好的东西，"别的东西就源源不断地到他的手了"。① 总之，支配意味着一种善能够转换成另一种乃至许多种其他的善。如果借用映射的语言来说，支配的核心思想就是由"一"对应"多"，甚至由"一"对应"所有"。进一步来说，支配实质上是对人们对于善的不同理解即不同的善的意义的粗暴践踏，而"践踏这些理解（通常）就是不正义的行动"。②

沃尔泽还说："'支配'一词描述了一种社会物品的使用方式，这种方式并不局限于物品的固有含义，或者说，用自己的形象塑造着这些物品的含义。"③ 沃尔泽的这句话是不容易理解的，但理解了这句话就可以进一步认识支配的含义及其主要特点。沃尔泽的意思是，支配性的善对于它的拥有者来说，不仅仅意味着一种排他性的所有权——这是垄断性善的拥有者也具有的，而且，还意味着一种扩展性的使用权——这是垄断性善的拥有者并不具有的。换言之，拥有某种支配性的善的人能够利用支配性的善去染指和侵占其他的分配领域。从善的本质来讲，任何一种善相对于它的特定的拥有者来说，它的意义都是特定的和唯一的。支配性的善也不例外，它也不能具有多种乃至无穷多种意义。但是，由于支配性的善具有一种潜在的侵略力量，从而使它能够衍生出各种非其所属的意义来。在这样的情况下，支配性的善的拥有者就可以从一个分配领域进入到多个分配领域乃至所有的分配领域。而在沃尔泽看来，这就是名副其实的暴政："一种对并非自然而来的东西的不断攫取，一种试图在自己范围外进行统治的无情斗争。"④

按照马克思主义的说法，意识形态从来不是凭空产生的，它总是回应现实的需要而产生，并为现实的政权及其统治者服务。这一点也可以从支配性的善中得到印证。沃尔泽说："垄断一种支配性的善的要求……构成了一种意识形态。"⑤ 那么，这种意识形态具体又是什么样的呢？沃

---

① ［美］沃尔泽：《正义诸领域——为多元主义和平等一辩》，褚松燕译，译林出版社2009年版，第10页。
② Michael Walzer, *Spheres of Justice: A Defense of Pluralism and Equality*, New York: Basic Books, 1983, p. 314.
③ ［美］沃尔泽：《正义诸领域——为多元主义和平等一辩》，褚松燕译，译林出版社2009年版，第10页。
④ 同上书，第373页。
⑤ 同上书，第11页。

尔泽认为，这种意识形态的"标准形式是通过一个哲学原则作为中介将合法占有与某些个人品质结合起来"。① 换言之，就是某个人或某个集团确立和运用某种哲学原则，为其依据某种品质占有某种支配性的善作合法性论证和辩护。这样的事例非常多，例如，血统论与智力论者发明和确立了贵族政治的分配原则，从而替他们垄断不动产财富和家族名誉作合法性辩护；懂得上帝之语的人发明和确立了"神权至上"的分配原则，从而替他们垄断神恩和宗教职务作合法性辩护；自诩为天才的人发明和确立了精英统治的分配原则，从而替他们垄断教育作合法性辩护；敢于冒险的人发明和确立了自由交换的分配原则，从而替他们垄断流动资产作合法性辩护，等等。一言以蔽之，以不同的原则为内核的意识形态会竭力服从和服务于对支配性的善的垄断性占有。

在沃尔泽看来，运用意识形态为垄断性地占有某种支配性的善作合法性的论证和辩护并不必然是错误的——个别原则在特定领域确实是公正的，而且，替这种垄断性地占有某种支配性的善作合法性论证和辩护的意识形态还有可能被人们广泛信奉为真理。② 例如，贵族政治、神权至上、精英统治、自由交换，等等，就曾一度受到人们的认可与信奉。但是，由于以上垄断性占有并不是一种普通的垄断性占有，而是会演变和发展成为一种支配性占有，即血统论与智力论者、懂得上帝之语的人、自诩为天才的人、敢于冒险的人，都会因为自己垄断某种支配性的善而对其他分配领域甚至所有的分配领域的善提出不正当的占有要求，并会借助于强力乃至暴力来使自己的要求变为现实——这在人类历史上是非常普遍的现象。因此，沃尔泽指出，不管从前为垄断某种支配性的善所作的意识形态辩护是多么的感人至深和引人入胜，但是，经过一段时间后，这种对支配性的善的垄断性占有及其侵犯其他分配领域的行为就会激起整个社会的愤恨与抵抗。

沃尔泽也认为，支配性的善是历史性的，即在不同的历史时期，相应地就有不同的支配性的善。例如："在资本主义社会，资本是支配性的，并容易转化成特权和权力；在专家治国社会，技术知识扮演着同样

---

① ［美］沃尔泽：《正义诸领域——为多元主义和平等一辩》，褚松燕译，译林出版社2009年版，第11页。
② 同上书，第12页。

的角色。"① 某种善能不能成为支配性的善，主要取决于时代的总特征与总需要。沃尔泽还指出，垄断性的善和支配性的善之间并不是截然分开的，在一定条件下，垄断性的善也可以演变为支配性的善。例如："当物品稀缺而需求广泛时，如同沙漠中的水，垄断本身就会使该物品占据支配地位。"② 不过，此时的支配性并不是一种积极的支配性，而是一种消极的支配性。进而言之，这种支配性并不是由垄断者主观造成的，而是由特定的善在特定条件下所具有的特殊功能所造成的。换言之，垄断者主观上并没有侵占其他分配领域的意愿，而是特定的善在特定条件下所具有的特殊功能使善侵入到其他的分配领域，进而使垄断性的善变成支配性的善而侵占其他领域。

沃尔泽说，"对于一种支配性的善的垄断性控制造就了一个统治阶级，其成员高踞分配体系之巅"。③ 社会的其他人则匍匐在支配性善的垄断者即统治阶级面前。在分配活动中，社会的普通成员丧失了绝大部分乃至全部的话语权，他们对社会各领域中的善不能提出任何的分配要求，否则，就会受到掌握支配性的善的力量的镇压。沃尔泽进一步指出，支配性的善还可以分为两种情况：第一，如果支配性的善不是政治权力而只是其他的善，例如，资本、知识、名誉等，那么，这种支配性的善的垄断者就还不足以形成"分配帝国主义"以至于进军其他所有的分配领域。在这种情况下，总还有一些分配领域是支配性的善不能进入的。第二，如果支配性的善是政治权力，那就另当别论了，而且，那种情况要复杂得多，也要严重得多——因为"政治权力可能是人类历史上……最危险的善"。④ 这也是沃尔泽最为担忧和尤为警惕的一类支配性占有的问题。

在沃尔泽看来，垄断支配性的善的最极端的形式就是一个人或者少数几个人垄断和控制国家的政治权力。沃尔泽指出："在人类历史的大部分时期，政治领域是建立在专制主义模式之上的，权力被一个人垄断，他所有的精力不仅投入到控制边界内的分配活动中，而且投入到跨越边

---

① 参见［美］沃尔泽《正义诸领域——为多元主义和平等一辩》，褚松燕译，译林出版社2009年版，第11页。
② 同上。
③ 同上。
④ 同上书，第14—15页。

界并控制每个分配领域的活动中。"① 垄断和控制国家政治权力实质上就是专制暴政。在沃尔泽看来，专制暴政的危害是极其严重的，"他们并不不分配诸领域，而是破坏它们；他们并不捍卫社会意义，而是践踏它们"。② 这样一来，社会对关键物品即重要善的既有共识就会被专制暴政从根本上予以破坏和颠覆，从而使人们对长期延续下来的社会秩序产生不信任与疏离感。没有了共识，社会冲突也就会持续不断地发生——不仅发生在支配性善的垄断者与普通人之间，而且也会发生在普通人与普通人之间。更有甚者，大规模的以推翻专制暴政的社会革命也是有可能爆发的。事实上，历史上的暴力革命确实是由少部分人乃至一个人垄断政治权力和推行专制暴政侵犯所有的分配领域而引发的。

总之，对于分配领域中的支配性占有或统治，沃尔泽自始至终都是极力反对的。在沃尔泽看来，垄断是可以允许存在的，但支配性的统治却必须要予以消除。垄断"不会对我们的尊严造成公开侮辱，不会否定我们的道德或政治能力。（而）相互尊重和一种达成共识的自尊是复合平等的深层力量，它们合在一起则是复合平等可能的耐久性的源泉"。③ 相反，支配性的占有和统治不仅会破坏我们社会的正常的分配秩序，而且会严重地伤害人们的尊严、道德和政治能力。

三 独立自主

在对垄断与支配的含义以及两者的区别做了详细的解析尤其是对潜伏着巨大危害的支配做了批判之后，沃尔泽明确指出："我们应该将注意力集中到减少支配上，而不是，或者不主要是集中在打破或限制垄断上。"④ 减少支配，就是让各个分配领域遵循和贯彻独立自主的分配标准。对此，沃尔泽这样说道："我们虽然不能分离个人，但是，我们却可以分离制度、实践与关系。"⑤ 而且，"我一直抱着这样的假定：社会意义需要

---

① Michael Walzer, *Spheres of Justice: A Defense of Pluralism and Equality*, New York: Basic Books, 1983, p. 282.
② ［美］沃尔泽：《正义诸领域——为多元主义和平等一辩》，褚松燕译，译林出版社2009年版，第335页。
③ 同上书，第379页。
④ 同上书，第17页。
⑤ Michael Walzer, "Liberalism and the Art of Separation", *Political Theory*, Vol. 12, No. 3, 1984, pp. 315–330.

诸领域的自主，或者相对自主；因此，它们大部分时间都是如此"。① 在沃尔泽看来，"尽管它（指'相对自主'——笔者加注）并非是一个检验所有分配的唯一标准，但它仍然是根本的"。② 总之，就实现分配正义而言，相对意义上的独立自主是至关重要的，它是一个"管总"的原则，具体来说，独立自主要求"社会不同的善应当基于不同的理由、依据不同的程序、通过不同的机构来分配"。③ 进而言之，"每个人支配他自己的领域而不是其他领域，不同的回应对应不同的品质，爱是魅力的适当回应，恐惧是对力量的回应，相信是对学习的回应"。④ "人们生活在不同的领域中，适应不同的角色，遵守不同的规则，发挥不同的才能，形成不同的认同"⑤，那么，这样一来，复合平等就是可能的。

那么，如何减少支配从而让各个分配领域按照独立自主的分配标准来进行分配呢？在沃尔泽看来，其根本的方法就是："必须从所有领域的内部来捍卫。"然而，这看起来比较简单，但实践起来却并不是那么容易的，而是会面临诸多的困难。

沃尔泽认为，这种困难首先表现在各个分配领域的界限并不是完全清晰的。为什么各个分配领域的界限不是完全清晰的呢？这是因为，分配领域是由善的社会意义所决定的，而善的"社会意义在任何社会都不是完全清楚明确的"⑥，因此，分配领域的界限相应地也是不清晰的。既然分配领域的界限是不清晰的，"我们就决不会知道恰好在哪里筑起樊篱是合适的；它们没有天生的位置。……边界对于变换的社会意义来说是脆弱的，我们别无选择，只能忍受造成这些变换的持续不断的刺痛和侵袭"。⑦ 也就是说，独立自主并不是天然就存在的，而是只能通过我们后天的努力即阻止支配去创造和实现的；而且，要想从根本上阻止支配从

---

① ［美］沃尔泽：《正义诸领域——为多元主义和平等一辩》，褚松燕译，译林出版社2009年版，第28页。
② 同上书，第10页。
③ 同上书，第4页。
④ Michael Walzer, *Radical Principles: Reflections of an Unreconstructed Democrat*, New York: Basic Books, 1980, p. 244.
⑤ D. Miller and M. Walzer eds., *Pluralism, Justice, and Equality*, Oxford: Oxford University Press, 1995, pp. 296–297.
⑥ ［美］沃尔泽：《正义诸领域——为多元主义和平等一辩》，褚松燕译，译林出版社2009年版，第9页。
⑦ 同上书，第377页。

而实现严格的独立自主也是不可能做到的,"我们至多只能寻求相对的自主"。①

沃尔泽进一步认为,除各个分配领域并不是完全清晰的从而导致实现分配领域的独立自主面临着不可克服的困难以外,实现分配领域的独立自主所存在的困难还表现在对支配性的善进行控制上。这是因为,支配性的善一旦形成后,它就是极不容易控制的;在对支配性的善进行控制和破除时,支配性的善的占有者必定会做垂死挣扎——没有一个既得利益者愿意主动放弃自己的既得利益,"触动利益比触及灵魂还难"②,这已经被历史实践多次证明。在这样的情况下,凭借着自己对政治生活多年的观察与阅历,沃尔泽指出,要对支配性的善进行控制,一个相对有效的办法就是在各种支配性的善之间制造势均力敌的均衡状态,让各种支配性的善相互掣肘、相互制衡。

沃尔泽是这样论述的:"无限的财富能够购买职位和权力,无限制的权力也能够控制市场和塑造专业职位。"③ 因此,"我们被告知,无论何时,只要国家官员的权力不受金钱的权力制衡,他们就会成为暴君。因此,可以由此推导出:无论何时,只要财富不受强政府的制衡,资本家就会变成暴君"。④ 从中可以看出,对于权力和金钱的支配性统治行为即跨界分配行为,沃尔泽是明确主张用"金钱制衡政治权力"同时也用"政治权力制衡金钱"的方式即权力与金钱相互制衡的方式来予以解决的。在沃尔泽看来,只有让金钱和政治权力相互制衡,才能使金钱和政治权力都不至于越过各自所在的分配领域而侵占其他分配领域的善,进而实现权力领域与金钱领域乃至其他领域分配的独立自主。这也是孟德斯鸠等人的"分权制衡"思想的运用。只不过,沃尔泽将政治领域的分权制衡理念扩展到了包括政治领域和经济领域在内的所有的分配领域。在主张用相互制衡的方式阻止权力和金钱的跨界分配行为时,沃尔泽还苦口婆心地补充道:"我们告诉雄心勃勃的官僚,他们在制度的阶梯上只

---

① [美] 沃尔泽:《正义诸领域——为多元主义和平等一辩》,褚松燕译,译林出版社2009年版,第10页。
② 王长江:《触动利益缘何难于触及灵魂》,《人民论坛》2013年第31期。
③ Michael Walzer, "Justice Here and Now", in Frank S. Lucash, Ithaca, *Justice and Equality: Here and Now*, New York: Cornell University Press, 1986, p. 144.
④ [美] 沃尔泽:《正义诸领域——为多元主义和平等一辩》,褚松燕译,译林出版社2009年版,第374页。

能往上爬这么高：无限的权力是他们永远达不到的。同样，我们也可以告诉雄心勃勃的企业家，他们在发财的道路上只能走这么远：无限的财富是他们永远达不到的。"①

如前所述，诚然，沃尔泽对于强大的国家权力会变成一种危险的善进而侵犯个人的合法权利是表示担忧的，不过，为了控制支配性的占有，在虚弱的民主与强大的国家权力之间，沃尔泽还是明显地倾向于后者，即他坚决主张实行一定的国家集权甚至是专制；在沃尔泽看来，权力"是分配正义至关重要的代理人；它警戒着每一种社会善在其中得以分配和配置的领域的边界"②，只有实行国家集权乃至一个霍布斯所说的"利维坦"，才能"建立一套关系以使控制（支配）成为不可能"③，才能对邪恶的支配性的善进行约束。当然，沃尔泽所主张的国家集权乃至专制并不是针对普通民众的，而主要是针对支配性善的占有者的；而且，沃尔泽所主张的国家集权本身也不是完全无限制的，而是必须要接受宪法以及权力制衡机制的严格约束。而且，这在当代资本主义的民主国家基本上已经做到了。正因如此，沃尔泽对于他所主张的用国家集权乃至专制来控制支配还是比较有信心的。总而言之，在沃尔泽看来，为了实现独立自主，必须同时在两个方面进行努力：一方面，权力必须维系，必须被动员；另一方面，权力必须受到约束，必须被分割、被制衡。④

沃尔泽认为，各个分配领域实现了独立自主之后，社会将恢复到正常的竞争状态，任何人只要拥有一定的实力，他／她就能够在相关领域获得成功，并因此被分配到相应的善。那时，人们将和平共处，团结互助，既没有弱肉强食，也没有尔虞我诈。整个社会朝气蓬勃，一片欣欣向荣。正如沃尔泽所憧憬的那样，"如果我们打破这种支配，我们就会看到新的人们——先前消极的微不足道的人们——突然在意想不到的方面有所擅长，并一举成名，甚至说在他们自己的领域取得领导地位"⑤，"一旦我们打倒了每一个不正当的支配性，民主政治就成为一个确定的号召，它使

---

① Michael Walzer, "Justice Here and Now", in Frank S. Lucash, Ithaca, *Justice and Equality: Here and Now*, New York: Cornell University Press, 1986, p. 143.

② ［美］沃尔泽：《正义诸领域——为多元主义和平等一辩》，褚松燕译，译林出版社 2009 年版，第 334 页。

③ 同上书，第 21 页。

④ 同上书，第 334 页。

⑤ 同上书，第 3 页。

人们在公共场合行动并知道自己是公民，既有能力为自己和他人选择目的地和接受风险，也有能力巡查各分配领域的边界并维护一个公平的机会"①，"当某个领域背景中的成功，不可以转化为另一个领域背景中的成功时，现代社会才可以享受到自由和平等"。② 沃尔泽对独立自主能够带来美好景象的信心与信念是不言而喻的。

在坚持独立自主这个根本的分配标准的前提下，沃尔泽进而提出了"经常被论证为分配正义的起源和目的"③ 的三个核心分配原则：自由交换、归于应得和满足需要。在沃尔泽看来，"这个三个原则都有真正的力量，但没有一个有跨越所有分配领域的力量，它们都只是故事的一部分，而非全部"。④ 换句话说，三个分配原则均不能相互替代，它们各自只能适用于不同的分配领域，在各自所属的分配领域发挥作用。沃尔泽是根据什么归纳出这三个分配原则的？这三个原则的具体内涵是什么？它们各自的使用范围是什么？这是我们接下来将要讨论的问题。

---

① 参见［美］沃尔泽《正义诸领域——为多元主义和平等一辩》，褚松燕译，译林出版社2009年版，第368页。

② Michael Walzer, *Thinking Politically: Essays in Political Theory*, New Haven: Yale University Press, 2007, p. 58.

③ ［美］沃尔泽：《正义诸领域——为多元主义和平等一辩》，褚松燕译，译林出版社2009年版，第22页。

④ 同上书，第23页。

第四章　多元主义分配正义的核心原则

分配原则是分配正义理论的核心内容。在沃尔泽看来，分配正义原则应该建立在善及其社会意义的基础上，而由于善及其社会意义是多种多样的即多元的，因此，分配正义原则也应该是多元的。不过，沃尔泽认为，在诸多的分配正义原则当中，有三个分配原则是核心的，它们是自由交换、归于应得和满足需要。自由交换、归于应得和满足需要三个原则不能履行分配一切善的使命，而只能在各自的分配领域发挥着作用。自由交换是自愿性的分配原则，它建立在人们对善拥有"持有的权利"的基础；归于应得是对称性的分配原则，它要求将善分配给那些最有资格且对他/她的表现能下定论的人；满足需要是保底性的分配原则，它主要是为了使分配的善保障和维护人作为"人"的底线和尊严。

第一节　自由交换：自愿性的分配原则

一　持有的权利

沃尔泽指出，在人类社会中，绝大多数善都是依据"自由交换"的原则来分配的；换言之，自由交换是世界上运用得最频繁的分配正义原则，即"世界第一原则"。沃尔泽说，"自由交换显然是无穷无尽的；它不保证有特定的分配结果"[①]，"为了从这一有价值物品转变成那一现金价值，一系列转换是必要的。……没有理由认为不能做这些转换；事实上，这些转换每天都在进行"[②] 事实上，在沃尔泽之前，已经有亚里士多德

[①]　[美]沃尔泽：《正义诸领域——为多元主义和平等一辩》，褚松燕译，译林出版社2009年版，第23页。

[②]　同上书，第109页。

和霍布斯将"自由（交换）"视为社会正义的重要方面即交换正义的四大原则（效率原则、平等原则、自由原则、秩序原则）之一。① 从形式上看，沃尔泽的"自由交换"原则与亚里士多德和霍布斯的"自由"原则并没有什么明显的区别。然而，从本质上看，尤其是从它们得以成立的依据来看，沃尔泽的"自由交换"原则与亚里士多德和霍布斯的"自由"原则却是完全不同的。亚里士多德和霍布斯的"自由"正义原则更多地来源于人们的直觉，而沃尔泽的"自由交换"原则却有独特的逻辑和依据。也就是说，沃尔泽是基于其他方面的原因而将"自由交换"视为分配正义原则的。

那么，沃尔泽是基于什么理由将"自由交换"作为一种分配正义原则呢？我们暂且先不对这个问题做全面而深入的分析，而是顺着沃尔泽的思路，去逐步寻找回答以上问题的线索。

关于交易一类的问题，沃尔泽说，"每一宗交易、贸易、销售和购买将是那些知道物品的社会意义的人，事实上也是意义的制造者们自愿达成的。每一个交换都表现了社会意义"。② 很显然，沃尔泽的这段话至少表达了这么一层意思，即所有善的"自由交换"都是建立在各种善的社会意义的基础之上的，善的"自由交换"实质上是善的社会意义的"自由交换"。也就是说，善的"自由交换"是与善的社会意义相契合的。既然善的"自由交换"是与善的社会意义相契合的，而善的分配原则又是由善的社会意义所决定的，那么，"自由交换"也就顺理成章地能成为一种分配正义原则。沃尔泽这样思考问题，是完全符合逻辑的。不过，如果我们仅仅止步于以上这个答案，是远远不够的，这既没有完全回答沃尔泽将"自由交换"作为分配正义原则的原因，更没有真正地理解沃尔泽多元主义分配正义论。因此，我们还需要做进一步分析。

如果将前面的问题做一个同义转换，它就可以变为，"自由交换"为什么能够成为一种正义分配原则呢？对于这个问题，沃尔泽确实没有止步于前面的思考，而是做了更深入的论述。在沃尔泽看来，"自由交换"之所以能够成为一种分配正义原则，关键在于我们每一个人对于手中的

---

① 参见马文彬《20 世纪中国正义问题研究综述》，《上海交通大学学报》（社会科学版）2001 年第 2 期。
② ［美］沃尔泽：《正义诸领域——为多元主义和平等一辩》，褚松燕译，译林出版社 2009 年版，第 23 页。

善拥有"持有的权利"。换言之,"自由交换"原则是建立在人们对善的"持有的权利"的基础之上的。也许有人会产生这样的疑问:这不是与沃尔泽所讲到的"善的意义决定善的分配原则"相悖吗?实质上,并不相悖。这是因为,"持有的权利"决定"自由交换"原则正好顺应了沃尔泽所讲的"善的意义决定善的分配原则"的逻辑。具体而言,对于持有者来说,"持有的权利"是各种用于自由交换的善所具有的根本意义。换言之,人们对善的持有,其背后的深层次意义就是"持有的权利"。[①] 与善的一般社会意义,例如,食用、燃烧、灌溉等不同,"持有的权利"是更为根本和更为抽象的意义。

众所周知,从洛克为"财产所有权"做合法性辩护以来,古典自由主义思想家如诺齐克就一直以毫不妥协的勇气主张和捍卫每个人对于通过正当与合法的方式和程序所获得的善拥有神圣不可侵犯的"持有的权利"。在他们看来,只要获取善的方式和程序是正当的与合法的,那么,个人手中所掌握的善就不能以任何名义被别人掠夺,除非个人自愿地转让自己所掌握的善。而且,他们还指出,在人们所享有的诸多权利中,"持有的权利"是最为根本、最为重要的权利,没有"持有权利",其他权利都是空中楼阁。

按照古典自由主义思想家的观点,"持有的权利"可以衍生为两个层面的含义:一个层面是获取的权利,另一个层面是转让的权利。"获取的权利"是"转让的权利"的基础,而"转让的权利"是"获取的权利"的延伸和拓展。从本质上讲,"转让的权利"是为了再一次地实现"获取的权利"。但不管如何,"获取的权利"和"转让的权利"都集中统一于人们有权自主地处理自己所掌握的所有的善。自由交换正好是其表现形式。既然对善的持有是一种神圣不可侵犯的权利,那么,人们当然就可以实行对善的自由交换。所以,在沃尔泽看来,"自由交换"之所以能够成为分配正义原则,主要原因就在于我们对特定的善拥有"持有的权利"。或者说,善对于我们所具有的"持有的权利"的意义,就是"自由交换"原则得以成立的根本原因。

在沃尔泽这里,如同在古典自由主义思想家那里一样,人们所持有

---

① 我们持有某种善,这种善对于我们的意义就"持有的权利",好比我们食用一个面包,那个面包对于我们的意义就是"食用"。

的善不仅包括可见之物，例如，货币、衣帽、汽车、房子，等等，而且还包括不可见之物，例如，友谊、爱情、知识、权力，等等。可见之物在人与之间可以进行自由交换，这是毫无疑问的，例如，在当今的市场经济中，大部分的交易都是此类交换；而不可见之物，沃尔泽认为，也可以在人与人之间进行自由交换。沃尔泽用恋爱交换与爱情交换的例子进行了解释。他说："个人恋爱领域就像商品市场一样，只不过这些商品都是他们自己拥有的：自我的赠予和自我的自愿交换是标准的交易。"①人们之间谈恋爱，就是人与人之间自由地交换爱情。他继续说："舞会是一种市场，年轻人，尤其是女孩们，是商品；而一起散步是一种试探性交换。"② 总之，只要人们对某一种善拥有"持有的权利"，人们就可以用这种善与别人进行自由交换。

二　市场与再分配

沃尔泽将"自由交换"定位为市场交易领域的根本分配原则，是不无道理的。然而，正如一些反"市场至上"的思想家所指出的那样，市场并不是完美无缺的，它经常会出现失灵，尤其是会造成社会财富的两极分化，以至于使一部分人大富大贵，而使一部分人陷入赤贫状态。从本质上看，沃尔泽的"自由交换"分配原则肯定了市场的至高无上的地位，而这无疑会进一步加剧财富的过度集中和社会的两极分化。对于这个问题，沃尔泽是如何看待的呢？他又是如何提出自己的解决办法的呢？

从人类社会的发展来看，市场交易是迄今为止最为普遍，也是最有效的分配方式。沃尔泽说："每一套商品的数量常常都是很大的，而挑选它们的标准方式是市场交换。"③ 在善的诸多分配方式当中，市场交易是首屈一指的。沃尔泽进一步说："市场关系反映着一种适用于所有那些被认为可以销售的社会物品（而不适用于那些不可销售的物品）的特定道德共识。"④ 在沃尔泽看来，市场交易建立在人们对用于交易的善的道德共识的基础之上。换言之，人们对交易的善的道德共识是善的交易得以进行的前提条件。

---

① ［美］沃尔泽：《正义诸领域——为多元主义和平等一辩》，褚松燕译，译林出版社 2009 年版，第 280 页。
② 同上书，第 280 页。
③ 同上书，第 117 页。
④ 同上书，第 118 页。

正因如此，沃尔泽对市场交易也是极为推崇的。他说："关于买和卖没有什么可耻的——想要占有那件衬衫（穿上它，并让别人看到你穿着它），或者想要拥有这本书（阅读它，并在它上面做记号）并不让人丢脸；并且，用一定的价钱来获得这些东西也没什么丢脸的——即便因为价格太高以至于我不能同时把衬衫和书都买下来。"① 沃尔泽对市场的赞美和推崇也可以从中管窥一斑。

当然，沃尔泽在推崇市场交易的同时，并没有忽视市场交易有可能产生的社会问题。沃尔泽认为，市场交易的确存在着极大的风险，也会造成社会的贫富分化。但是，对于"自由交换"原则主导的市场交易有可能造成的贫富差距问题，沃尔泽是乐观的，他认为，不需要给予过分的担心。用沃尔泽的话来说，"商人赚的钱和不同消费者积累的东西都不构成对复合平等的威胁——如果货币和商品领域的范围是适当的话"。② 进而言之，市场交易所造成的财富积累是很正常的事情，只要财富的积累不去侵犯其他的领域，就不应该对其进行干预和控制。而且，沃尔泽认为，"市场越完美，收入的不平等就越小，失败就越少"。③ 由此看来，沃尔泽对市场是高度自信的。

在沃尔泽看来，即使市场交易造成了社会的贫富分化，但也能够采取一定的措施来制止社会状况的进一步恶化。这个措施就是：可以适当地向富人征税，并以公共福利的形式将通过税收积累起来的财富分配给那些包括在市场交易中的失败者在内的处于社会底层的弱势群体，例如，用公用款为他们支付人身安全、公共崇拜、公民自由、学校教育和医疗保健等属于成员资格的权利。固然，沃尔泽主张要对市场交易进行征税，然而，他又并不完全反对税收批评者的言论，他也认同税收批评者所提出的征税"导致成员资格的负担太重，它们约束了正当的娱乐，不适当地限制了货币和商品领域的风险和刺激"④ 的观点。只不过，沃尔泽在这一问题上的看法更为理性和谨慎，他认为："在某个税收水平，如果不必

---

① Michael Walzer, *Spheres of Justice: A Defense of Pluralism and Equality*, New York: Basic Books, 1983, pp. 109–110.
② [美]沃尔泽：《正义诸领域——为多元主义和平等一辩》，褚松燕译，译林出版社 2009 年版，第 124 页。
③ 同上书，第 133 页。
④ 同上书，第 137 页。

然在主流水平的话,就不能说政治共同体侵犯了货币领域,它只不过是宣布了自己的领域罢了。"① 也就是说,征税不应该完全被废止,而是应该控制在一定的度上——在这里,沃尔泽为提出"满足需要"的分配原则埋下了伏笔;废止税收,或者超过了一定的度的税收,都是不合理的,也是不正义的。

虽然沃尔泽并不担心市场交易容易造成财富向一部分人倾斜的后果,但他却担心财富积累有可能带来的其他后果。沃尔泽指出,在市场交易中,既有成功,也有失败。失败是没有什么问题可言的。而且,对于失败者,"我们不能保护他们,使他们免予市场风险(主要还存在市场);我们只能使他们免予进一步的贫困和人格耻辱的风险"。② 但是,对于市场中的成功,我们却需要对其给予关注。这是因为,成功会引发新的问题。"第一,从市场中提取的不只是财富,还有声望和影响;第二,由其所带来的权力配置"。③ 换言之,财富的积累会增加成功者获取声望、影响乃至权力的机会。这正是沃尔泽所担心的市场交易可能造成的跨界分配问题。为此,沃尔泽主张:"当市场分配不再维持在适当的范围内时,我们就必须注意政治再分配的可能性。"④

沃尔泽认为,与市场交易相似的分配方式,还有赠送,它是一种特殊的分配善的方式,这种分配方式主要有礼物赠送和遗产继承。关于"礼物赠送",沃尔泽这样说道:"市场交换不是唯一的方式:礼物赠送是一个重要的替代性选择。"⑤ 按照沃尔泽的理解,"礼物赠送"即使不与市场交易完全相同,它也具有市场交易的一些重要特征和重要内涵。沃尔泽继续说:"在今天的美国,赠送是由商品决定的。如果我能够占有这个东西并用它交换别的东西(在货币与商品领域),那么,我无疑可以把

---

① [美]沃尔泽:《正义诸领域——为多元主义和平等一辩》,褚松燕译,译林出版社2009年版,第137页。

② 同上书,第126页。

③ Michael Walzer, *Spheres of Justice: A Defense of Pluralism and Equality*, New York: Basic Books, 1983, p. 110.

④ [美]沃尔泽:《正义诸领域——为多元主义和平等一辩》,褚松燕译,译林出版社2009年版,第137页。

⑤ 同上书,第117页。

它赠与我中意的任何人。……更确切地说,我不能拥有的,我就不能赠与。"①

沃尔泽指出,限制赠送是一个比较普遍的现象,这在部落法、封建法中都有渊源,而在近代的法国大革命中更有清晰的体现。人们为什么要限制遗赠和继承呢?按照部落法、封建法尤其是法国大革命的呼声,其"主要目的,正如每一种其他形式的再分配一样,是保护不同领域的边界"。② 进一步来说,限制遗赠和继承因能够保护分配领域的边界而应该给予同情和支持。然而,在沃尔泽看来,"能够被拥有的也就是能够被赠送的;单方面的赠与因其形成于我们自己的社会而成为货币和商品领域的一种独特现象"。③ 换言之,沃尔泽认为,应该允许一定范围之内的遗赠和继承的存在,而不能完全地限制或者禁止赠送;对于遗赠和继承,可以实施有针对性的限制或者禁止,例如,对"专业地位或公共荣誉"的遗赠给予禁止,而对于"一般财富"的遗赠不予禁止。总而言之,按照沃尔泽的意思,"无疑,赠与,如我们所了解的……是一种对所有权的出色表达。只要它们在它们的领域内行动,我们就有理由尊重把他们的钱赠给他们爱的人或他们所献身的事业的那些男人和女人,即便他们的行为造成了不可预知和不均衡的分配结果"。④

三 受阻的交易

"自由交换"原则能够在市场交易领域广泛适用,但它能够普遍适用吗?这是一个不可回避而又事关其他分配原则的问题。在沃尔泽看来,这个问题的答案是否定的。而且,沃尔泽在回答这一问题时,表现出了他一贯的坚定和毫不妥协的态度。下面,我们就来看看沃尔泽是如何对这个问题进行详细解答的。

沃尔泽这样说:"商人迎合我们的欲望,但只要他不出售人口、选票或政治影响,只要他不在干旱时期囤积小麦,只要他的汽车不是死亡的陷阱,他的衬衫不会燃烧,那么,这种迎合就是无害的。"⑤ 反之,如果

---

① [美] 沃尔泽:《正义诸领域——为多元主义和平等一辩》,褚松燕译,译林出版社 2009 年版,第 140 页。
② 同上书,第 146 页。
③ 同上。
④ 同上书,第 147 页。
⑤ 同上书,第 124 页。

商人出售人口、选票或政治影响，在干旱时期囤积小麦，出售设有死亡陷阱的汽车、会燃烧的衬衫，等等，那么，这种迎合或者说这类交易就是有害的，因而是要禁止的。受奥肯的影响①，沃尔泽将这类交易统一称为"受阻的交易"。沃尔泽指出，对于"受阻的交易"，"自由交换"的分配原则是绝不能适用的。对此，换一种类似的说法，"如果不是在一个官方市场中，这种交换是非正式的"。②

关于"受阻的交易"，沃尔泽首先讲了一个非常有名，而且发人深思的故事——美国1863年的征兵。这个故事的情节大致是这样的：美国内战期间，南北双方势均力敌，战斗打得非常激烈，联邦政府的士兵伤亡惨重，以至于急需大量的男子到前线参战。为此，美国陆军部颁布了一个《征兵法案》。并且，为了减少阻力，《征兵法案》中写上了这么一条规定：对于任何一个被列入征兵名册的男子，只要他愿意并有能力提供300美元给替身，他就可以免除服兵役的义务。也就是说，只要一个待役男子向国家交纳300美元的免役税，他就可以不用奔赴战场参战；反之，如果一个待役男子奔赴战场参战，他就可以获得300美元的奖励。依据前面的"持有权利"的道理，这两个交易都是没有问题的：男子对300美元拥有"持有权利"，或者对自己的生命拥有"持有权利"，因而，他就能够用300美元去换取生命，或者能够用生命去换取300美元。但是，这在当时却激起了美国社会的轩然大波，人们普遍抗议和抵制这种交易。

为什么会出现这样的结果呢？这是因为，大多数人都认为：一个人的生命，尤其是在让一个人的生命处于危险的状态时，是绝不能拿到市场上（用金钱）进行交易的——不管金钱的数目是多么的巨大，不管个人的生命是多么的卑微。对此，沃尔泽是这样解释的："并不是因为300美元是太过便宜的一个价格，也不是因为危险工作在劳动力市场上不能卖到比这更多或更少的价钱。相反，国家不能在把一项危险工作强加到一部分公民身上的同时，使另一部分公民出价免除这种义务。"③ 事实上，

---

① 参见［美］阿瑟·奥肯《平等与效率：重大的抉择》，陈涛译，中国社会科学出版社2013年版，第13—15页。

② ［英］布莱恩·巴利：《作为公道的正义》，曹海军、允春喜译，吉林出版社2004年版，第241页。

③ ［美］沃尔泽：《正义诸领域——为多元主义和平等一辩》，褚松燕译，译林出版社2009年版，第111页。

奥肯也持有同样的观点，他说："权利不能买卖……不管是为了得到额外的其他权利，还是为了得到金钱或财物，权利的所有者，都不能把一项权利卖给另一个人。"① 一言以蔽之，人的生命权是不能与金钱画等号的；而且，作为一项公共事业，也是不能纳入私人交易的。

沃尔泽认为："市场中所发生的事情至少近似于平等主体之间的交换（自由交换）。"② 进而言之，尽管"自由交换"的结果可能不是对等的（事实上，善与善之间的交换不可能在数量与质量上实现完全对等），但是，在交换过程中，进行善的"自由交换"的各方主体的地位必须是对等的，任何人都不能凌驾于他/她人之上，使其他/她人匍匐在自己的金钱或者淫威之下。尽管"任何人都不能因出身低微或在政治上无权而被剥夺市场上的可能机会"③，但是，"人和人的自由是不可销售的，可以销售的只是他们的劳动力和他们所做东西。（动物之所以可以销售是因为我们认为它们没有人性，尽管自由对它们中的一些来说无疑是一种价值。）然而，个人自由不是反对征召和关押的证据；它只是反对买卖的证据。"④ 简言之，凡是违背平等和自由进而有损人们的人格尊严的交易都是被严格禁止的。

沃尔泽还认为："每一个交换都必须是讨价还价的结果，而不是一个命令或最后通牒的结果。"⑤ 市场交易就是一个相互协商的过程，它是建立在广泛的共识的基础之上的，是交易各方共同认可的。任何一方都不能把单方面的意志强加给另一方，更不能以威胁的方式逼迫对方就范。例如："感情必须是相互的，探戈要两个人跳。"⑥ 如果是单方面的施舍，或者是单方面的强加，那就不是真正的爱情或感情。即使双方达成了婚姻交易，其婚姻关系也不会长久持续。在沃尔泽看来，"集体的讨价还价……并不保证一个比公共供给所能提供更好的交易，但它帮助支撑市

---

① ［美］阿瑟·奥肯：《平等与效率：重大的抉择》，陈涛译，中国社会科学出版社2013年版，第6页。
② ［美］沃尔泽：《正义诸领域——为多元主义和平等一辩》，褚松燕译，译林出版社2009年版，第138页。
③ 同上书，第135页。
④ 同上书，第113页。
⑤ 同上书，第138页。
⑥ 同上书，第277页。

场的完整性"。① 进而言之，市场的完整性离不开讨价还价，交易的持续性离不开讨价还价，社会的稳定性更离不开讨价还价。沃尔泽指出，当一个人陷入"绝望"的境地时，他就会失去志气与自信。在这样的情况下，他/她很容易受到别人的控制，从而与别人达成一种"绝望交易"。从实践经验来看，"绝望交易"是不利于市场的平稳运行的。为此，沃尔泽特别强调："如果市场要平稳地运行，'出于绝望的交换'必须被禁止。"②

沃尔泽进一步认为，市场交易针对非公共性的并由个人所合法持有的善，而那些公共性的且不属于任何特定个人的善是不能被贴上价格标签，也是不能够拿到市场上进行交易的。如果拿到市场上进行交易，就违背了作为公共福利的善的本义和市场交易的本质。而且，人们订立社会契约、建立国家的目的，就是为了向人们提供基本的公共福利；特别是对于那些市场交易中的失败者，国家要时刻准备着为他们提供基本的社会救助和福利保障，以防止和阻止他/她们的生存处境继续恶化。对此，沃尔泽说："经济失败，不管伴随着怎么样的斯文扫地，在法律意义上和在社会意义上都决不应该有使公民资格贬值的效果，如果它确实有这样的效果，那么，我们就必须寻求救济措施。"③ 奥肯也说过类似的话："每一个人，不管他的个人品质和支付能力如何，当他面临严重的疾病或营养不良时，都应接受医疗照顾和食品救济。"④ 国家的救助保障是确保公民资格得以实现的根本防线，无论在什么时候，无论以什么理由，这一道防线都不能被市场交易突破。

在对"受阻的交易"的内涵与特征进行分析的基础上，沃尔泽一共列举了社会中存在的14类"受阻的交易"，它们是：（1）人口；（2）政治权力和影响；（3）刑事司法；（4）言论、新闻、宗教、集会自由；（5）婚姻和生育权；（6）离开政治共同体的权利；（7）免除服兵役、免于陪审团职责、免除其他任何形式的公共工作的义务；（8）政治职位；（9）基本的福利服务如警察保护或初级、中级学校教育；（10）绝望交

---

① ［美］沃尔泽：《正义诸领域——为多元主义和平等一辩》，褚松燕译，译林出版社2009年版，第138页。
② 同上。
③ 同上书，第120页。
④ ［美］阿瑟·奥肯：《平等与效率：重大的抉择》，陈涛译，中国社会科学出版社2013年版，第12页。

易；（11）多种奖品和荣誉；（12）神的恩宠；（13）爱和友谊；（14）犯罪性出售，等等。按照沃尔泽的说法，这份清单是非常全面的，几乎没有什么遗漏——事实上，沃尔泽并不能完全列举出所有的范畴，即他一定会遗漏某些关键范畴。在沃尔泽看来，虽然这些"受阻的交易"在主观上是被严格禁止的，但是，在一些特定的场合还是会出现这些"受阻的交易"；而发生这些"受阻的交易"，对现代社会的自由、民主、文明和进步将是一个极大的威胁和破坏。所以，沃尔泽认为，对于这些"受阻的交易"，是绝不允许运用"自由交换"原则来进行分配的。也就是说，"自由交换"原则并不适合解决这些特殊领域的分配问题。

第二节　归于应得：对称性的分配原则

一　凭什么应得

自古希腊以来，"应得"经常被思想家确立为重要的甚至是唯一的分配正义原则[①]，例如，柯亨[②]、戴维·米勒[③]和麦金太尔[④]等就明确指出，分配正义在某种意义上意味着"应得"，古代社会的正义原则就是按照功绩和应得来定义的。在多元主义分配正义中，沃尔泽也将"应得"作为分配正义的一个核心原则。不过，与其他分配正义理论家不同，沃尔泽对"应得"原则的理解与看法却有着独特的思路。什么是应得？或者说，凭什么应得？沃尔泽也并没有像前述的几位思想家那样给出直观的定义，他只是说："如果不关注 X 是什么，那么，说 X 是应得的在概念上就是不可能的。"[⑤] 他还说，"我们不能说这个人或那个人应得的是什么，除非我

[①]　在古希腊，"应得"具有两种特别的含义：一是意味着"道德的应得"，二是与某种社会地位或等级相关。参见姚大志《再论分配正义——答段忠桥教授》，《哲学研究》2012 年第 5 期。

[②]　参见 G. A. Cohen, *Rescuing Justice and Equality*, Cambridge: Harvard University Press, 2008, p. 7。

[③]　参见［英］戴维·米勒《社会正义原则》，应奇译，江苏人民出版社 2008 年版，第 39—40 页。

[④]　参见［美］麦金太尔《谁之正义？何种合理性？》，万俊人等译，中国当代出版社 1996 年版，第 48 页。

[⑤]　［美］沃尔泽：《正义诸领域——为多元主义和平等一辩》，褚松燕译，译林出版社 2009 年版，第 25 页。

们知道这些人是如何通过他们生产和分配的东西而彼此相联系的"。① 由此，不难得知，沃尔泽在这里主要讲到了两个层面的意思：一个层面是善对于它的领受者而言具有特定的意义；另一个层面是善的领受者与善之间存在着特定的对应关系。那么，这两个层面的意思合在一起，就是"应得"所具有的基本内涵，也就是"应得"原则的基本要求。事实上，沃尔泽的"应得"观念与约翰·凯克斯对"应得"的理解是非常相似的。约翰·凯克斯曾经指出："应得是相对于行为者而言的……它的基础是关于行为者的事实……是行为者的某种特性、关系、协议或行为。"② 约翰·凯克斯的这段话非常有助于我们理解沃尔泽的"应得"原则。

易言之，在判断是否应得时，既要看善的领受者，更要看善所具有的社会意义及其与领受者的关系。人们通常认为，某个人或某个群体在某一方面表现得很突出，甚至其表现达到了极致，那么，他/她或者他/她们就应得某种善。在沃尔泽看来，这是一种非常错误的看法；当然，它也是一种不容易驳斥的看法。沃尔泽指出，一个人的表现再好，也只是具备了"应得"之说得以成立的一个方面的条件；如果要使"应得"之说完全成立，必须还要看是否具备另一个方面的条件——善及其社会意义与它的承受者是否具有内在的必然联系。善及其社会意义若是与它的承受者没有内在的必然联系，那么，这种善也不能说是承受者应得的。沃尔泽举了一个十分有趣的例子，他说：一个英俊的年轻人爱上了一个美丽的女子，并为之付出了很多代价，但是，由于作为善的爱情与这个年轻人并不具有内在的必然联系，因此，就不能说这个年轻人"应得"这个特定的女子去爱。而且，即使是这个年轻人为这个女子付出生命的代价或者殉情，他也最多只能博得这个女子以及其他/她人的同情和惋惜，而仍然不应该说他应得这个女子的爱情。人们不将这个女子的爱情分配给这个年轻人，并非不正义。在沃尔泽看来，无论如何，爱情都不能用应得原则来分配，而只能运用前面所讲到的自由交换原则来分配。

根据应得建立在善的社会意义基础之上这一论点，沃尔泽进一步提出了自己关于"应得"原则的观点。他指出，在某种程度上，"应得"带

---

① ［美］沃尔泽：《正义诸领域——为多元主义和平等一辩》，褚松燕译，译林出版社2009年版，第369页。
② ［美］约翰·凯克斯：《反对自由主义》，应奇译，江苏人民出版社2003年版，第162页。

有必然性和绝对性，它不能通过偶然性因素来评判。不管外界的因素如何变化，该是"应得"的就是"应得"的，不是"应得"的也永远不可能成为"应得"的。"应得"既不以个人的意志为转移，也不以外界的变化为依归，它只认定善的社会意义以及由善的社会意义所直接派生的价值标准。所以，沃尔泽说："除非有独立于人们在这一时刻或那一时刻恰好产生的需要的价值标准，不然就根本不会有应得之说。"① 在沃尔泽看来，任何一个"应得"都是具体的和实在的，都是在特定的环境中形成或者产生的，而不是抽象的，不是由人主观地想象和随意地认定的。沃尔泽由此还指出，人们对"应得"也不能做预先的判定，而只能等事件发生之后，才能根据实际的结果如实地去做出评判。总之，在事件没有落地即终结的情况下，没有任何人能够评判谁应得，凭什么应得，以及应得什么。②

沃尔泽认为，不管在哪一种社会，不管人们承认与否，"应得"都是客观存在着的。但是，要让所有的"应得"都由观念上的认可变成事实上的确认，并不是一件容易的事情。这要看社会条件与制度环境。例如，在专制社会，即使某个人因为某种事由而被人们普遍认为"应得"某种善，但由于专制统治者的胁迫与暴力恐吓，"应得"也不能走向并最终成为现实。像这样的阻止"应得"走向现实的事例在世界各国都时有发生，甚至是屡见不鲜的。不过，在民主社会，个人的合法权益有制度与法律作为保障，任何侵犯个人的合法权益的行为——无论是个人行为，还是集体行为，都会受到法律的追究与制裁。"应得"作为一种合法权利，X也受到相应的法律保障，而不能被任意剥夺。所以，沃尔泽说："对应得的男女的承认，以及对所有应得的男女的承认，只有在民主国家才是可能的。……民主政权与其他政权……相比，有更多的英雄，更多有进取心的公民，更多愿意为公共善牺牲自我的公民。"③ 民主制度能够保证"应得"得以顺利实现，也能够阻止"不应得"的发生。正因为如此，社会充满着正气与正义。

---

① ［美］约翰·凯克斯：《反对自由主义》，应奇译，江苏人民出版社2003年版，第162页。
② 参见［美］沃尔泽《正义诸领域——为多元主义和平等一辩》，褚松燕译，译林出版社2009年版，第122页。
③ 同上书，第317页。

在市场分配领域中,"应得"是一个极具争议的问题。沃尔泽没有回避这一问题,而是做了富有启发性的探讨。当然,这也是对前面讲到的市场中要运用"自由交换"原则所做的一个补充性论证。现代社会充满着激烈的竞争,市场经济的竞争首屈一指。各行各业的从业者都竭尽全力参与市场角逐,并希望从竞争中脱颖而出,以获得与自己的付出相适应的最好是对等的回报。然而,就现实情况来看,市场中的失败者是前赴后继的,而胜利者也经常是朝不保夕、瞬息万变的。无论是胜利者,还是失败者,无一不纠结于自己的收获是否是"应得"的。市场中究竟有没有"应得"呢?沃尔泽认为:"在市场中,风险是寻常之事,准备就绪去冒险是一种美德。"① 市场"并不承认应得。首创精神、进取心、创新、努力工作、讨价还价、不计后果的赌博、天才的堕落:所有这些有时都会得到回报,有时却不会"。② 市场中的成功不是"应得"的,市场中的失败同样也不是"应得"的。市场竞争中有太多的人为不能控制的因素,用"应得"去评价市场竞争中的成败并不合适,也没有必要。在这里,沃尔泽显然与哈耶克的思想观点表现出了高度的一致性。哈耶克也不承认市场中有"应得"和正义之说。不过,在沃尔泽看来,虽然市场不是以"应得"的原则向竞争者提供回报,但是,从总体上讲,市场最终提供的回报基本上还是与竞争者各种各样的努力相适应的。③ 这也是由市场经济自身的规律与原则所决定的。

在沃尔泽看来,除市场领域不适合运用"应得"原则之外,"在大多数社会物品的分配中,应得起的作用很小;甚至在公职和教育领域,它的作用也只是最低限度的和间接的。对于成员资格、福利、财富、艰苦的工作、休闲、家庭之爱和政治权力,它根本不起作用(而对于神的恩宠,我们不知道它是如何起作用的)"。④ 尽管运用"应得"原则的场合并不是很多,但是,沃尔泽认为,有一个领域必须要运用"应得"原则,这个领域就是公共荣誉领域。"公共荣誉的关键标准是应得。"⑤ 公共荣誉

---

① [美]沃尔泽:《正义诸领域——为多元主义和平等一辩》,褚松燕译,译林出版社 2009 年版,第 121 页。
② 同上书,第 123 页。
③ 同上书,第 123 页。
④ 同上书,第 308 页。
⑤ 同上书,第 307 页。

包括正面的荣誉和负面的荣誉。不管是正面的荣誉，还是负面的荣誉，都必须要授予"最应得"的人，这是一条永恒不变的铁律。正面的荣誉，例如，恭顺的尊敬、特别的关注、仪式上的尊崇，等等，都应该授予"应得"它们的人。[1] 同样地，负面的荣誉，例如，惩罚、制裁、屈辱等，也都应该授予"应得"它们的人，而不是给予那些最有能力承担它们的人，也不是给予那些在众多人当中进行随机挑选的人。[2] "应得"原则对于公共荣誉的分配是至关重要的。如果公共荣誉不能给予"应得"人，整个社会将会陷入混乱之中，善行就得不到弘扬，恶行也得不到抑制。

当然，"应得"往往也是与人的尊严联系在一起的。沃尔泽说："有自尊心的公民是一个自主的人……更普遍地讲，有自尊的公民将不会追求他不可能体面地拥有的东西。"[3] "应得"本身就意味着体面和荣誉。这可以从两个方面来进一步理解：一方面，人们得到"应得"之善，既是对尊严的体现，也是对尊严的进一步维护；另一方面，人们得到"不应得"之善，不仅会伤害自己的尊严，而且还会遭到来自各方面的讨伐与攻击。人们也许对"应得"并不是很敏感，但是，人们对于"不应得"却是高度敏感的。一旦身边有人得到了"不应得"之善，人们就会如坐针毡、心绪难安，这不仅源于人们对其他人所得的嫉妒心理，更源于人们对社会正义的追求与捍卫。总之，为了维护自己的尊严，我们必须追求"应得"的而远离"不应得"的。

综上所述，在沃尔泽看来，"应得"是分配正义的一个极为重要的原则。而且，能够称得上"应得"的，一定要有极强的理由，即具备"全因"。也就是说，"应得"原则要求善与善的承受者之间具有严格的对称性关系，不具有严格的对称性关系，就不能说是"应得"的。用沃尔泽的话来说："应得似乎要求特定物品与特定个人之间有一种非常紧密的联系，而正义只在有的时候才要求那样一种联系。"[4]

二 应得与资格

在解释"应得"的分配原则时，沃尔泽发现，在传统的分配正义理

---

[1] ［美］沃尔泽：《正义诸领域——为多元主义和平等一辩》，褚松燕译，译林出版社2009年版，第317页。
[2] 同上书，第319页。
[3] 同上书，第333页。
[4] 同上书，第26页。

论那里,"资格"通常被思想家作为与"应得"同义的概念而交替使用。例如,精英统治思想家在论述职位的分配时,就经常以重叠的方式来使用"资格"与"应得"。他们这样说:"公职应该由最有资格的人来担任,因为资格是应得的一种特殊情况。人们也许应得、也许不应得他们的品质,但他们应得那些与他们的品质相符的职位。"[1] 简言之,对某一职位最有"资格",就"应得"某一职位——这也是罗尔斯分配正义原则"职位依系于机会公平平等的条件向所有人开放"的题中应有之义。在沃尔泽看来,如果继续模糊地将资格与应得作为同义概念来使用,那么,一方面,会严重地扭曲"应得"的本义;另一方面,也会损害"应得"作为多元主义分配正义原则的有效性。因此,沃尔泽决定对"应得"与"资格"做一个清晰的区分。

沃尔泽认为,"应得"与"资格"存在着显著的区别。在分配过程中,有些善可以说是"应得"的,但有些善并不能说是"应得"的而只能说是对其拥有一种"资格"。沃尔泽紧接着指出:"应得表示一种非常严格的权利,因此,所有权先于选择并决定选择;而资格是一个松散得多的概念。"[2] 它"是突出的品质或与一个特定职位有关的品质"。[3] 也就是说,"应得"表明善与它的承受者之间具有一种严格的对应关系或遵循着事实上的"因果律"——善是"全属"于它的承受者的,承受者是善的"全因",而善是承受者的"全果",这就跟物体与镜子之间的反映关系一样精确。"资格"虽然也表明善与它的承受者之间存在着密切的关系,但这种关系还没有发展到严格对应的地步,善并不是"全属"于它的承受者的,承受者并不是善的"全因",善也不是承受者的"全果"。对此,沃尔泽举了一个关于奖金和职位的例子予以说明。他说:"一项奖金可以是应得的,因为它已经属于工作表现最好的人;它的存在只是确认那个人而已……相较而言,职位不应该是应得的,因为它属于那些服务于它的人,而他们或他们的代理人可以自由地做出他们喜欢做出的任

---

[1] [美]沃尔泽:《正义诸领域——为多元主义和平等一辩》,褚松燕译,译林出版社2009年版,第155—156页。
[2] 同上书,第157页。
[3] 同上书,第166页。

何决策。"① 如果能够透彻地理解奖金与职位的区别，那么，就能清晰地把握"应得"与"资格"的区别。

沃尔泽进一步认为，"所有的职位都是保留给或潜在地保留给政治共同体的成员的"②，在职位被分配时，共同体的任何成员都"有被考虑的权利"，但"对特定职位的竞争是一场没有特定的人应得胜利的竞争"。③有的人胜利了并获得了一个职位，这只能说他"被考虑的权利"即资格变成了现实，而不能说这个职位就是他应得的；而且，即使其他的比这个胜利者更优秀的人没有被人们选中从而失去了职位，那也不能说这不是失败者应得的。沃尔泽指出："职位持有者应当被严格地限定在他们的职位的目标上。"④ 而职位的唯一评价因素就是职位的目标即服务于公民的事业。因此，在职位这个问题上，没有所谓的"应得"之说，而只有"资格"之说。如果使用"应得"去描述公职持有者与他的职位之间的适合性，那"应得"这个词的色彩就显得过于强烈了。⑤ 例如，一个医学院的学生通过了医学领域的权威考试，这只意味着他/她具有参加竞争实习医生或住院医生的"资格"。但是，如果他/她在竞争中失败了，就不能认为他/她没有得到他"应得"的善。即使他/她在实习医生或住院医生的资格竞争中胜利了，实习医生或住院医生也只是他/她的一个资格，而不能说成是他/她"应得"的善。再比如，一个外国专家有"资格"在本国取得教授一职，但丝毫不意味着这位外国专家"应得"本国的教授一职——即使他/她在科学领域取得了举世瞩目的伟大成就，并且为本国的经济和社会的发展与进步做出了巨大的贡献，也不能说他/她"应得"本国的教授之职。我们不说这位外国专家"应得"本国教授一职，也并非不正义。

"资格"为什么不能等同于"应得"呢？对于这个问题，沃尔泽做了进一步的解释。他仍然选取了奖金与职位这两个例子。沃尔泽说，奖金是对特定的工作的奖励，而这个特定的工作一定是完成了的，对于完成

---

① ［美］沃尔泽：《正义诸领域——为多元主义和平等一辩》，褚松燕译，译林出版社 2009 年版，第 157 页。
② 同上书，第 170 页。
③ 同上书，第 157 页。
④ 同上书，第 155 页。
⑤ 同上书，第 156 页。

了的而且质量居于上乘的特定的工作给予奖励才可以说是"应得"的。如果没有完成这个特定的工作，或者这个特定的工作还在进行中，那就不可能产生奖金，更不可能说奖金是"应得"的。奖金是对某一个确定的时段（一定有起点和终点）的事件的确认，它是"应得"得以成立的基础性条件。而且，即使获得奖金的劳动者在以后的工作中表现并不佳，人们也不能向他/她追回奖金，当然也不能说他/她之前获得的奖金不是他/她"应得"的。然而，职位则不同，职位的获得者不是一劳永逸的，他/她要不断地接受公共审查，即不断地接受职位的服务对象（如病人、公民、学生等）的评判。职位只有起点，没有终点。既然职位没有终点，而是一直处于进行时中，那么，就不能说那些通过了各种考察而占据着特定职位的人"应得"那个职位，而只能说他/她拥有占据那个特定职位的"资格"。沃尔泽指出，如果坚持说某人"应得"某个职位，那就必须要求他/她的（内在的和外在的）表现与职位的要求呈"同进同退"的形式发展，并且做到在占据或拥有职位的整个时空范围内与职位的要求完全契合和一致——而绝不能只是选择性地或概率性地契合或一致，但是，我们知道，在现实社会中是没有人能够做到这一点的。总之，在沃尔泽看来，"应得的归属是部分地向后看、部分地向前看的。它向后寻找它的基础，向前提出对相应的利益或伤害的要求"。[1]

"应得"与"资格"所存在的差别，也影响了人们的选择范围，并从内在逻辑上（社会的和道德的）决定着选择的结果。究竟是"应得"还是"资格"呢？人们的选择是完全不一样的。在沃尔泽看来，如果某种善是某个人"应得"的，那么，人们就不会有多余的空间去做出选择，而只能根据实际情况去确认善的承受者。在这样的情况下，人们的认定将直接决定分配是否正义。如果人们的认定错了，分配就是非正义的。例如："公共荣誉就是这样一种善，而我们无须长时间地或深入地思考它以便认识到除非有应得的男女，否则它实际上就不会作为一种善存在。"[2]如果某种善只是一种"资格"，那么，人们就有足够的空间在众多候选人中做出选择。人们如何做出选择，一方面，取决于善的候选人的表现；

---

[1] ［美］约翰·凯克斯：《反对自由主义》，应奇译，江苏人民出版社2003年版，第163页。
[2] ［美］沃尔泽：《正义诸领域——为多元主义和平等一辩》，褚松燕译，译林出版社2009年版，第309—310页。

另一方面，也取决于选择者（仲裁人）自己的兴趣与志向。在这样的情况下，选择与正义没有必然的联系。即使人们做出的选择与诸位候选人的实际表现的排序相悖——例如，医院的职工没有将院长职位给予一位学识最高、修养最好、人脉最广的最合格候选人，而是给予了一位在各方面都不及前者的候选人——那也不能说是非正义的。总之，在职位的选择上，我们是自由而轻松的。"作为医院员工，我们选择我们的同事；作为市场中的个人，我们选择我们的专业顾问。"① 我们选择同事、专业顾问，与是否"应得"没有必然的联系，因而，也不会引起正义与不正义之争。

既然"应得"与"资格"的差别得到了澄清，那么，精英主义提出的"将公职授给最有资格的人"或者"最有资格的人应得公职"的主张就是站不住脚的。在沃尔泽看来，无论是谁——不管他/她的表现与某一个公职的标准和要求有多么的接近，他/她都不能说自己应得某一个公职，而只能说自己享有某一个公职的资格。这不仅是因为公职持有者与公职本身存在着一定的差距，而且还因为人类的理性根本就不能建构一套精英选择机制以选出最有资格的人。例如，根据沃尔泽的阐述，即使是在选拔人才方面取得了极大成就的中国古代科举取士制度，事实上，它也没有帮助皇帝真正选拔出治国理政的最合格的精英人才。因此，沃尔泽直言不讳地指出："严格地讲，并没有像精英主义统治这样的东西。特定的选择总是得在可能的'优点'或更准确地说，在人类品质的范围内以及具有相关品质的个人之间做出……没有一个人有权利占有这个职位或该职位有什么优先权；也不存在任何唯一的品质或品质的客观排序与一个可能做出的非个人的选择相符合。"②

应该说，沃尔泽对"应得"与"资格"所做的区分是十分到位和十分深刻的，也是有重大理论意义和现实意义的，这不仅进一步夯实了"应得"作为多元主义分配正义的原则的理论基础，而且也为人们正确地使用"应得"与"资格"提供了坚实的理论依据。综合前面的论述，我们在此对"应得"与"资格"的区别做一个总结，以进一步加深人们对

---

① ［美］沃尔泽：《正义诸领域——为多元主义和平等一辩》，褚松燕译，译林出版社2009年版，第159页。

② 同上书，第165页。

"应得"与"资格"的理解：在沃尔泽那里，"应得"更多的是从道德上讲的，它旨在表明一种"实质合法性"，重在强调"天经地义"与"实至名归"；而"资格"更多的是从制度和规则上讲的，它旨在表明一种"程序合法性"，重在强调"选择即合理""既选之，则安之"。正因为如此，两者对确认者（或仲裁人）或选择者的道德要求也是不一样的——对善的"应得"的确认，要求确认者或仲裁人必须坚守"天地良心"，道德至上；① 而对善的"资格"的选择，只需要选择者做到"知人善任""问心无愧"就算可以了。

三 应得的难言之隐

我们可能都会有这个切身感受：看到或者说起"应得"，我们总是会显得格外的严肃，甚至是一种紧张与不安。为什么会有这样的感受呢？这源于我们内心对"应得"的一种审慎与敬畏。事实上，从沃尔泽的话语中，我们也感受到了他对"应得"的这种敬畏以及他在将"应得"作为分配正义原则的一种少有的谨慎。沃尔泽说："应得是一个强有力的主张，但需要艰难的判断；而只有在非常特殊的条件下，它才能产生具体明确的分配。"② 沃尔泽的话并非耸人听闻。的确，"应得"是神秘的。首先，从语义学上讲，"应得"并不是一个说得清、讲得透的概念；其次，作为一种分配正义原则，"应得"更是有它的限度甚至是不容易弄清楚的抽象性和模糊性。

沃尔泽清醒地认识到，尽管"应得"是一个重要的分配原则，但是，绝对的"应得"是不存在的，任何"应得"都只能是相对意义上的"应得"。例如，在沃尔泽所举的那个关于"奖金"的例子中，奖金的获得者难道就一定"应得"那份摆在他面前的奖金吗？在上帝没有发表意见之前，没有人敢做出肯定的回答。为什么呢？在沃尔泽看来，这是因为，"我们不是神，而且，我们绝不会有足够的理性与知识去对其他人的品质和表现做出真实的评价。"③ 换言之，我们对他人做出的评价与严格的"应得"是没法进行比照的，两者之间是否存在差距以及如果存在差距又

---

① 参见［英］布莱恩·巴里《正义诸理论》，孙晓春、曹海军译，吉林出版社2011年版，第66—67页。
② ［美］沃尔泽：《正义诸领域——为多元主义和平等一辩》，褚松燕译，译林出版社2009年版，第27页。
③ 同上。

存在多大的差距也是无从得知的。在这样的情况下,我们当然就不能给出是否"应得"的肯定回答。

沃尔泽进一步指出,我们在做出是否"应得"这个结论时,事实上并不是很顺利的,而是会面临着曲折与艰难。让先天就存在缺陷的我们在诸多的竞争者中间尤其是在差别不大的众多竞争者中间进行选择,这个选择实在是不容易做出来的——一方面,是由于我们的理性是有限度的,这使我们很难接近事实的真相与事物的本质;另一方面,是由于我们每个人都不是天使,这又使我们自己抵制不了来自外界的诱惑从而有可能做出违心或者错误的选择。沃尔泽这样说:"有时候,真理是他们无法触及的,而他们发现自己是在竞争者中进行选择的。有时候,他们也犯错误;有时候个别成员被腐蚀或有派性。有时候,分歧太深而根本不可能做出判决;有时候,成员们只是在讨价还价。"①

当然,正是因为做出"应得"的选择容易受选择者主观因素的严重影响,所以,在实行"应得"原则之前,我们就必须要设计好各种制度,将选择者置于制度的笼子中,以防止他们做出与"应得"背道而驰的选择。用沃尔泽的话来说:"再重复一次,我们不是神,也决不会真正确信无疑,但我们必须设计分配制度,以便使我们尽量接近确定无疑。"② 就当代西方国家来说,它们在实现"应得"分配原则的制度设计方面,还是做得比较好的。关于这一点,沃尔泽也是比较自信的,他没有在这方面提出过多的想法。

总而言之,根据沃尔泽的思想,"应得"离我们的距离究竟有多远,凭我们现有的主客观条件,我们是无从得知的。换言之,对于严格意义上的"应得",我们并不能做出精确的判断。但是,沃尔泽同时也指出,我们并不能因此就否定"应得"的客观存在,尤其是否定那些"相对应得"的客观存在。如果我们站在"绝对应得"根本不存在的立场上就去完全否定"相对应得"的合理性,那将会使我们陷入价值虚无主义的困境当中。这样一来,就会造成严重的负面后果:一方面,会导致分配活动无法进行;另一方面,会导致社会秩序乃至政治秩序的混乱。

---

① [美]沃尔泽:《正义诸领域——为多元主义和平等一辩》,褚松燕译,译林出版社2009年版,第312页。

② 同上书,第319页。

第三节 满足需要：保底性的分配原则

一 做人的底线与尊严

在自由交换、归于应得之外，沃尔泽还提出了多元主义分配的第三个正义原则——满足需要原则。熟悉西方政治思想史的人都知道，沃尔泽并不是第一个将"需要"纳入分配正义原则的思想家；在沃尔泽之前，还有一些思想家也曾将"需要"纳入分配正义原则当中，其中，影响最大的当属马克思。马克思的"按需分配"原则出现在他对共产主义的描述中："在共产主义社会高级阶段上，在迫使人们奴隶般地服从分工的情形已经消失，从而脑力劳动和体力劳动的对立也随之消失之后；在劳动已经不仅仅是谋生的手段，而且本身成了生活的第一需要之后；在随着个人的全面发展生产力也增长起来，而集体财富的一切源泉都充分涌流之后，——只有在那个时候，才能完全超出资产阶级法权的狭隘眼界，社会才能在自己的旗帜上写上：各尽所能，按需分配！"① 按照流行的说法，"按需分配"是指"分配的生活资料按人头来分，不按照贡献大小来分，不按照投资额来分，每个人想要什么就分配什么，想要多少就分配多少"。稍作比较不难发现，沃尔泽所讲到的"满足需要"的分配原则与马克思所主张的"按需分配"原则明显不是一回事。沃尔泽的"满足需求"原则是从特殊意义上讲的，而马克思的"按需分配"原则是从普遍意义上讲的。沃尔泽的"满足需要"原则主要是或者更多的是为了保障人们"做人的底线与尊严"，它是一种"保底性"而非"无限性"的分配原则。沃尔泽的"满足需要"可以在历史上找到一个非常近似的观点甚至是思想源头。古雅典的政治家梭伦曾表达过这样一个观点："我给了一般人民以恰好足够的权利，不使他们失掉尊严，也不给他们太多。"② 在这段话中，梭伦虽然没有明确提及"满足需要"几个字，但已经表明了"满足需要"的基本含义。梭伦的这段话，也可以帮助我们进一步理解沃尔泽的"满足需要"原则的内涵。

---

① 《马克思恩格斯选集》（第三卷），人民出版社1972年版，第12页。
② ［古希腊］普鲁塔克：《希腊罗马名人传》（上卷），商务印书馆1995年版，第185页。

在沃尔泽看来，人的一生中离不开各种各样的善。在与人们密切相关的各种善中，有些善是一般性的善；而有些善是特殊性的善，或者称为基本的善。一般性的善的多少或者有无对于"人之为人"不会构成实质性的影响，例如，高档汽车、豪华住宅、星级服务，等等，有或者没有它们并不会导致人与非人的区别；而特殊性的善或者基本的善的多少或者有无对于人却具有决定性的影响，用沃尔泽的话来讲，它们对于人来说"是必需的"①，或者用塞缪尔·弗莱施哈克尔的话来说："这些东西是每个人都应该得到的，只要他是人。"② 或者用威廉·A. 盖尔斯敦的话说得更严重一点："这些善被剥夺，就等于强迫人们去忍受生存的深重罪恶。"③ 进而言之，有或者没有这些特殊的善或者基本的善，将直接导致一个人是否是完整意义上的人，是否能够过一种有尊严的正常人的体面生活——而人人享有尊严是一个社会尤其是现代社会的基本前提。④ 沃尔泽认为，对于一般性的善，人们也有着极为强烈的需求，但是，这种强烈的需求并不允许或者并不适宜运用"满足需要"的原则来进行分配，这是因为，当前社会的善在总体上是比较稀缺的，而不是极为丰富的。反之，对于特殊性的善或者基本的善——尽管它们在总体上也可能是比较稀缺的，但由于它们能够从根本上影响人作为人的意义以及人的最基本的生活乃至生存，因此，必须要运用"满足需要"的原则来对它们进行分配。换言之，只要人们对这些特殊性的善或基本的善有需求，国家就必须努力为其提供分配以满足其需求。基于对人类历史的观察，沃尔泽说道："从来没有一个政治共同体不提供、或不试图提供、或不主张提供其成员已达成共识的需要，也从来没有一个政治共同体不将其集体力量……投入这项事业。"⑤

---

① [美] 沃尔泽：《正义诸领域——为多元主义和平等一辩》，褚松燕译，译林出版社2009年版，第27页。
② [美] 塞缪尔·弗莱施哈克尔：《分配正义简史》，吴万伟译，译林出版社2010年版，第8页。
③ [美] 威廉·A. 盖尔斯敦：《自由多元主义》，佟德志、庞金友译，江苏人民出版社2005年版，第6页。
④ 参见吴玉军《现代性语境下的认同问题：对社群主义与自由主义论争的一种考察》，中国社会科学出版社2012年版，第182页。
⑤ [美] 沃尔泽：《正义诸领域——为多元主义和平等一辩》，褚松燕译，译林出版社2009年版，第74页。

在"需要"这一分配领域,最重要的善应该是安全保障。安全保障带有普遍性和一般性,它是每一个人都需要的善。从历史经验来看,如果一个国家不能为其社会成员提供安全保障,那么,整个社会就会陷入严重的恐慌甚至动乱之中。提供安全保障和满足成员的安全需要,是任何一个国家的政府都不会推脱的事业。人类在自然状态中缔结社会契约的初衷也主要源于此。沃尔泽指出,虽然提供安全保障会产生昂贵的费用,国家因此会形成不同的决议,但是,"无论最终达成的决定是什么,无论出于何种原因,国家提供安全都是因为公民们需要安全……在某种程度上,因为所有公民都需要安全,需要就仍然是一个决定性的标准,尽管它不能决定优先考虑的事物及其程度"。[1] 简言之,在提供安全保障这个问题上,"需要"原则具有根本性和决定性,是第一位的,而成本和收益则处于相对次要的地位。

在安全保障之外,国家福利也是"需要"领域一个相当重要的善。由于每个人先天的禀赋和后天的能力是不一样的,再加上受各种外界因素的影响,因此,必定有一部分人会跌落到社会的底层,成为社会的弱势群体甚至是连基本的生活都无法保障的困难户。对于这些生活在社会底层的弱势群体和困难户,国家必须要为他们提供福利保障,以满足他们的基本生活之需。这是国家义不容辞的职责。国家没有任何理由拒绝为这些人提供救助——即使是诺齐克通过严密的逻辑论证提出的"持有正义"原则也不能对此进行否定。按照沃尔泽的说法:"当有足够食物时,没有一个共同体会坐视其成员饿死;没有一个政府能够在这种时期消极地袖手旁观——如果它自称是一个共同体所有、所治和所享的政府,它就更不会那么做。"[2] 沃尔泽在这里与罗尔斯又走到了一起。只不过,罗尔斯是从"平等"原则来考虑的,而沃尔泽则是从善的"需要"意义来考虑的。

教育是一种十分特殊的善。对于教育的分配,通常有两种方式:一种是根据社会的阶级结构来分配,即将教育授给统治者、祭司、上层阶级等;另一种是根据孩子的能力特征来分配,即将教育授给能够表达自

---

[1] [美]沃尔泽:《正义诸领域——为多元主义和平等一辩》,褚松燕译,译林出版社 2009 年版,第 74 页。

[2] 同上书,第 87 页。

己且有能力学习它的任何人。在沃尔泽看来,这两种分配方式都是欠妥当的,它们与教育的本质是相悖的。沃尔泽认为:"学校的存在是与知识学科的存在以及一群在那些学科中合格的男女相联系的。"①"除在斯居克拉斯所说的印度之外,没有孩子可以被正当地排除在教授治理原则的封闭共同体之外。"②"如果有一套知识公民必须要掌握,或者认为他们必须要掌握,以便发挥出他们的作用,那么,他们就必须得上学;并且,他们当中的所有人都必须得上学。"③ 进而言之,教育也可以被当作一种福利供给的形式。作为未来的公民,所有的孩子都需要接受教育和学习知识。不能接受正常的教育,就不能成长为一个正常的公民;在今后的生活中,他们就会面临着各种各样的障碍和困难。也就是说,教育对于孩子来说是必不可少的"需要"之善。所以,教育也应该根据"满足需要"原则来进行分配。如果教育的分配还有其他的分配原则,但"满足需要"至少也是基础教育阶段一个必不可少的分配原则。沃尔泽说:"在基础教育情况下,把孩子们聚集起来的理由是需要。这里至关重要的是每个孩子都需要在这个民主共同体中长大,并成为胜任的公民。"④

当然,在将"满足需要"作为教育领域尤其是基础教育的重要分配原则的同时,沃尔泽并没有否定"专业教育必然由有才能的人,至少是那些在任何特定时候都最有能力发挥他们才能的人垄断"⑤ 的"归于应得"的分配原则。沃尔泽认为:"学校不能避免在学生中作出区分,提高一些学生,同时把一些学生拒之门外;但它们发现并加强的差别应该是工作固有的,而不是针对工作的地位的。"⑥ 在"教育"对一部分学生来说并不再是他/她们的"需要"之善时,教育就应该分配给一部分在完成了基础教育之后仍然有条件和能力继续学习的孩子。然而,家长并不愿意接受自己的孩子因为比别的孩子学习差就中断学习这一事实。在有家

---

① [美] 沃尔泽:《正义诸领域——为多元主义和平等一辩》,褚松燕译,译林出版社 2009 年版,第 234 页。

② 同上书,第 236 页。

③ Michael Walzer, *Spheres of Justice: A Defense of Pluralism and Equality*, New York: Basic Books, 1983, p. 202.

④ [美] 沃尔泽:《正义诸领域——为多元主义和平等一辩》,褚松燕译,译林出版社 2009 年版,第 255 页。

⑤ 同上书,第 248 页。

⑥ 同上。

长实施干扰的情况下,如何选择继续接受教育的孩子呢?在沃尔泽看来,必须遵循"归于应得"的原则,即将受继续教育的机会给予那些最有资格的孩子。具体来说,"把孩子包括进来的理由是与学术主题相关联的,专业学校把有特殊兴趣和能力合格的学生聚集起来"。[①] 尽管这样做会增加最终失败的候选人的人数,即有相当一部分的学生在考试或者其他的类似的选拔中名落孙山,但那也没有办法能够避免这一点。而且,这样做本身也是合情合理、无可厚非的,即正义的。

诚然,将安全保障、国家福利以及基础教育当成"需要"之善并主张运用"满足需要"原则来实施分配,或许是不难理解的。可是,如果将"亲属关系和爱"纳入分配领域并同样地主张运用"满足需要"的原则来分配,就有些让人"丈二和尚摸不着头脑"了——但这正是沃尔泽多元主义分配理论的一个亮点。沃尔泽认为,"亲属关系和爱"这个领域除要实行"自由交换"这个分配原则之外,也应该实行"满足需要"的分配原则。"家庭是一种福利国家,保证它所有的成员都享有一点点爱、友谊、慷慨等,并因此向其成员征税。家庭之爱是根本无条件的,而一件个人恋爱则是一桩(或好或坏的)交易。"[②] "家庭的力量在于对爱的保证。这个保证并不总是有效的,但至少对孩子来说,还没有人创造出爱的替代品。"[③] 如果一个人不能从家庭中分配到他/她所需要的"爱",那这个人将很难正常地生活下去。就历史和现实来看,家庭之爱对人来说是必需的。而且,从来没有人会嫌弃家庭之爱过多,而只会抱怨家庭之爱太少。

沃尔泽指出:"当我们宣称这种或那种物品是一种人们需要的物品时,我们的行为就是阻止或限制其自由交换。"[④] 也就是说,"满足需要"与"自由交换"是不兼容的。一旦一种善成为部分人"需要"的善,那么,不管以什么样的方式,它都不能在需要这种善的部分人之间用其他的善来进行交换,也就是前面所讲的"受阻的交易"。而且,在沃尔泽看来,"人们所需要的物品不能留给某些强有力的所有者群体或执业者,任

---

① [美]沃尔泽:《正义诸领域——为多元主义和平等一辩》,褚松燕译,译林出版社 2009 年版,第 255 页。
② 同上书,第 280 页。
③ 同上书,第 281 页。
④ 同上书,第 99—100 页。

由他们随心所欲或仅为自己利益考虑而进行分配"。① 沃尔泽强调，"满足需要"不能有歧视，要坚持平等原则，做到一视同仁。"一旦共同体开始提供某种人们需要的物品，它就必须向所有需要该物品的人提供与他们的需要相称的份额。"② 对于"需要"之善，要合理地分配给有不同程度"需要"的人，以保证他们在得到"需要"之善以后，所得到的改善是基本一致的，而不能有明显的差异。

总之，沃尔泽认为，在"需要"这个领域，必须实行"满足需要"的分配原则。"一个快要饿死的人可以从附近一棵树上摘果子，或者在碰巧发现的井边喝水，不管树或者井的主人是谁，她需要的食物和水在她需要的这个时刻是属于她的，而不属于通常情况下的主人。"③ "公共供给的程度在任何既定情况下——它是什么和它应是什么——都是由远比迄今为止所讨论的所有论点都更有争议的需要观念所决定的。"④ "满足需要"是从人道主义的立场出发的，而不是从成本收益来考虑的。如果不能在"需要"领域落实"满足需要"的原则，就违背了人道主义原则，就与人类社会的本质和文明进程相背离。这样的政府，必定会失掉民心，以至于被它的人民所抛弃。在此，需要指出的是，沃尔泽的"满足需要"原则也是针对罗尔斯的，因为在罗尔斯的正义原则中，他没有为需要留下一席之地。沃尔泽明确将"满足需要"纳入分配分配正义，是对罗尔斯的补充和完善。

二 成员资格和需要

在沃尔泽的多元主义分配理论当中，"成员资格"与善的分配始终是紧密联系在一起的。根据沃尔泽的观点，在诸善的分配当中，是否享有"成员资格"将直接决定着一个人能否参与分配。进一步说，不具备"成员资格"的人一般是不能参与分配的。然而，沃尔泽也注意到了现实生活中存在一种非常特殊的情况，即当被分配的善属于"需要"之类的善时，"成员资格"并不能完全发挥作用。换言之，对于像"需要"之类的

---

① ［美］沃尔泽：《正义诸领域——为多元主义和平等一辩》，褚松燕译，译林出版社2009年版，第100页。
② 同上书，第83页。
③ ［美］塞缪尔·弗莱施哈克尔：《分配正义简史》，吴万伟译，译林出版社2010年版，第39页。
④ ［美］沃尔泽：《正义诸领域——为多元主义和平等一辩》，褚松燕译，译林出版社2009年版，第90页。

善，即使不具备"成员资格"，也应该按照"满足需要"的原则来进行分配。沃尔泽对这个问题做了比较透彻的解释与分析。

沃尔泽开门见山地指出："分配正义的思想假想了一个有边界的分配世界：一群人致力于分割、交换和分享社会物品，当然首先是在他们自己中间进行的。"① 在沃尔泽看来，分配不是发生在广阔而没有边界的世界当中，而是发生在有边界限制的地域之内；进而言之，分配不是发生在包括陌生人在内的所有人当中，而是发生在共同生活在一起的自己人当中——这正是分配的"成员资格"问题。也就是说，"成员资格"对于分配是至关重要的。进一步说，具备特定的成员资格是参与共同体的分配的前提条件。这是沃尔泽上面一段话要表达的核心观点。

不过，沃尔泽并不满足于此，而是将自己的观点进一步引向了深入。沃尔泽这样说道，"公民是集体阐释过程的参与者，对公民资格意义的解释是这个过程的起点"②，"在人类某些共同体里，我们互相分配的首要善是成员资格。而我们在成员资格方面所做的一切建构着我们所有其他的分配选择：它决定了我们与谁一起做那些选择，我们要求谁的服从并从他们身上征税，以及我们给谁分配物品和服务"。③ 根据沃尔泽在这里的表达，"成员资格"本身就是一种善，而且是最重要的一种善——因为它对于其他诸善的分配具有前提性乃至决定性的作用。具体来说，被允许参与或进入某一个共同体，就等于被分配到了"成员资格"这种善。由于具备了"成员资格"，因而其他的诸善也就会随之而来。相反地，被阻挡在共同体之外，就不仅不能够被分配到"成员资格"这种善，而且也不能被分配到共同体中其他的所有的善。说得更严重一点，他/她连参与分配诸善的资格/权利都不具备。

为什么不具备"成员资格"就不能参与共同体的分配呢？对于这个问题，沃尔泽并没有做出直接的回答。不过，通过分析沃尔泽在多个地方的论述，我们至少可以找出两个方面的原因：一方面，陌生人没有为

---

① ［美］沃尔泽：《正义诸领域——为多元主义和平等一辩》，褚松燕译，译林出版社2009年版，第34页。

② Michael Walzer, *Thinking Politically: Essays in Political Theory*, New Haven: Yale University Press, 2007, pp. 68–80.

③ ［美］沃尔泽：《正义诸领域——为多元主义和平等一辩》，褚松燕译，译林出版社2009年版，第34页。

共同体的形成和发展做出贡献，而"不劳而获"是不被认可和接受的，这是没有争议的；另一方面，陌生人与共同体成员也没有"共享理解"。不拥有"共享理解"，当然要被排除在共同体的分配之外。

总而言之，在沃尔泽看来，"作为一种社会善，成员资格是由我们的理解决定的：它的价值是由我们的工作和谈话决定的，因此，我们掌握着它的分配"。① 即享有"成员资格"是参与分配的前提条件，不具备"成员资格"是不能参与分配的，至少是不能以完整的或正常的身份意义来参与共同体的分配的。当然，沃尔泽也敏锐地注意到了一种特殊情况，即对于像"需要"之类的善，是否也应该以享有"成员资格"为前提条件呢？换言之，一个不具备成员资格的人，是否应该被分配到"需要"之类的善？对于这个问题，沃尔泽做了深入的探讨。

沃尔泽说道："一个政治共同体仅仅因为对象是外国人就能够拒绝饥馑贫困者、受迫害者和无国籍者，即所有需要救助的男男女女吗？公民们有义务接纳陌生人吗？"② 在沃尔泽看来，共同体成员是没有正式的义务接纳陌生人的。换言之，共同体成员不按照"满足需要"的原则为陌生人分配"需要"之善，也并非不正义。然而，共同体成员又不能拒绝这些陌生人。在既没有正式的义务接纳陌生人，又不能拒绝陌生人的两难困境中，沃尔泽提出了一种解决思路。他指出，从"道德必要性"③ 上讲，应该遵循"互助原则"为陌生人提供"需要"之善。也就是说，即使陌生人不具备成员资格，也应该为陌生人即他国的人民提供"需要"之类的善以解救他们的苦难。诚如加尔布雷斯所言："提供经济和社会福利的责任是普遍的、超越国界的。人就是人，不管他们生活在哪里。人们对饥饿及其他诸如剥削、疾病的关切并不因为那些遭受苦难的人生活在国际边界的另一边而终止。"④

沃尔泽提出，根据"道德必要性"和遵循"互助原则"为陌生人提供"需要"之善，实质上也是一种"满足需要"原则。而且，它是一种

---

① ［美］沃尔泽：《正义诸领域——为多元主义和平等一辩》，褚松燕译，译林出版社2009年版，第35页。
② 同上书，第49页。
③ 同上书，第50页。
④ John Kenneth Galbraith, *The Goog Society: The Humane Agenda*, London: Sinclair Stevenson, 1982, p. 2.

更高层次的"满足需要"原则。这种"满足需要"原则,更加体现了人道主义情怀以及人类社会的文明与进步。

当然,需要说明的是,遵循"互助原则"为陌生人提供"需要"之类的善并不是没有条件的,而是存在一定的限制的。沃尔泽指出,是否为陌生人提供"需要"之善,取决于"特定国家领土规模和人口密度"。① 具体来说,"只要受害者人数少,互助就会产生类似的实际结果;当受害者人数增加时,我们就被迫在受害者中进行选择。我们会当然地寻找与我们自己的生活方式联系更为直接的人。另外,如果我们与特定的受害者根本没有联系,有的只是厌恶而非亲密关系,那么,就不需要把他们从其他人中间挑选出来"。② 也就是说,只有当陌生人的人数不是特别多时,才能为陌生人提供"需要"之类的善;而且,在为陌生人提供"需要"之类的善时,应该从那些与共同体成员的关系相近的人中进行挑选,即坚持"就近"原则。如果违背了这个限制条件,即使"需要"之类的善关系到陌生人的生死,也不能为陌生人分配"需要"之类的善。

沃尔泽提出的限制条件对于一些极端情况将会是比较残酷的,它可能导致大量的难民因不能及时得到"需要"之类的善而丧命或者陷入绝境之中,这是很多人不愿意看到或接受的;然而,尽管限制条件引起的结果比较残酷,但限制条件并非是完全站不住脚的。这是因为,"如果我们为世界上每一个合理地要求避难的人提供避难所,我们就可能被人流吞没"。③ 也就是说,不管一个国家多么富强,它的财富和资源也都是有限度的,不可能为无限多的陌生人提供"需要"之类的善。如果为共同体之外的陌生人提供无限制的"需要"之类的善,那么,必定会影响共同体成员的正常生活,甚至有可能使整个共同体的生活发生危机。总之,"接纳大量难民通常是道德上必须的,但限制其流量仍然是共同体自决的一个特征。互助原则只能纠正而不能转变植根于一个特定共同体对自身理解基础上的准入政策"。④

从总体上看,在关于是否应该运用"满足需要"的原则来为不具备

---

① [美]沃尔泽:《正义诸领域——为多元主义和平等一辩》,褚松燕译,译林出版社2009年版,第50页。
② 同上书,第54—55页。
③ 同上书,第56—57页。
④ 同上书,第57页。

"成员资格"的陌生人提供"需要"之类的善时，沃尔泽陷入了困惑之中，他对于这个问题的回答是不够清晰的。既然以"满足需要"作为根本的分配原则，那么，"需要"就应该成为唯一的限制条件或衡量标准，而不能再设置其他的限制条件，即对于对"需要"之类的善有强烈需要的人，就应该满足他们的需要。然而，沃尔泽却后退了一步，他以"人数多寡"和"关系远近"代替了"满足需要"的根本原则。事实上，就连他自己也承认了这一点："再说一次，我对这些问题并没有一个充分的回答。我们似乎是两个原因有义务准许避难：一个原因是拒绝避难请求将要求我们对无助的绝望的人使用暴力，另一个原因是可能涉及的人数，除了在异常情况下他们是少的且容易被吸纳。（因此我们将为'多余的东西'而使用暴力。）"①

三　需要不能承受之重

"每个政治共同体都必须根据其成员集体理解的需要来致力于满足其成员的需要；所分配的物品必须分配得与需要相称；并且，这种分配必须承认和支持作为成员资格基础的平等。"② 在这段话中，沃尔泽在为实现"满足需要"原则指明了方向的同时，也从侧面透露了实现"满足需要"原则会存在着一定的困难。换言之，沃尔泽的话语中隐藏着"需要"不能承受的重担。为什么"需要"存在"不能承受之重"呢？为了回答这个问题，我们必须从"需要"的内涵及其特性谈起。

对于"需要"，沃尔泽说，"只有共同体的文化、特色、普遍共识才能界定应该满足的'需要'"。③ 显而易见，在这句话中，沃尔泽意欲表达的观点是，"需要"是一个与共同体的历史文化和社会语境密切相关的概念，而不仅仅是一个个人的心理和生理意义上的概念；进而言之，个人的所思、所想、所欲有时可能并非真正意义上的"需要"（need），而很可能只是个人的一种欲望（wants）或者需求（demands），也即个人以此企图分享或占有更多的社会善的借口或幌子。④ 不仅如此，沃尔泽还强调指出，"每个政治共同体都必须根据其成员集体理解的需要来致力于满

---

① ［美］沃尔泽：《正义诸领域——为多元主义和平等一辩》，褚松燕译，译林出版社2009年版，第56页。
② 同上书，第93页。
③ 同上书，第88页。
④ 参见刁小行《充分抑或必要：正义的边界问题》，《许昌学院学报》2012年第4期。

足其成员的需要"。① 也就是说，集体理解的"需要"才是应该满足的"需要"，政治共同体是以集体理解的"需要"为标准来向它的成员提供"需要"之类的善的。换言之，对于"需要"之类的善，不能仅从人的生理层面即根据生物和医学的因素来确定，而应该主要从文化和社会的因素来确定。② 这个观点与沃尔泽提出的分配应该建立在共同体成员的"共享理解"基础之上的主张是完全一致的。然而，这个观点同时也隐含着两个难题：一方面，政治共同体如何根据"共享理解"来判断某一特定"需要"就是集体的"需要"呢？在现实生活中，尽管存在着一些共同需要，但大多数的"需要"都是千奇百怪的。个人所处的实际状况不同，他/她的"需要"就会不一样。在林林总总的"需要"当中，我们的确很难判断某一特定的"需要"就是集体的真实"需要"；另一方面，即使能够从诸多"需要"之中判断出集体的真实"需要"，并根据集体的真实"需要"来为共同体成员提供"需要"之类的善，但是，这样可能会造成许多分散在共同体成员之间的迫切而真实"需要"被忽视，以至于使共同体成员生活在迫切而真实的"需要"得不到满足的困境乃至绝望之中，这又为"绝望交易"埋下了隐患。

在"需要"这个原则上，沃尔泽还讲道，"所分配的物品必须分配得与需要相称"。③ 客观地讲，这并不是一个容易实现的目标或要求。这主要是因为，"需要"在很大程度上是人的一种主观感受和直觉，而我们对于人的主观感受和直觉实际上是很难做出精准的测量和评判的——测量和评判会面临着"信息采集这一棘手的技术问题"。④ 也就是说，特定"需要"的数量与质量并不能被准确地测量出来。这就使所分配的物品并不能与"需要"完全相称。沃尔泽本人也认识到了这个问题的复杂性，他无奈地说道："社会认可的需要的范畴是无止境的，因为人民对他们需要什么的感受不仅包括生活自身，而且包括好生活，而这两者之间的适

---

① [美]沃尔泽：《正义诸领域——为多元主义和平等一辩》，褚松燕译，译林出版社2009年版，第93页。
② 参见[德]威尔福莱德·亨氏《被证明的不平等：社会正义原则》，中国社会科学出版社2008年版，第174页。
③ [美]沃尔泽：《正义诸领域——为多元主义和平等一辩》，褚松燕译，译林出版社2009年版，第93页。
④ 谭安奎：《政治哲学：问题与争论》，中央编译出版社2014年版，第277页。

当平衡本身又是一个有争议的问题。"① "基本生活"是一种需要,"好生活"也是一种需要,同为"需要"的"基本生活"与"好生活"之间的界限是不容易划分的。因此,在向人们分配"需要"之类的善时,只能够尽量地做到与他/她的"需要"相称,或者无限地接近"需要",而不能做到与"需要"百分之百的相称。那么,在这样的情况下,即使有人提出分配并没有满足他/她的"需要",那也是没有办法予以完全解决的问题。正如龚群所指出的那样:"实际上,在社会历史中,对'需要'的理解如果超出最低限度的生存需要的解释,都是有争议的。"② 一言以蔽之,"满足需要"的原则只能在相对意义上得到实现,而不能在绝对意义上得到实现。如果用威尔弗莱德的"拳头规则"来对"满足需要"进行界定,那就是,只有当一个需求是满足另一个次重要的基本需求的前提条件时,这个需求才是真正的"需要"。③

在沃尔泽看来,"分配必须承认和支持作为成员资格基础的平等"。④当"需要"得不到满足时,成员资格就会受到损害,这是沃尔泽反复强调的一个道理。正如现实生活所表明的那样,"需要"对于成员资格的重要性的确是不言而喻的。不过,由于在现实生活中并不能完全以"满足需要"的分配原则来为人们提供"需要"之类的善;再加上,"满足需要"的分配原则的实行具有时间上的滞后性,即只有在人们"需要"产生之后,政治共同体才会为它的成员提供"需要"之类的善,因此,成员资格在一些情况下很有可能会受到伤害。也就是说,在承认和支持平等的成员资格方面,"满足需要"原则并不能完全地履行它的使命。

在此,需要特别指出的是,"满足需要"的分配原则还关涉市场效率的问题。对于这个问题,沃尔泽同样有着清醒的认识,而他的认识又与奥肯的观点是基本一致的。我们先来看看奥肯的观点。在面对"平等与

---

① [美]沃尔泽:《正义诸领域——为多元主义和平等一辩》,褚松燕译,译林出版社 2009 年版,第 93 页。
② 龚群:《沃尔泽的多元复合平等观——兼论与罗尔斯的简单平等观之比较》,《湖北大学学报》(哲学社会科学版) 2013 年第 3 期。
③ 参见 [德] 威尔福莱德·亨氏《被证明的不平等:社会正义原则》,中国社会科学出版社 2008 年版,第 177 页。
④ [美]沃尔泽:《正义诸领域——为多元主义和平等一辩》,褚松燕译,译林出版社 2009 年版,第 93 页。

效率"这一"困扰人心、更为普遍"① 的抉择时，奥肯明确指出，"我个人不会为市场上不相等的奖励而大为烦恼"②，"市场上的奖励为工作积极性和生产贡献提供了动力"。③ 换言之，在奥肯看来，市场的高效率是建立在适度的奖励与适度的惩罚的基础之上的。具体而言，只有当市场中的失败者得到与他/她的选择与付出相应的惩罚，而市场中的成功者也得到与他/她的选择与付出相应的奖励时，市场才会维持在一个比较高的效率上——这也就是德沃金所讲的分配要达到"钝于禀赋、敏于选择"的目的的逻辑。④ 类似地，沃尔泽也认为，"满足需要"的分配原则的出发点或者说宗旨主要是要帮助市场中的交易者渡过市场交易失败给其造成的困境，使他/她们维持在一个正常的生活水准即基本的生活条件上。但是，"满足需要"原则的"度"并不是那么好掌握的。如果"满足需要"原则的"度"控制得不合理，即市场中的失败者因政治共同体实行"满足需要"的分配原则而能够过一种并不亚于成功者的体面生活——而这是与市场中的失败者本应该获得的结果不相称的——那么，市场中的成功者就会因受到政治共同体的伤害而对政治共同体产生不满情绪，他们的进取心就会随之发生动摇，并最终会影响到市场效率。

实际上，对于是否应该在政治共同体内推行"满足需要"的分配原则即通常所说的"社会福利"政策，自由主义的左派与自由主义的右派之间一直存在着激烈的争论，并且至今尚无定论。虽然沃尔泽极力主张要在"需要"领域坚决地贯彻"满足需要"的分配原则，即在一定意义上站到了自由主义的左派一边，但是，他同时也清醒地看到了"满足需要"原则有可能产生"养懒汉"和"挫伤工作积极性"以及由此导致的"市场低效率"的问题，所以，沃尔泽也没有完全抵触自由主义的右派，而是非常谨慎地提出，"显然，我们不能也不必在同一程度上满足每一种

---

① ［美］阿瑟·奥肯：《平等与效率：重大的抉择》，陈涛译，中国社会科学出版社2013年版，第1页。
② 同上书，第92页。
③ 同上书，第93页。
④ 在《至上的美德——平等的理论与实践》中，德沃金说："我们必须承受违反平等的痛苦，允许任何特定时刻的资源分配（我们可以说）反映人们的抱负。也就是说，它必须反映人们作出的选择给别人带来的成本或收益。"也就是说，反映人们的"抱负"的不平等分配是必须要接受的，因为它是维持市场正常运转及其效率的前提条件。［美］德沃金：《至上的美德——平等的理论与实践》，冯克利译，江苏人民出版社2003年版，第94页。

需要或在最终程度上满足任何需要"。① 然而,"满足需要"原则的"度"究竟应该控制在哪里呢?对此,沃尔泽也没有给出合理或者合适的建议。不过,在这里,我们不妨参考奥肯在处理关于"平等与效率"的重大抉择时所提出的一个观点,对沃尔泽的"满足需要"原则也可以提出这样的一个形式准则:"满足需要"原则应该达到这样的一个"度",即在更大程度上实行"满足需要"的分配原则所产生的额外收益刚好相当于更大的市场低效率所付出的额外成本。② 当然,正如奥肯所言,这个准则体现了深邃的洞察力,但却很难运用到现实世界中——这可能也是沃尔泽对以上问题不给出他自己的解决办法的主要原因。总之,在沃尔泽看来,"满足需要"的原则的实行是没有商量的余地的,但是,"满足需要"的原则的实行绝不是没有限制的,而是应该尽量地控制在一定的度上。

---

① [美]沃尔泽:《正义诸领域——为多元主义和平等一辩》,褚松燕译,译林出版社2009年版,第73页。
② 参见[美]阿瑟·奥肯《平等与效率:重大的抉择》,陈涛译,中国社会科学出版社2013年版,第62—63页。

第五章　审思沃尔泽多元主义分配正义论

在对沃尔泽多元主义分配正义论的思想缘起、理论根基、逻辑前提、核心原则等问题进行研究之后，还有必要对沃尔泽多元主义分配正义论做一个整体上的审视。整体上的审视从沃尔泽多元主义分配正义论的方法论引申、坐标系定位和局限性讨论三个层面展开。作为一种开历史之先河且与一元主义分配正义论针锋相对的分配正义理论，沃尔泽多元主义分配正义论的方法论是独具特色的，其特色主要表现在：由整体主义本体论和语境主义认识论所构成的方法论蕴含着实证主义、文化主义、相对主义的品质。实证主义、文化主义、相对主义以统一的逻辑思路贯穿于沃尔泽多元主义分配正义论，使沃尔泽多元主义分配正义论充满理论张力。所有的分配正义理论都是关于平等的理论；是否接近和实现平等是定位分配正义理论在分配正义理论坐标系中的位置的一个非常重要的标准。从平等这个标准来看，沃尔泽多元主义分配正义论与马克思的分配正义理论是分道扬镳的，与罗尔斯的分配正义理论是貌合神离的，与诺齐克的分配正义理论是殊途同归的。换言之，沃尔泽多元主义分配正义论就其结果来看，与诺齐克的分配正义理论最为接近。沃尔泽多元主义分配正义论尽管在研究方法和逻辑论证上独树一帜，但也不可避免地存在着三个方面的局限性：分配领域含混不清、共享理解难以促成和控制国家面临悖论。

第一节　多元主义分配正义论的方法论引申

在阐述沃尔泽多元主义分配正义论的理论根基时，我们重点论述了沃尔泽多元主义分配正义论的方法论基础，它包括整体主义本体论和语境主义认识论。整体主义本体论是与个体主义本体论相对应的，而语境主义认识论则是与建构主义认识论相对应的。这是对沃尔泽多元主义分配正义论的方法论的基本认识。不过,对沃尔泽多元主义分配正义论的方法论的认识,可以不局限在整体主义本体论和语境主义认识论上,而是可以作进一步引申。这种引申既可以从整体主义本体论和语境主义认识论出发,也可以直接从沃尔泽的文本出发——而从文本出发所进行引申,也一定会关联到整体主义本体论和语境主义认识论上,因为它们本身在理论上就是同根同源的。

一 实证主义

在沃尔泽之前,分配正义理论家通常都是在"实验室"中推演自己的分配正义理论的,他们当中最典型的人物就是罗尔斯、诺齐克和德沃金。罗尔斯的"实验室"为覆盖了"无知之幕"的"原初状态",诺齐克的"实验室"为"无政府"和"乌托邦",德沃金的"实验室"则是一个所有参与分配的人聚集在一起而形成的一个没有边界的"假想的拍卖现场"和"虚拟的保险市场"。可以说,在虚拟的"实验室"中,三位哲学家都推演出了精致而独到的分配正义理论。关于这个问题的相关论点,我们不妨看看迈克尔·H. 莱斯诺夫对诺齐克所做的一个评价:"他在这本名著(指《无政府、国家与乌托邦》——笔者注)中阐发的理论,并不是一个诺齐克打算看到其用于实践的理论,它大概更像是一种学术演练,是为了得出逻辑结论而提出的一些看来十分合理的假设,因而排除了其他考虑。"[1] 莱斯诺夫在这里讲的核心就是诺齐克的分配正义理论具有相当的理论性乃至空想性。其实,莱斯诺夫对诺齐克的评价在很大程度上也可以替换到罗尔斯、德沃金的身上。的确如此,如果仅仅是从形式逻辑上看,三位思想家的分配正义理论无疑都是严谨而完美的。这样一来,作为思想的旁观者,我们确实很难找出其中的理论破绽和逻辑漏洞,除非我们以吹毛求疵的较真态度来考量它们。

然而,问题在于,从"实验室"中推演出来的精致而完美的分配正义理论如何能够毫无障碍地进入到现实社会并在其中发挥出应有的指导作用呢?众所周知,现实社会是极其复杂的,它与人为主观设计的"实验室"环境是完全不同的。这就决定了在"实验室"中产生的分配正义

---

[1] [英] 迈克尔·H. 莱斯诺夫:《二十世纪的政治哲学家》,冯克利译,商务印书馆2001年版,第326页。

理论并不能直接地运用到现实社会当中，至少它不能有效地运用到现实社会的分配实践当中；如果要移植到现实社会当中，就必须经过一个从"实验室"到"真实世界"的场域转换，即通过一系列的程序设计来解除理论家为"实验室"所设置的各种附加条件。当然，罗尔斯也注意到了这个问题，他在完成了自己的分配正义理论的建构之后，十分自信地运用他所发明的"反思的平衡"检验了他的分配正义理论能够几乎没有障碍地适应于现实社会中所有的分配实践。然而，实际的情况并非像罗尔斯的结论所表明的那样。从经验来看，罗尔斯的努力并不是非常成功的。这是因为，人们在"无知之幕"后面所做出的模拟理性选择，无论如何都是不可能替代在现实社会中所做出的真实理性选择的。可以说，这是罗尔斯的分配正义理论存在的一个难以解决的难题。对此，诚如布莱恩·巴里在他的《正义诸理论》所指出的那样："许多正义理论的缺陷在于寻求并不存在也不应该存在的确定性。"① 一言以蔽之，所有在"实验室"中推演出来的分配正义理论，都会面临与现实社会"脱嵌"和"转场"的问题。

高尔斯顿曾指出："沃尔泽发展了一种独特的政治哲学研究方法，具体的而非抽象的，历史的而非永恒的，个人的而非空洞的。"② 确实如高尔斯顿所言，与罗尔斯、诺齐克、德沃金等人的理想主义或者假想的契约主义的方法完全不同的是，沃尔泽论证多元主义分配正义论的方法在很大程度上是实证主义的，即是从历史或现实的实践出发的。"沃尔泽力求使其理论适应现实社会，而不是使现实适应抽象的理论。"③ 对此，沃尔泽曾说道："（我）运用历史事例在一定程度上是对学会（伦理与法哲学学会——笔者加注）的那些朋友假定的论证方式的一种回应。"④ 因此，作为一位社会哲学家，从一开始，沃尔泽就没有想过要逃离自己所生活的真实社会而躲进封闭的屋子里关起门来建构高深的分配正义理论，更

---

① [英]布莱恩·巴里：《正义诸理论》，孙晓春、曹海军译，吉林出版社2011年版，第439页。

② Michael Walzer, *Thinking Politically: Essays in Political Theory*, New Haven: Yale University Press, 2007, p.164.

③ 刁小行：《多元价值的均衡：沃尔泽政治哲学研究》，博士学位论文，浙江大学，2013年，第154页。

④ Michael Walzer, *Thinking Politically: Essays in Political Theory*, New Haven: Yale University Press, 2007, p.306.

没有想过运用传统的假想的契约主义方法。① 而且，他放下了哲学家一贯的高调做法，平实地以一个普通人的身份走进了历史或现实社会的人群当中，立足于历史或现实社会的语境当中来阐释多元主义分配正义理论。沃尔泽凭着自己的洞察力和感悟力，抓住大量的古今历史实例，包括那些在别人看来毫不起眼的普通小事件，对它们进行了详尽的剖析并做出独到的判断，从而一层一层地向人们揭示出他并没有预先设定好的"故事背后的分配正义逻辑"。在感知和体悟一个又一个真实的古今历史故事的过程中，人们对沃尔泽多元主义分配正义论有了逐步的理解和了解。沃尔泽把古今历史故事或实例讲完了，分配正义理论也就随之形成了。由于所有的故事都是真实的，那么，从故事中演化而来的分配正义原则也是切合实际的。总的来说，沃尔泽多元主义分配正义论更多的是一种"实践伦理"学。

不得不说，沃尔泽立足于历史和现实社会来阐释分配正义理论的做法是相当成功的——或许这是连沃尔泽本人也不曾预料到的。沃尔泽只是想着另辟蹊径，运用不同的方法来推理分配正义理论，但却取得了意外的收获。总结起来，沃尔泽的这种成功至少表现在两个方面：一方面，沃尔泽多元主义分配正义论摆脱了其他哲学家在论证分配正义理论时所使用的那种晦涩模糊的词汇以及层层递进的推演逻辑，他自己的语言和逻辑则清晰明快，直观易懂，其效果是，只要我们静下心来跟着沃尔泽的思路一步一步往前行进，都会对沃尔泽多元主义分配正义论有一个比较全面的把握和认识——而这是罗尔斯、诺齐克、德沃金的分配正义理论难以具备的；另一方面，沃尔泽有效地规避了在"实验室"中推演出分配正义理论之后还要对其现实可行性即"是否接地气"进行进一步的论证的难题——而这个难题无论如何都是不能完全予以解决的，不管运用什么样的程序性方法——相反，沃尔泽多元主义分配正义论能够直接进入到现实社会中去指导现实社会的分配实践。

进而言之，由于沃尔泽多元主义分配正义论直接来源于人们的历史和现实社会的生产与生活，是对隐藏在人们的分配实践活动背后的文化与历史规律的深刻总结，与人们的认知和期望是相一致的，因此，与罗

---

① Barry, "Spherical Justice and Global Injustice", In D. Miller and M. Walzer eds., *Pluralism, Justice, and Equality*, Oxford: Oxford University Press, 1995, p. 77.

尔斯、诺齐克、德沃金等人的分配正义理论比较起来，沃尔泽多元主义分配正义论更能够获得人们的理解和支持。正如沃尔泽所阐述的那样："它是一个依据成员们对他们的需要的共享理解而对成员们的资源进行再分配的协议，并随具体的政治决定而变化。这个契约是一种道德约束，它将强者与弱者、幸运的人与不幸运的人、富人与穷人联系起来，创造出一个超越所有利益差别的联盟，从历史、文化、宗教和语言等中汲取力量。"[①] 而且，就历史发展的经验来看，分配原则是"正义"还是"非正义"，关键或者主要还是要看现实社会中参与分配的广大民众对它是否支持和拥护，而不是看它在逻辑上是否严谨，在形式上是否优美；逻辑上的严谨和形式上的优美，只是判断一个分配正义理论在学理上是否成功的一个重要标志，而不是判断一个分配原则是否"正义"的重要标准。归根结底，如果一个分配正义理论及其原则得不到参与分配的广大民众的支持和拥护，即使它的逻辑再严谨，形式再优美，它也不是一个理想的分配正义理论，至少是一个"正义性不足"的分配正义理论。就从获得民众的理解、支持和拥护这一点来看，在众多的分配正义理论当中，沃尔泽多元主义分配正义论的"正义性"和"有效性"无疑是最高的。

当然，沃尔泽立足于历史和现实社会来阐释分配正义理论的做法，并没有赢得思想家的普遍认可。而且，一些思想家还对沃尔泽的这种做法提出了激烈的批评。他们认为，沃尔泽并不是从严格的哲学推理来论证分配正义理论的，而是从大量的历史故事、诗歌以及一些现实案例当中去阐释分配正义理论，这使沃尔泽分配正义论缺乏应有的哲学深度和理论厚度。这不是一位哲学大家应该具备的理论品格。客观地讲，这种批评是有失公允的。在我们看来，一个理论有没有哲学深度和理论厚度，不仅仅是看它的叙述方式和论证形式，更要看它的逻辑自洽性和思想感染力等。而从总体上看，沃尔泽分配正义论的逻辑自洽性和思想感染力无疑是首屈一指的。进而言之，沃尔泽分配正义论的叙述方式和论证形式也许不及罗尔斯、诺齐克、德沃金等，但这丝毫不影响沃尔泽多元主义分配正义论所达到的思想深度和理论高度。事实上，哲学尤其是政治

[①] Michael Walzer, *Spheres of Justice: A Defense of Pluralism and Equality*, New York: Basic Books, 1983, pp. 82–83.

哲学并不一定都要具备抽象思维的特点，抽象的逻辑推理并不是哲学的必要条件；哲学也可以采用一种生动形象的叙事方式和平铺直叙的日常语言风格来讲高深的大道理。① 而且，往往采用生动形象的叙事方式和平铺直叙的日常语言风格讲出来的道理，会更具有感染力和影响力，因而会更容易被大家传播和运用——这也是我们在阅读沃尔泽的《正义诸领域》一书时所切身感受到的。

总而言之，沃尔泽推理多元主义分配正义理论的方法具有明显的实证主义色彩，这使沃尔泽分配正义论具有与众不同的特点——一切来源于现实，完全关照现实——而这是其他的分配正义理论不曾或者较少具备的。当然，正因为沃尔泽的方法论具有明显的实证主义色彩，导致沃尔泽看起来并不像一位严格意义上的哲学家。对此，米勒也做过一个评价："他不是一位传统意义上的政治哲学家。换句话说，他不相信超然的、抽象的思考能够产生指导人们在政治上应该如何行动的规则。"② 米勒的评价可谓名副其实。

二 文化主义

在分配正义问题上，沃尔泽是一位典型的文化主义者。而且，沃尔泽也是第一个把分配问题追溯到"文化"的哲学家。就分配正义理论这个领域来说，这也是沃尔泽多元主义分配正义论在方法论方面非常重要的一个特点。

正如沃尔泽所说，在他之前的分配正义理论家在探讨分配正义理论时，总是习惯于从"分配的代理人和物品的领受者"身上去寻找答案。换言之，"人"成为分配正义理论家探讨分配正义理论的逻辑起点，也是生成分配正义原则的根据。分配之所以呈现出不同的形式，都是由于"人"的不同造成的——要么人的禀赋存在差异（罗尔斯），要么人的资源存在差异（德沃金），要么人的能力存在差异（森），要么人的运气存在差异（柯亨），等等。顺着"人"的不同之处这个逻辑去思考分配正义理论，就形成了因"人"而异的分配正义理论——罗尔斯的"基于民主

---

① 一般来说，哲学家可以用不同的语言来表达其哲学思想，比如，日常语言、哲学语言、科学语言等。参见张国清《罗尔斯难题：正义原则的误读与批评》，《中国社会科学》2013 年第 1 期。

② Michael Walzer, *Thinking Politically: Essays in Political Theory*, New Haven: Yale University Press, 2007, p. viii (Introduction).

平等的分配正义"、德沃金的"基于资源平等的分配正义"、森的"基于能力平等的分配正义",等等。总体来看,站在"'人'的不同"的立场上所形成的每一种分配正义理论都是有道理的,但是,每一种分配正义理论又都存在着不足,即每一种分配正义理论都存在能够让另一种分配正义理论进行弥补甚至是修正的空间。

正当各种分配正义理论陷入困局而不知何去何从之时,沃尔泽反其道而行之,抛开一直充当分配主角的"人"而从"善"及其社会意义当中去探讨分配正义理论。从"善"及其社会意义出发来探讨分配正义理论,显然是从根本上颠覆了分配正义理论传统的研究路径,从而为探讨分配正义理论重新打开了一个广阔的天地。对于其他的分配正义理论家来说,善及其社会意义是一个并不陌生的概念,但在沃尔泽之前没有一位分配正义理论家能够认识到它在分配当中的特殊性与重要性。对于罗尔斯,"基本善的理念和程序正义的观念都决定其平等观念不会追溯善背后的意义"。① 在与善的社会意义失之交臂的情况下,分配正义理论家前赴后继地"都是在同一条路上行进着"②,而始终不能在分配正义理论上取得革命性的突破。如果从方法论的革命来看,包括罗尔斯、诺齐克、德沃金等人在内的与沃尔泽同时代的分配正义理论家,以及往前一直追溯到柏拉图、亚里士多德等分配正义理论家,可以说都没有超过沃尔泽——沃尔泽重新开辟了一条研究分配正义理论的新路。

沃尔泽的慧眼不仅仅在于他发现了善的社会意义在分配当中的重要性,而且还在于他进一步指出了善的社会意义不是由人决定的而是由文化决定的。这个认识是颇为深刻的。由于所有的善的都是通向"人"的,是以"人"为落脚点的——或者是被人们持有,或者是被人们使用,等等。所以,在一般人看来,善的社会意义当然是由"人"来决定的。然而,沃尔泽却仍然把"人"放在了一边。他通过"人"看到了"人"背后的"文化"。从表面上看,善的社会意义确实是由"人"决定的,善对

---

① 王立:《沃尔泽的平等观探析》,《思想战线》2012年第1期。
② "都是在同一条路上行进着"语出德沃金。笔者在这里喻指一元主义分配正义理论家们相对于沃尔泽而言,在方法论上没有开创性的贡献,而只能前赴后继地重蹈覆辙。参见《哲学与政治:牛津大学法学教授罗纳德·德沃金》,载[英]布莱恩·麦基《思想家:与十五位杰出哲学家的对话》(第二版),周穗明、翁寒松等译,生活·读书·新知三联书店2004年版,第317页。

于不同的"人"来说具有不同的意义，善的社会意义是由"人"来赋予的。但是，从本质上看，善对于"人"的意义并不是由一个一个的"人"来决定的，而是由共同生活在一起的"人群"即共同体来决定的。共同体是怎么决定的呢？共同体是通过长期形成的"共享理解"即文化来决定的。因此，沃尔泽说善的社会意义是由文化来决定的，就非常容易理解了。

沃尔泽将分配正义追溯到善及其社会意义，尤其是追溯到决定善的社会意义的文化。通过这么一个逐层逐层的追溯，沃尔泽很自然地将分配正义问题转换成了文化问题。分配正义原则既不是由哲学家发现的，也不是由哲学家建构的，而是由一个社会自身的文化内在决定的。把一个社会的文化阐释清楚了，一个社会的分配正义原则也就水到渠成地出现了。如果对文化不甚了解，那么，就没有权利或者说也没有能力探讨一个社会的分配正义原则。所以，从根本上讲，要探讨分配正义原则，必须要探讨善的社会意义尤其是决定善的社会意义的文化。我们说沃尔泽多元主义分配正义论在很大程度上是文化主义的，其原因就在于此。

沃尔泽把分配正义理论建立在文化基础之上，看到了一个社会的文化对于确定一个社会的分配正义原则所起到的重要作用，这提醒分配正义理论家在研究和思考分配正义理论时不能仅仅凭借自己的主观构想就赋予一个社会以分配正义原则，而是要充分地考虑一个社会自身的文化条件。这是沃尔泽对于分配正义理论做出的以往分配正义理论家所从来没有考虑过的贡献。不过，需要指出的是，也正是因为沃尔泽把分配正义理论几乎完全地建立在一个社会的文化基础之上，从而意味着人们在设计分配正义原则时是无能为力的，即人的任何主观能动性都是没有意义的。沃尔泽的这种想法完全放弃了人的理性知识在建构社会制度中的作用，这是欠妥当的。即使是对人的理性抱着极为悲观谨慎态度的波普尔，他也没有完全否定人的理性在社会制度建构中的作用。按照波普尔的思想，如果社会是不合理的，由人的有限理性所主导的渐进式改革还是有必要的。

此外，对于沃尔泽多元主义分配正义论的方法论的文化主义路径，西方学术界还有一个常见的批评，那就是文化主义使沃尔泽多元主义分配正义论走向了相对主义的歧途。在西方一些思想家看来，沃尔泽把分配正义理论建立在文化基础之上，认为不同的文化生成不同的分配正义原则，很容易导致分配正义理论失去统一的标准，形成各式各样的分配正义原则。这样一来，最应该具有普世价值的分配正义理论却失去了普适性，而且还容易替某些社会中存在的分配不公做理论辩护。这是沃尔泽绝对不能接受的。关于西方思想家所批评的沃尔泽多元主义分配正义论走上了相对主义的歧途的问题，正好是我们在接下来的一个部分中要重点讨论的。至于是不是像西方思想家所说的那样严重，我们在接下来的一个部分中将给出自己的看法。

三 相对主义

作为 20 世纪最伟大的哲学家之一，列奥·施特劳斯对于他终身致力的"哲学"曾发表过这么一段话，他说："作为探索智慧的哲学，就是寻求普遍性的知识，寻求关于整体的知识。"① 按照施特劳斯的说法，普遍主义是哲学内在的根本特征，甚至是哲学得以存在的生命。当然，这并不是斯特劳斯一个人所持的观点，它也是自古希腊以来无数的哲学家所一直坚持的一个信条，而斯特劳斯只是对这个传统做了一个总结罢了。这个传统发展到近现代，以罗尔斯、诺齐克、德沃金等人为代表。尤其是罗尔斯，他对这个传统的信念是坚定不移的，并将这个传统不折不扣地贯彻到了自己的分配正义理论的论证当中。

与哲学方法论上的普遍主义相对应，就是方法论上的相对主义。在哲学发展史上，相对主义一直处于势单力薄的地位，它从来没有发展到能够与普遍主义进行正面的较量。不过，到 20 世纪 70 年代，这个局面发生了较大程度的改变。伯恩斯坦在 1983 年出版的《超越客观主义和相对主义》一书中说："认识主观主义和道德相对主义的结合已被认为是最有吸引力和最可支持的选择。然而近来即使这一点也已改变，有人提出了一些论点以表明没有任何事物甚至'硬科学'，能避开相对主义论点的恢恢天网。相对主义在过去两百年里是哲学的一条支脉，它开始是涓涓细流，近来已经成为一股奔腾咆哮的洪流。"② 伯恩斯坦的这段话向我们描述了曾经处于弱势的相对主义正在悄然兴起。哲学方法论上的相对主义的兴起，引起了哲学研究的转向。

---

① ［德］列奥·施特劳斯：《什么是政治哲学》，载古尔德、瑟斯比《现代政治思想》，商务印书馆 1985 年版，第 60 页。
② ［德］伯恩斯坦：《超越客观主义和相对主义》，郭小平等译，光明日报出版社 1992 年版，第 16 页。

沃尔泽在写作《正义诸领域》时，正好是相对主义兴起的年代。哲学方法论上的相对主义对沃尔泽的影响是非常深刻的——沃尔泽自己就声明他是一位"完全的相对主义（特殊主义）者"。而且，就分配正义理论这个领域来看，沃尔泽还是第一个在方法论上运用相对主义视角来展开研究的哲学家。尤其需要指出的是，就在同时代的其他哲学家都还在坚持运用传统的方法论——普遍主义研究分配正义理论时，沃尔泽却开历史之先河，运用方法论上的相对主义来研究分配正义理论，这不能不说一个兼具智慧与勇气的惊天之举。

应该说，相对主义是沃尔泽多元主义分配正义论的方法论最具有特色的地方。方法论上的相对主义统摄了沃尔泽多元主义分配正义论的所有元素和要件。进而言之，沃尔泽多元主义分配正义论的整个逻辑就是在相对主义的引领下展开的。比如，沃尔泽多元主义分配正义论的逻辑起点是善及其社会意义，而众多的善及其社会意义显然是相对的；再如，沃尔泽多元主义分配正义论的核心要素——分配原则是多元的，而多元的分配正义原则显然也是相对的。更为根本的是，沃尔泽所运用的研究方法——整体主义的本体论与语境主义的认识论从本质上讲就是相对主义的逻辑，或者说是建立在方法论的相对主义的基础之上的。总而言之，沃尔泽多元主义分配正义论得益于方法论上的相对主义，方法论上的相对主义帮助沃尔泽实现了整个多元主义分配正义理论论证逻辑上的自洽，即从逻辑起点到逻辑终点做到了一以贯之。

沃尔泽多元主义分配正义论的相对主义色彩不可避免地引起了整个西方哲学界异样的目光乃至遭到大家广泛而激烈的批评。批评主要分为两种情况：一种是针对方法论本身的；另一种是针对分配正义原则本身的。就方法论本身来说，由于相对主义是贯穿于沃尔泽的整个论证过程的，并且也很好地实现了逻辑上的连贯与自洽，因而从方法论本身来对沃尔泽提出批评在某种意义上说是难以成立的；就分配正义原则这个问题本身来说，沃尔泽运用方法论上的相对主义所得到的不同社会具有不同的分配正义原则的结论确实存在着为某些社会的不正义的分配现象作论证和辩护的嫌疑，因而从分配正义的客观性与普世性这个立场来对沃尔泽提出批评是说得过去的和站得住脚的。当然，从根本上说，相对主义的分配正义原则还是由方法论上的相对主义所造成的——要不是从方法论上的相对主义的立场出发来探讨分配正义问题，相对主义的分配正义原则是绝不可能形成的。这样看来，方法论上的相对主义是造成沃尔泽的分配正义原则失去普世性的根源。从这一点来看，人们从方法论本身来批评沃尔泽的相对主义也是合情合理的，并且是更为深刻的。

不过，对于来自各方面的激烈批评，沃尔泽表现出不以为然的态度，他并不认为相对主义存在严重的问题。① 这是因为，在沃尔泽看来，抛开理论上的方法论不谈，单纯地就经验来看，分配正义确实没有一个放之四海而皆准的真理与原则，也没有谁敢站出来承认自己的分配正义理论就是放之四海而皆准的。因此，从根本上讲，分配正义原则还是相对的而并不是绝对普适的。在我们看来，沃尔泽的反驳是有道理的。我们确实很难将一个社会的分配正义原则运用到另一个具有完全不同的文化背景的社会当中。不管一个分配正义原则是多么的"稀薄"即具有相当程度上的"普适性"，它都会面临着"水土适应性"问题，都要做出适度甚至是根本上的调整与修正。

而且，从沃尔泽的思想来看，尽管他认为不同的社会应该拥有不同的分配正义原则或分配正义标准，但是，他也并没有完全否定不同的社会也具有相同或者相通的分配正义原则或标准。这是因为，在沃尔泽看来，如果以"厚"的标准来看，不同的社会确实具有不同的"共享理解"，但是，如果以相对"薄"一点的标准来看，不同的社会也会具有相同或者相通的"共享理解"——这是由人性的普遍特性所决定的。正如伯林在论述作为某种文化成员的"我们"之所以能够理解外族的价值和理想时所说的那样："因为使人成为人的因素，对于他们也是共同的，它在他们中间架起一座桥梁。"② 既然多多少少都会存在着"共享理解"，那么，不同的社会就始终会存在着相同或者相通的分配正义原则。所以，沃尔泽的相对主义并不是绝对的相对主义，而是有限的相对主义。换言之，他一方面坚持分配正义原则的相对性占主流，另一方面也客观地看到了分配正义原则在一定程度上的普遍性。就此来看，人们不管是从方法论本身对沃尔泽提出批评，还是从分配正义问题本身对沃尔泽提出批评，都是站不住的。

---

① M. Walzer, "Spheres of Justice: An Exchange", *New York Review of Books*, July 21, 1983, pp. 4 – 5.
② 转引自［英］迈克尔·H. 莱斯诺夫《二十世纪的政治哲学家》，冯克利译，商务印书馆 2001 年版，第 287 页。

退一步来讲，即使如一些批评家所指责的那样，沃尔泽的分配正义原则只有相对性而没有普适性，那也无关宏旨，不伤大雅。这是因为，沃尔泽的更"薄"一点的"共享理解"在所有社会都存在的观点为解决分配正义原则的相对性问题提供了思路。具体而言，思路是这样的：按照沃尔泽的分配正义原则应该与一个社会的文化语境相对应的原理，如果由一个社会的文化语境得出的分配原则与普遍的分配正义原则相违背，那就不应该承认这个原则是正义的或者说是合理的，而是应该将这个社会的范围进行扩展，直到由扩展后的社会文化环境所生成的分配原则正好符合正义的原则或标准为止。

沃尔泽多元主义分配正义论的相对主义特色，与前面所讲到的实证主义和文化主义是浑然一体的。正是因为沃尔泽分配正义论具有实证主义和文化主义的特点，所以，就导致他的多元主义分配正义论具有相对主义的特点。相对主义是建立在实证主义与文化主义的基础之上的；而实证主义和文化主义又是由相对主义所引发的。

不管如何，沃尔泽从其他哲学家在分配正义理论上所坚持的普遍主义的传统中一跃而出，开创性地走了一条相对主义的研究路径，这在分配正义这个研究领域，可以称得上是一个具有标志性意义的事件。沃尔泽的最大的贡献在于，他提醒研究分配正义理论的哲学家不要过分乐观地认为可以发现或者建构尤其是建构唯一的一套分配正义理论并使其适用于所有的社会，而应该在分配正义这个问题面前适度地保持谨慎和谦逊的态度，重视分配正义理论的相对性和有限性。

总言之，相对主义是沃尔泽多元主义分配正义论所表现出来的与众不同的品质，它不仅不应该受到批评，而且应该受到相应的赞誉。

第二节 多元主义分配正义论的坐标系定位

从理论的逻辑及其发生学上看，沃尔泽多元主义分配正义论主要是对以罗尔斯为代表的一元主义分配正义论的回应，但我们并不能依此而准确地判断出沃尔泽多元主义分配正义论与罗尔斯分配正义论的关系，即沃尔泽多元主义分配正义论相对于罗尔斯分配正义论的思想谱系方位。因此，我们有必要对沃尔泽多元主义分配正义论在由西方分配正义思想所形成的坐标系中进行一个准确的定位,即认清沃尔泽多元主义分配正义论在西方诸多分配正义理论所构成的坐标系中究竟处于一个什么样的位子。马克思、罗尔斯和诺齐克分别代表西方分配正义思想的左、中和右三派,基于此,我们选取马克思、罗尔斯和诺齐克作为参照系,来判断和确定沃尔泽多元主义分配正义论在西方分配正义思想所形成的坐标系中的具体方位。不过,需要指出的是,我们在这里对沃尔泽进行坐标系定位,仅仅只是从沃尔泽的分配正义理论来切入的,更进一步讲,主要是从沃尔泽多元主义分配正义论在实现社会平等的效果上切入的,而不是从沃尔泽的整个思想体系切入的。

一 沃尔泽与马克思:分道扬镳

虽然沃尔泽自始至终将"永恒的差别"视为分配活动得以展开的前提条件,但是,他仍然矢志不移地追求平等,并将平等视为自己的多元主义分配正义论所要实现的根本目标。并且,通过沃尔泽的论述,我们可以清晰地认识到,沃尔泽所追求的平等还是一种超越经济平等与政治平等的社会平等。沃尔泽是这样描述他的"社会平等"理想的:"一个没有普罗克汝忒斯之床(普罗克汝忒斯是古希腊神话人物,系阿提卡巨人,羁留旅客,缚之床榻,体长者截其下肢,体短者拔之使与床齐。后人以"普罗克汝忒斯之床"喻野蛮的强求一致——笔者加注)的平等主义;一个鲜活开放的平等主义,它不与'平等主义'一词的字面意思相合,而是与这一憧憬的更加丰富的层面相宜;一个与自由相一致的平等主义。"① 具体而言,在这个社会中,"不再需要打躬作揖、谄媚奉承;不再有恐惧的哆嗦;不再有盛气凌人者;不再有主人,不再有奴隶"。②

沃尔泽认为,与经济平等或者政治平等相比较,社会平等对于人们来说是更为重要的一种平等。而且与经济平等或者政治平等不同,社会平等可以变为现实。这是因为,虽然诸多社会不平等现象是由经济不平等和政治不平等所造成的,但是,社会平等与经济平等和政治平等之间并不存在内在的必然冲突,经济上的不平等和政治上的不平等并不必然会导致社会不平等——贵族和平民、官员和普通人可以相安无事、平等

---

① [美]沃尔泽:《正义诸领域——为多元主义和平等一辩》,褚松燕译,译林出版社2009年版,第4—5页。
② 同上书,第4页。

相处；只要贵族不凭借其手中掌握的财富、官员不凭借其手中掌握的权力去威胁和压迫穷人和平民，社会平等就可以实现。在沃尔泽看来，与实现经济平等和政治平等的简单平等目标相比较，社会平等的实现要容易得多。沃尔泽多元主义分配正义论就是为实现这样的一种社会平等目标而展开的。总之，按照沃尔泽的设想，经济上可以不平等，政治上也可以不平等，但在社会地位上必须要实现平等。

就沃尔泽所处时代的诸多分配正义理论来看，经济平等和政治平等受到理论家的关注较多，而社会平等受到的关注则相对较少，甚至在很多时候都被忽视了。沃尔泽以独特的洞察力将社会平等纳入分配正义理论，这是沃尔泽的一个重要贡献。同时，它表明分配正义理论正在发生转向——从集中关注经济平等和政治平等转向集中关注社会平等。

沃尔泽多元主义分配正义论对社会平等的追求，使沃尔泽在一定程度上走进了马克思的分配正义理论的世界。马克思是一位典型的社会平等理想的追求者和探路人。马克思的分配正义理论虽然关注的是经济平等和政治平等问题，但落脚点却是社会平等问题。马克思说："代替那存在着阶级和阶级对立的资产阶级旧社会的，将是这样一个联合体，在那里，每个人的自由发展是一切人的自由发展的条件。"[1] 换言之，实现经济平等与政治平等并不是马克思分配正义理论的目标，它们只是马克思分配正义理论的中间变量，实现社会平等才是马克思的梦想。[2] 对社会平等的共同追求，使沃尔泽的分配正义理论与马克思的分配正义理论表现出了一定的亲缘性。当然，沃尔泽的分配正义理论与马克思的分配正义理论的亲缘性也仅仅只是表现在对社会平等理想的追求上，而在其他方面尤其是在实现社会平等的主张上两者是截然不同的。

众所周知，马克思主义经典作家将社会不平等的根源追溯到经济不平等与政治不平等那里，为此，他们主张，为了实现社会平等，必须要铲除经济不平等与政治不平等这两个根源，特别是要铲除经济不平等这个第一根源（经济基础决定上层建筑）。列宁说："一旦社会全体成员在

---

[1] 《马克思恩格斯选集》（第一卷），人民出版社 1995 年版，第 294 页。
[2] 比如，马克思讲到在共产主义社会，社会分工消失、脑力劳动和体力劳动也消失，即从旧社会遗留下来的分工所造成的三大差别已经消失，人们在智力和体力上得到全面发展。并且，社会尊重人的合理需求和人的主体地位，满足人的自由而全面发展的需要。这正是马克思的社会平等思想的重要表现。

占有生产资料方面的平等即劳动平等、工资平等实现以后,在人类面前不可避免地立即产生一个问题:要更进一步从形式上平等进到事实上平等,即实现'各尽所能,按需分配'的原则。"① 而沃尔泽虽然也认为,社会不平等是由经济不平等和政治不平等造成的,但是,他并不主张通过消除经济不平等和政治不平等来实现社会平等,而是主张在承认经济不平等和社会不平等的前提下阻止支配现象的发生即对"贵族对平民、官员对普通公民、掌权者对无权者的所作所为"进行约束来实现社会平等。显而易见,沃尔泽的分配正义理论要比马克思的分配正义理论温和得多、保守得多。由此,我们可以初步确定,在分配正义理论对应的意识形态坐标系中,沃尔泽是位于马克思的右边的,至少与马克思还有一段不小的距离。

综上所述,沃尔泽的分配正义理论对社会平等的向往与追求是极其强烈的;而且,沃尔泽多元主义分配正义论对社会平等理想的追求还使沃尔泽在一定意义上走进了马克思的分配正义理论的世界。然而,由于沃尔泽的分配正义理论与马克思的分配正义理论在实现社会平等理想的主张上存在着本质上的分歧,从而使沃尔泽站在了马克思的右边。我们知道,在马克思的右边,还有左派平等自由主义的代表人物罗尔斯和右派自由至上主义的代表人物诺齐克。为了进一步确定沃尔泽多元主义分配正义论在意识形态坐标系中的位置,我们还需要将沃尔泽与罗尔斯、诺齐克进行比较。

二 沃尔泽与罗尔斯:貌合神离

罗尔斯被称为一位"温和的自由主义者",或者说,一位"平等的自由主义者"。从某种意义上讲,罗尔斯的分配正义理论主要是为"平等"作论证和辩护的。进而言之,在很大程度上,罗尔斯是站在穷人的立场上替穷人说话的。在罗尔斯的分配正义理论中,为穷人进行声援的重要武器是"差异原则",这也是罗尔斯分配正义理论的核心原则。"差异原则"的含义或者要求就是,财富或者收入的增加必须以能够同时增加处于社会最底层的穷人的利益为前提条件;否则,任何形式的财富或者收入的增加都是不被允许的。这犹如是套在富人头上的一个"紧箍咒",一旦富人违背了"差别原则"所规定的内容,这个"紧箍咒"就会发挥作

---

① 《列宁选集》(第三卷),人民出版社 1995 年版,第 201 页。

用，从而防止一个社会中产生严重的两极分化状态尤其是阻止产生"富者田连阡陌，贫者无立锥之地"的极不正义的现象。

与罗尔斯一样，沃尔泽对于那些在一个社会中处于底层的弱势群体尤其是那些连基本的生存权利都难以得到保障的穷人也给予了一定的尊重和关心。而且，沃尔泽还注意到了一个并不曾被罗尔斯注意到的"绝望交易"现象，并对"绝望交易"表达了强烈的否定态度。为了防止社会上出现"绝望交易"的现象，以保证让处于社会底层的弱势群体尤其是让穷人过上有尊严的体面生活，沃尔泽力主在"需要"这个分配领域应该实行"满足需要"的分配原则，即将"需要"之类的善无偿地提供那些有迫切需要或需求的人们。那么，谁来承担这份责任重大的工作呢？沃尔泽认为，除国家及其政府以外，没有任何组织或团体能够担此重任、履此重责。也就是说，在沃尔泽看来，政府应该在促进福利和社会正义的事业上发挥广泛的作用①，这是国家及其政府义不容辞的责任。可以说，对于作为正义所属的社会福利事业，沃尔泽是没有丝毫的含糊之词的。由此也可以看出，在对待社会弱势群体和穷人的问题上进而在缩小社会贫富差距和促进社会平等的问题上，沃尔泽与罗尔斯的思想主旨表现出了高度的一致性——尽管两人所寻求的理论依据和提出的分配原则不同。

至此，我们是不是就能认为沃尔泽的分配正义理论与罗尔斯的分配正义理论在平等问题上趋向一致了呢？答案是否定的。这是因为，罗尔斯的分配正义理论在一定程度上确实能够缩小一个社会的贫富差距，从而在一定意义上实现人与人之间的平等；而沃尔泽的分配正义理论却并不能达到这样的效果——尽管沃尔泽对社会平等寄予了厚望，并为此做了大量的论证工作。在此，我们需要再次回到沃尔泽多元主义分配正义论的整个论证思路上来看这一个问题。在论证的逻辑起点上，沃尔泽就预先设定了分配差异的存在是天经地义的，而且是永恒的。沃尔泽断言，世界上不可能存在简单的平等，而只可能存在永恒的差异。这是对平等的一个釜底抽薪式的否决。当然，最让平等之梦致命的还是沃尔泽支持不受限制的"垄断"性占有。在沃尔泽看来，个人凭借自己的实力完全

---

① 参见 Michael Walzer, *Thinking Politically: Essays in Political Theory*, New Haven: Yale University Press, 2007, p. xi (Introduction)。

可以排他性地占有本领域的所有善，只要他/她不凭借在本领域所积聚的优势而侵占其他领域的善即可。就社会发展的经验来看，垄断必然会造成大富大贵与极贫极弱的两极分化现象。对此，沃尔泽不仅不表示反对，而且还认为是合理的，进而也是正义的。沃尔泽认为，即使垄断导致一些人大起大落甚至是一贫如洗，国家也不能跨界来对这样的分配进行干预和调节；否则，国家就违背了正义原则。

　　沃尔泽将其所描述的这种分配目标或者结果称为"复合平等"。"复合平等"从本质上讲是一种不平等，它为事实上的不平等做了美好的掩饰和辩解。当然，沃尔泽认识到了这种复合平等会造成一部分人陷入绝境。为此，他提出了用"满足需要"的保底性分配原则来为陷入绝境的人们提供及时的救助。然而，"满足需要"原则却并不能担当此任，它只能发挥出十分有限的作用，它根本改善不了陷入绝境的人们的社会地位问题。从现实来看，即使一个人的基本需要全部得到了满足，他也不可能与一个拥有巨额财富的富人拥有平起平坐的社会地位，财富差异及其造成的身份差异和地位差异会随之而来。换言之，沃尔泽所指望的通过"满足需要"的分配原则来消除的"打躬作揖、谄媚奉承"，"恐惧的哆嗦""盛气凌人""主人、奴隶"等不平等社会现象仍然会一如既往地存在着，甚至还会进一步加剧。当然，这正是沃尔泽所追求的一种平等。就此来看，与其称沃尔泽多元主义分配正义论所实现的平等为"复合平等"，还不如称它为"复合的不平等"。

　　我们再回到罗尔斯的分配正义理论。罗尔斯的分配正义理论的效果是完全不同的。罗尔斯在力主用"差异原则"解决不平等问题之外，他还握有一个"撒手锏"——"平等的自由"原则。"平等的自由"原则作为一个基础性条件和前提性原则，它能够从根本上为实现平等的目标保驾护航。也就是说，在"差异原则"并不能减少不平等，从而促进社会平等的情况下，根据"平等的自由"原则也可以对不平等的社会现象进行矫正。为什么这样讲呢？这需要对罗尔斯的"平等的自由"原则做出解释。罗尔斯的"平等的自由"原则实质上包含两层含义：一层含义是，富人在遭受因国家强制性征税而给其自由的权利造成威胁或者损害时，可以起用"平等的自由"原则来向国家提出抗议，进而阻止国家的强制性征税行为；另一层含义是，穷人在遭受因自身的先天缺陷或者后天的市场竞争失败而给其自由的权利造成威胁或者损害时，仍然可以启用"平等的自由"原则来向国家提出抗议,进而要求国家为其提供与富人相一致的权利保障。在大多数情况下,人们理解的或者说重视的只是"平等的自由"原则的第一层含义,而忽视或者说偏离了"平等的自由"原则的第二层含义。罗尔斯的"平等的自由"原则不仅仅在于防止国家干预富人的权利,也在于提醒国家在平等受到严重破坏时必须保护穷人的权利。

由此我们可以认为,沃尔泽多元主义分配正义论自始至终都充满了不平等的色彩——起点不平等、过程不平等,结果也不平等。而沃尔泽所追求的复合平等,实质上是"复杂的不平等",这一点在很多研究者那里都有反应。① 相反,罗尔斯的分配正义理论自始至终都是在为实现平等而努力——基本政治权利的平等、机会的公平平等,以及经济权利的尽量平等。罗尔斯在并不降低自由的重要地位的前提下为实现平等所做出的努力是名副其实的。

总而言之,从分配正义原则的实践效果来看,罗尔斯在不断地靠近和实现平等,而沃尔泽却在一步一步地远离平等,放弃平等。从本质上讲,沃尔泽的分配正义理论与平等是没有什么直接联系的——尽管沃尔泽从头到尾都是在为复合平等即"不平等的平等"而努力。一言以蔽之,沃尔泽多元主义分配正义论"有平等之形,无平等之神",与罗尔斯是"貌合神离"的。所以,就实现平等理想而言,沃尔泽站在了罗尔斯的右边,至少没有和罗尔斯站在同一个坐标点上;而其他的观点认为,"最后沃尔泽回到了罗尔斯的分配正义观上"② 是没有道理的。

三 沃尔泽与诺齐克:殊途同归

正如人们所熟知的,诺齐克是一位"自由至上主义者"。在《无政府、国家与乌托邦》中,诺齐克全面地展现了一位"自由至上主义者"的精神气质——对平等漠不关心,对自由无比推崇。在诺齐克这里,自由相对于平等而言具有压倒性的和不容挑战的地位;诺齐克认为:"任何

---

① 比如,姚大志在对沃尔泽的分配正义理论进行研究后,认为沃尔泽的复合平等实质上是一种复杂的不平等,即披着平等的外衣,藏着不平等的内核。参见姚大志《复杂的不平等——评沃尔策的平等观》,《苏州大学学报》(哲学社会科学版)2013 年第 2 期。

② 龚群:《沃尔泽的多元复合平等观——兼论与罗尔斯的简单平等观之比较》,《湖北大学学报》(哲学社会科学版)2013 年第 3 期。

人都永远没有资格侵犯个人的权利，不管是出于什么理由。"① 这样的理由哪怕是"为一个陷于饥寒交迫之中以至于濒临死亡的绝境之人提供救助"。诺齐克之所以将自由看得比平等重要，主要在于他认为，国家一旦为实现平等的目标而插手分配，就会威胁到个人的自由，进而会破坏整个社会尤其是市场的正义秩序。因此，诺齐克强烈地反对国家参与分配活动。当然，需要指出的是，诺齐克虽然反对国家参与分配活动，但并不反对国家以慈善的名义向穷人提供适当的救助。在诺齐克的观念中，这不是一种（再）分配活动，而是对强制剥夺"自然权利"的公正补偿；这也不是为了促进社会平等的举措，而是"能够恰当而合理地表达我们对自己的同胞的关切"。②

诺齐克"捍卫自由而置平等于不顾"③ 的精神气质在沃尔泽的分配正义理论中得到了充分的体现。从分配正义理论所达到的效果来看，沃尔泽的分配正义理论是诺齐克的正义理论的翻版。在沃尔泽的分配正义理论当中，自由也是高于平等的。

与诺齐克并不完全反对国家以慈善的名义向穷人提供一定的救助相类似，沃尔泽也提出了国家要根据"满足需要"的原则向陷入绝境的人们提供"需要"之类的善。这个原则给人的第一印象是，诺齐克所担忧的类似于罗尔斯的"差异原则"会引起国家介入分配从而侵犯个人权利的极权现象即哈耶克所警惕的"通往奴役之路"的后果似乎又要在沃尔泽的分配正义理论当中出现了。事实上，人们所担忧的情况并不会出现。这是因为，沃尔泽在提出"满足需要"这个分配原则时，他还对参与分配的国家划定了一条不能突破的红线——国家绝不能跨领域参与分配，而只能在"需要"这个领域参与分配；如果国家超越"需要"领域而跨界参与分配，国家就会受到严厉的制裁。这就为个人的自由权利提供了保障。进而言之，"满足需要"的分配原则不仅不会威胁到个人的自由权利，还会进一步保障个人的自由权利。这样看来，沃尔泽的"满足需要"

---

① ［英］迈克尔·H. 莱斯诺夫：《二十世纪的政治哲学家》，冯克利译，商务印书馆2001年版，第328页。

② 同上书，第345页。

③ 诺齐克认为，穷人没有得到帮助的任何权利，富人或无论什么人都没有任何义务去帮助他们。参见［英］迈克尔·H. 莱斯诺夫《二十世纪的政治哲学家》，冯克利译，商务印书馆2001年版，第345页。

的分配原则与诺齐克并不反对的国家以慈善的名义向穷人提供一定的救助在本质上是一致的,既都不会对自由构成威胁,也都不会对平等有实质性的促进。

沃尔泽和诺齐克的相似之处不仅仅在于他们关于为穷人提供救助的思想主张上,更在于他们为分配所设定的前提条件上即分配存在着差异是天经地义的和永恒的,以及双方所阐述的正义原则上。无论是从形式上看,还是从内容上看,沃尔泽所提出的"自由交换"和"归于应得"的分配正义原则与诺齐克所论证的"获取正义""转让正义""矫正正义"等正义原则都是没有明显区别的。这让我们想起了哈耶克的一段话:"在这个世界上,平等地对待人们(treating people equally)与试图使他们变得平等(attempting to make people equal)这两者之间始终存在着重大的区别。前者是一个自由社会的前提条件,而后者则像托克维尔所描述的那样意味着'一种新的奴役形式'(a new form of servitude)。"① "只要平等被解释为环境的平等化,那就涉及(最低限度)不断的再分配,这也就意味着政治将会插手制止市场分配的自动机制,或者取而代之。"② 哈耶克的这段话也符合沃尔泽与诺齐克的思想主张。就这三个人在分配正义问题上的主张来看,诺齐克是一位哈耶克主义者,而沃尔泽又不可掩饰地成为一位"诺齐克主义者"。沃尔泽之所以变身为一位"诺齐克主义者",这与沃尔泽长期与诺齐克密切共事,尤其是与诺齐克同授一门课,应该说是有一定的关系的。

由此不难得出,作为一位社群主义者,沃尔泽的分配正义理论充满了浓厚的自由主义的色彩。如果我们要在沃尔泽的身上贴上"自由主义"的标签,那也是不足为奇的。而正因为如此,沃尔泽可以称得上是一位"自由主义的社群主义者",或者一位"社群主义的自由主义者"。不过,需要指出的是,无论是我们称沃尔泽为"自由主义的社群主义者",还是我们称沃尔泽为"社群主义的自由主义者",其重心都在"社群主义"之上。也就是说,不管沃尔泽的身上含有多么浓厚的自由主义色彩,但沃尔泽归根结底还是一位社群主义者;说得更明确一点,沃尔泽是社群主

---

① [英]哈耶克:《个人主义与经济秩序》,邓正来译,生活·读书·新知三联书店2003年版,第22页。

② [美]萨托利:《民主新论》,冯克利、阎克文译,东方出版社1998年版,第405页。

义阵营中偏向于自由主义的一位思想家。

就论证思路与研究方法来看，沃尔泽多元主义分配正义论与诺齐克的（分配）正义理论是两种完全不同的分配正义理论，但它们在实质上却是殊途同归的，都是通往不平等之路。按照沃尔泽多元主义分配正义论，自由能够得到有效保障，而平等却是遥遥无期的。沃尔泽的分配正义理论最终所达到的效果与他起初所设想的复合平等目标从根本上说是南辕北辙的，这就导致了沃尔泽多元主义分配正义论不由自主地滑向了诺齐克，即沃尔泽与诺齐克罕见地站在了一起。所以，从这一点来说，沃尔泽多元主义分配正义论还是为资本主义的市场经济做辩护的；尽管沃尔泽的分配正义理论也在一定程度上支持福利国家政策，但其前提是依然坚持自由的市场经济制度，这一点是不能妥协的。

第三节　多元主义分配正义论的局限性讨论

一个理论体系无论多么的严整和完善，它都不可能做到天衣无缝，即都不可避免地会存在着一些理论或者逻辑上的局限性。沃尔泽多元主义分配正义论也不例外。综观沃尔泽多元主义分配正义论，其局限性或者说容易引起争议的地方，主要集中在分配领域、共享理解、控制国家等问题上。而且，分配领域、共享理解、控制国家等也是沃尔泽多元主义分配正义论的几个关键理论支点。在下文中，我们将主要从分配领域、共享理解、控制国家等方面，来讨论沃尔泽多元主义分配正义论的局限性。需要指出的是，我们所做的这个讨论，更多的是一种开放性的讨论，而不是一种原则上的定性讨论，即进行这个讨论的目的，不是从根本上颠覆或者动摇沃尔泽多元主义分配正义的整个理论大厦，而主要是揭示沃尔泽多元主义分配正义论需要进一步探讨的论点。

一　有多少分配领域？

按照沃尔泽的设想，每一种善都构成了一个独立的分配领域；有多少善，相应地就有多少分配领域。在《正义诸领域》一书中，沃尔泽一共列举出人类社会的 11 种善以及由此所决定的 11 个分配领域，它们具体包括共同体的成员资格、安全与福利、货币与商品、职位、艰苦的工作、自由时间、教育、亲属关系与爱、神的恩宠、承认以及政治权力。尽管

第五章　审思沃尔泽多元主义分配正义论

11种善以及由此所决定的11个分配领域被沃尔泽赋予了无以复加的重要性，但是，它们终究代表不了人类社会无限多的善以及由此所决定的无限多的分配领域。相对于无穷无尽的社会善和分配领域来说，沃尔泽所列举的11种善和11个分配领域显然只是冰山之一角，沧海之一粟。那么，在人类社会所存在的无限多的善当中，沃尔泽是基于什么标准或依据只列举出其中的11种善呢？对于这个问题，我们并不能从沃尔泽的论述中找到合适与合理的答案。这样一来，沃尔泽的做法就给人们留下了疑惑，至少让人们觉得沃尔泽对11种善的列举在逻辑上是不够严谨的。

更有甚者，在并没有完全列举出人类社会的所有善及其对应的分配领域的前提下，沃尔泽就试图通过对其中的11种善的社会意义进行阐释、对11个分配领域进行描述，进而得出自己的多元主义分配正义原则，这不仅在理论上是不恰当的——有限的列举不能推导出一个具有相对普遍性的结论，而且，在实践上也是轻率的——有限的列举得出的结论放到现实生活中难以获得公信力和认可度。并且，沃尔泽还以平面的眼光和态度来对待11种善以及由此所决定的11个分配领域，而没有注意到（至少没有足够的注意到）11种善以及由此所决定的11个分配领域是具有层次性和结构性的，即没有注意到"所有的善在本质上都是异质的"。[①] 换言之，11种善以及由此所决定的11个分配领域并不是分布在同一个平面上的，而是以立体乃至相互交叉的形式存在于社会的各个层面上的；或者说，11种善以及由此所决定的11个分配领域之间是不可通约的，它们并不是同质的和等价的。进而言之，对11种善进行分配所产生的效果也是各不相同的。从这一点来看，沃尔泽以平面的思维，一视同仁地对待各种善以及各个分配领域，并以此为出发点来推导多元主义的分配正义原则是存在缺陷的。

另一位多元主义分配正义理论家——米勒正是看到了沃尔泽的这一问题，于是，他在将社会类型划分为三个基本的关系样式——团结性社群（村落、家庭、俱乐部、宗教团体、职业协会等有特定伦理信条的联合）、工具性联合体（生产、资本、工作、交换、酬劳、荣耀、市场、官僚机构等带有工具性的团结性领域）和公民身份（既通过社群和工具性

[①] ［美］威廉·A. 盖尔斯敦：《自由多元主义》，佟德志、庞金友译，江苏人民出版社2005年版，第6页。

联合又作为同等公民联系的联合模式）——的基础上，进而比较成功地总结出了人类社会的三个基本分配领域：团结性社群分配领域、工具性联合体分配领域和公民身份分配领域。[①] 相较于沃尔泽对分配领域的不完全列举而言，米勒的不完全归纳显得要技高一筹，其较好地避免了列举法难以穷尽所有的善以及由此所导致的不能穷尽所有的分配领域的问题。

然而，就问题本身来讲，米勒实质上并没有站在沃尔泽的逻辑思路上解决沃尔泽的以上问题。这是因为，沃尔泽多元主义分配正义论的逻辑起点是"社会中的善"，米勒的多元主义分配正义论的逻辑起点是"人们的关系样式"。米勒用自己的"人们的关系样式"取代沃尔泽的"社会中的善"，就已经脱离了沃尔泽的思想轨道和逻辑进路，以至于使沃尔泽的"社会物品多元正义论"在米勒这里变成了"社会情境多元正义论"。这样一来，沃尔泽的基于社会善的社会意义的多元主义分配正义论也就丧失了独特性甚至是丧失了原始的灵魂。米勒另起炉灶的做法，虽然为多元主义分配正义论提供了一种新思路，但对于沃尔泽的基于善的社会意义基础之上的多元主义分配正义论却是没有实质助益的。

在此，重申一下沃尔泽所要解决的问题——在不改变以社会善为逻辑起点的前提下，如何有效地列举出社会善及其对应的分配领域呢？对于这个问题，如果继续沿着沃尔泽的思路，纯粹地采用素描的方法来列举人类社会的善进而划分出所有的分配领域，将是没有尽头的——除创造万物从而对万物了如指掌的上帝以外，没有一个人能够胜任这项工作。不过，米勒的上述做法倒是为我们解决沃尔泽的问题提供了一点启示。

具体来说，米勒的做法启发我们，人类社会的善并不像沃尔泽所想象的那样是绝对的相斥的，而是存在内在的必然联系。换言之，就各种善的具象意义来看，或许它们是相斥的；但是，如果就各种善的抽象意义来看，它们却是存在着一些深层次的共性的。也就是说，在一种更为抽象的意义上，我们可以对不同的善进行分门别类。举个例子，苹果、梨子、橘子等，它们属于不同的种，但它们有一个共性，即都属于"水果"这一类。因此，我们在描述苹果、梨子、橘子等社会善时，只需要描述"水果"这种更为抽象意义上的善即可，而不需要对"水果"下面

[①] 参见［英］戴维·米勒《社会正义原则》，应奇译，江苏人民出版社2001年版，第31—33、36页。

的种类——苹果、梨子、橘子等——进行描述。同样的道理，沃尔泽在列举诸多的社会善时，可以首先在更为抽象的意义上对各种不同的社会善进行分门别类，然后再从门类上划分出各种社会善并由此划分出各个分配领域。这样一来，社会善以及由此所决定的分配领域就不会是无穷无尽的，而是相对有限的，至少不会是无序的。

当然，从本质上讲，沃尔泽在划分分配领域这一问题上所存在的矛盾是根本解决不了的。我们不妨还是回到沃尔泽的逻辑起点——社会善及其意义上。沃尔泽多元主义分配正义论是建立在善及其社会意义的基础之上的。社会善决定了分配领域进而决定了相应的分配正义原则。进一步来说，只有从最本真的善及其社会意义出发，才能阐释和发展出最严格意义上的多元主义分配正义理论。然而，人们在对社会善进行分门别类的过程中，不同的社会善因被赋予了同一种抽象意义而很有可能会造成善的部分乃至全部本真意义被湮没，从而导致分配正义原则并不是严格地从善的社会意义推导和生发出来的。例如，与梨子、橘子等不同的苹果被赋予了"水果"的抽象意义后，那么，苹果所具有的不同于梨子、橘子的部分乃至全部本真意义就被湮没了，而根据水果的社会意义所推导出来的分配正义原则显然与根据苹果的社会意义所推导出来的分配正义原则是不一样的。再加上，人的有限理性也并不能完全地理解善的社会意义进而难以将不同的善划分到最合适的门类中去，从而必定会导致一部分善与其划定的门类不相对应。而在对善进行分门别类后，善的分配是以相应的门类在其对应的分配领域中进行的，那么，最终的分配结果就有可能与善的确切的社会意义不一致。这样一来，就在一定程度上违背了或者说消解了沃尔泽建立于善及其社会意义基础之上的多元主义分配正义理论。从更为抽象的意义上对善进行分门别类进而划分出善的分配领域，在实践中是根本做不到的，或者说，是不能完全做到的。至此，我们可以得出这样的一个认识：人类社会到底有多少个分配领域？这不是包括沃尔泽在内的思想家能够解决的，因为它是沃尔泽的建立在善及其社会意义基础之上的多元主义分配正义论的一个"死结"。

二 共享理解可能吗？

沃尔泽多元主义分配正义论是建立在善的社会意义的基础之上的，而善的社会意义即人们对善的"共享理解"。"共享理解"是沃尔泽多元主义分配正义论的逻辑起点与立论根基。沃尔泽多元主义分配正义论能否成立,在很大程度上取决于"共享理解"能不能成立。① "共享理解"若是不能成立,沃尔泽多元主义分配正义论的整个逻辑就会坍塌,至少不够严谨。那么,我们不禁要追问:沃尔泽的"共享理解"能成立吗?或者说,沃尔泽的"共享理解"可能吗?

按照沃尔泽的思想,所谓"共享理解",是指生活在相同文化背景下的共同体成员在面对同一种善时所自发产生的相同观念。不难看出,在沃尔泽的思想中,相同的文化背景是"共享理解"的充要条件。也就是说,只要生活在相同的文化背景下,共同体成员就能够对同一种善产生相同的观念。显而易见,沃尔泽的思想过于理想化和绝对化了;实质上,"共享理解"并不像沃尔泽所想象那样简单,而是要复杂得多。

尽管大量的经验事实向我们表明,生活在相同的文化背景下的人在很多时候确实会对同一种善产生相同的观念即类似于达尔所说的"经验—教养—塑造大脑"②的模式,但这并不意味着生活在相同文化背景下的人就一定会对同一种善产生相同的观念,即拥有完全的"共享理解"。这是因为,影响"共享理解"的因素不仅仅只有文化背景,还有个体的心理特征和生理特征。虽然文化背景是影响个人观念的决定性因素,但个体的心理特征和生理特征对个人观念形成的影响也是不能够忽视的,甚至在一些特殊情况下,个体的心理特征和生理特征对形成"共享理解"所造成的影响还会超过文化背景对形成"共享理解"所造成的影响。心理特征和生理特征不同的共同体成员,即使生活在相同的文化背景下,也不会拥有(完全的)"共享理解"。例如,在同一个圈子里,一个性情急躁的人与一个性情温和的人面对同一种善就很可能产生或拥有不同的观念,即很难拥有"共享理解";一个身体正常的人与一个身体残障的人面对同一种善也很可能产生或拥有不同的观念,即很难拥有"共享理解"。

对此,沃尔泽也许会反驳道,个体的心理特征本身就是由文化背景所决定的——这也是社群主义的一个核心观点,相同的文化背景必然会导致相同的心理特征。如果某一个体的心理特征迥异于共同体的其他成

---

① 参见姚大志《一种约定主义的正义?——评沃尔策的正义观》,《学习与探索》2013年第4期。

② [美] 罗伯特·A. 达尔:《论政治平等》,谢岳译,上海人民出版社2010年版,第26页。

员,那只能说明从形式上看这一个体与共同体中其他成员生活在相同的文化背景下,而在实质上这个个体却并不与共同体中其他成员生活在相同的文化背景下。客观地说,沃尔泽的反驳是不成立的。这主要是因为,个体的心理特征并不完全是由文化背景所决定的,它在很大程度上也是与个人的生理结构密切相关的。个体的生理结构对个体的心理特征也会产生相当程度的影响。很明显的一个例子是:生活在相同文化背景下的女性和男性,因为生理结构不同,他/她们往往就具有不同的心理特征。不同的生理结构导致了不同的心理特征,不同的心理特征又导致了他/她们对于同一种善却拥有不同的观念,即很难拥有(完全的)"共享理解"。

此外,由于人的心理特征如同生理特征一样,同样也具有先天的遗传性[1],这进一步加剧了"共享理解"的复杂性和难成性。一般来说,人的心理特征即通常所说的性格与性情在很大程度上是从其父本和母本那里遗传和继承而来的,其中包括从父本和母本那里遗传一定程度的"共享理解"。诚如赫尔德所说,"我们的内在禀赋的种子,就像我们身体的构造一样,是遗传的;不单如此,这种子的每一步成长都是命运使然……"[2] 但是,由于遗传并不是一种类似于计算机系统的复制和粘贴过程,而是具有很大的偶然性和选择性,从而使后代从即使是拥有相同程度的"共享理解"的父本和母本那里所遗传的"共享理解"的程度也并不是完全一样的,即有的人从父本和母本那里遗传的"共享理解"多而且厚,而有的人则从父本和母本那里遗传的"共享理解"少而且薄。在这样的情况下,从父本和母本那里继承了不同程度的"共享理解"的同代人,很可能会对同一种善形成不同的观念。进一步来说,他们很难对同一种善形成或者拥有同等程度的"共享理解"。再加上,心理特征还受到外界文化背景的深刻影响,而后代所成长的文化背景与其父本和母本所成长的文化背景是不一样的,这进一步使后代与父本和母本难以形成或者拥有更大程度上的"共享理解",即很难拥有较大程度的"共享理解"。并且,随着时间的流变,后代与父本和母本之间的"共享理解"会变得越来越稀薄,直到被相互之间的差异化思想观念完全覆盖。此时,

---

[1] 参见薛永辉《艺术中的潜情感》,《云南社会科学》1990年第4期。
[2] [德]约翰·哥特弗雷德·赫尔德:《反纯粹理性——论宗教、语言和历史文选》,商务印书馆2010年版,第17页。

后代与父本和母本就没有（同样的）"共享理解"可言了。

从本质上讲，"共享理解"是内在自发生成的，而不是外在力量形塑或建构而成的。即使是在同一种文化背景下共同体成员并不拥有"共享理解"，那也不能运用民主投票或者民主协商的方式对那些与共同体大多数成员所拥有的"共享理解"不一致的观念进行淘汰，更不能运用暴力手段对持异议者尤其是少数群体的传统和"理解"进行恐吓以使他/她们屈服于既有的主流文化观念。这也是沃尔泽的观点：多数人的意见不代表社会意义，多数决定的原则也不能支配关于社会意义的讨论。① 而且，退一步来讲，即使采用外在力量强制性地促成了"共享理解"，但这样形塑而成的"共享理解"也是不能持久的，至少它是不符合"共享理解"的本来面目的。

一般来说，共同体及其文化的形成过程是相当漫长的。这就决定了"共享理解"的形成和确立也不是在一朝一夕之内完成的。事实上，这同样也是沃尔泽所一再强调的观点。在沃尔泽看来，"共享理解"并非一天、一年或是十年形成的，而是一种长期的历史观念。比如，从中世纪对来世的关注到当代对长寿的关注，就是"一种非凡的文化转变"②，它经历了漫长的历史发酵和酝酿才得以实现。进而言之，"共享理解"一旦形成或者确立之后，就是相对比较稳定的。那么，在短期内，"共享理解"就不会轻易发生改变；即使发生改变，也是循序渐进的，而且人们也很难察觉得到。反之，如果共同体成员对某种善并不能拥有相同的观念，即不拥有"共享理解"，那也是共同体及其文化长期演变的结果，对于这种结果，在短期内是不能予以改变的，即使往"共享理解"的方向发展也不会立刻见效。

既然"共享理解"不可能实现，或者说，严格意义上的"共享理解"不可能实现，那么，指望根据人们对善的"共享理解"来分配善就是不现实的。在这样的情况下，究竟是根据多数人的"共享理解"来分配善，还是根据少数人的"共享理解"来分配善，是没有确定答案的。无论对于共同体内不同群体的"共享理解"做出怎样的通分即取公倍数，总会

---

① Michael Walzer, "Objectivity and Social Meaning", in David Miller eds., *Thinking Politically: Essays in Political Theory*, New Haven: Yale University Press, 2007, p. 44.

② Michael Walzer, "The Long-term Perspective", *Bulletin of the New York Academy of Medicine*, No. 62, p. 10.

有人被排除在"共享理解"之外,对于处于"共享理解"之外的人,还应该向他/她分配善吗?面对这些难题,沃尔泽没有做出回答,以至于留给人们一系列疑问,导致人们对沃尔泽多元主义分配正义论的局限性穷追不舍。

总而言之,从严格意义上讲,共同体的"共享理解"是不可能的。"一个社会,无论其规模有多大,都难以实现一致性。"① 即使是处于同一个文化背景当中,但由于个人的心理特征及其成长经历并不相同,因而共同体成员也是难以形成进而拥有高度的"共享理解"的。诚如布里格斯(Sheila Briggs)所言:"就像共同体的叙事伦理的其他支持者一样,沃尔泽假定一种共享的社会道德意义世界的存在。但我相信,这个世界是文化霸权的过程……"② 也就是说,自发的"共享理解"是不可能形成的,现实社会中所谓的"共享理解"都只是文化霸权对异议进行压制的结果,而这样的"共享理解"根本就不是真正意义上的"共享理解"。

三 如何控制强国家?

为了实现复合平等以及分配正义目标,沃尔泽主张必须运用国家的力量来阻止其他的一切社会善所实施的跨界分配行为,即控制除国家以外的其他一切社会善所引起的(分配)暴政。为此,国家就必须是一个相对于其他社会善而言拥有强大力量的政治主体。换言之,国家必须拥有较强的自主性或自主权③,它既能够摆脱各种政治力量(如掌握国家政治权力的异议派别)和社会力量(如利益集团、社会组织、公民个体等等)的干扰和掣肘,又能够在与各种政治力量和社会力量所展开的角逐中取胜。在沃尔泽看来,国家若是不能足够强大和拥有自主性,它就会在阻止其他的社会善实施跨界分配的过程中被其他的社会善所拥有的力量击败甚至摧毁。如果国家失败了,复合平等以及分配正义的目标也就会成为天方夜谭。总而言之,复合平等和多元主义分配正义需要一个强

---

① [美]威廉·A. 盖尔斯敦:《自由多元主义》,佟德志、庞金友译,江苏人民出版社2005年版,第32页。

② Sheila Briggs, "The politics of identity and the politics of interpretation", *Union Seminary Quarterly Review*, Vol. 43, No. 1 - 4, 1989, pp. 165 - 183.

③ 参见张晒《国家自主性与再分配能力:转型中国分配正义的一个解释框架》,《华中科技大学学报》(社会科学版)2014年第2期。

国家，强国家是防止和消除其他一切社会善实施跨界分配的根本保障和有力武器。

然而，沃尔泽在理想地赋予国家以强大的力量的同时，另一个问题却随之产生了，即拥有强大的力量的国家极有可能甚至必然会导致政治权力的跨界分配①，这就是人们通常所讲的权力腐败的逻辑："权力趋向腐败，绝对的权力导致绝对腐败。"② 在世界的任何地方，权力腐败都是一个极有可能发生甚至永无可能消除的政治现象。众所周知，国家并不是一个具有独立人格的行为主体。国家的意志与决策总是由掌握国家政治权力的人且总是一少部分人来执行或实施。那么，掌握国家政治权力的一部分人就会因国家所拥有的强大的力量而拥有至高无上的跨界分配力量。如此一来，他们就会在强国家的掩护下去实施跨界分配活动以为自己谋取私利。正如孟德斯鸠所言："一切有权力的人都容易滥用权力，这是万古不易的一条经验。"③ 而且，由于国家力量过于强大，其他的社会善根本无法与强国家及其掌权者抗衡，更不用说去有效地抵制强国家及其掌权者了。此时，强国家的跨界分配将是肆无忌惮的，也就是沃尔泽所说的："他们并不分配诸领域，而是破坏它们；他们并不捍卫社会意义，而是践踏它们。"④ 毋庸置疑，这是最危险也是最不正义的一种跨界分配现象，它比任何其他的跨界分配所造成的后果都要恶劣和严重——这是沃尔泽最不愿意看到的一种分配局面。

为了避免出现强国家自身所引致的跨界分配的危险局面，沃尔泽积极地从自由主义的民主理论家那里汲取思想智慧。在沃尔泽看来，"对权

---

① 李强认为，国家能力并不等同于国家的政治权力，进而言之，拥有强能力的国家并不一定是一个集权国家或专制国家，而可能是一个拥有弱政治权力的民主国家，如西方近代以来的官僚制国家；反之，集权国家或专制国家也并不一定是一个拥有强能力的国家。参见李强《国家能力与国家权力的悖论——兼评王绍光、胡鞍钢〈中国国家能力报告〉》，http://www.aisixiang.com/data/47341.html，2011 年 11 月 29 日。但是，在笔者看来，如果将国家的力量或国家的政治权力看成是国家相对于其自身以外的其他主体所具有的一种能量即国家掌控、整合和调动资源的能力的话，那么，集权国家或专制国家相对于民主国家而言，一般会拥有更强的国家能力。

② ［英］阿克顿：《自由与权力》，侯建译，商务印书馆 2001 年版，第 364 页。

③ ［法］孟德斯鸠：《论法的精神》（上册），张雁深译，商务印书馆 1982 年版，第 54 页。

④ ［美］沃尔泽：《正义诸领域——为多元主义和平等一辩》，褚松燕译，译林出版社 2009 年版，第 335 页。

力的限制是自由主义历史性的成就"。① 因此，如同自由主义的民主理论家那样，沃尔泽也开出了用宪政民主制衡国家权力的处方。在《激进原则》一书中，沃尔泽说道："趋向民主的道德完善需要人类活动有一个合适的舞台，这种舞台只有一个民主的共同体才能提供。"② 在《政治性的思考》中，沃尔泽进一步提出："谁被包括在内和谁被排除在外？——这是任何一个政治共同体都必须首先回答的问题。"③ 在《正义诸领域》中，沃尔泽明确地提出了一种"分权性民主社会主义"："一个强有力的福利国家，至少部分地是由地方和业余官员经营的；一个受约束的市场；一个开放的非神秘化的公务系统；独立的公立学校；分享艰苦工作和闲暇时间；保护宗教生活和家庭生活；一个不用考虑等级或阶级的公共荣誉和不名誉系统；工人们控制公司和工厂；一个政党、运动、会议和公开辩论的政治。"④ 基于一系列的思想铺垫，沃尔泽最后指出："国家预防任何其他社会善的暴政，但预防国家暴政的又是什么呢？答案在于宪政、有限政府、一个致力于捍卫所有社会物品的自治并能够捍卫所有社会物品的自治的……有能力的参与性的公民整体。"⑤ 一言以蔽之，宪政民主制度是沃尔泽用来制约他的强国家的撒手锏。

就西方资本主义国家的发展经验来看，宪政民主制度确实能够有效地控制强国家及其政治权力，进而有效地防止掌握政治权力的政治家或官僚实施跨界分配。然而，问题在于，就西方资本主义国家的发展经验来看，被宪政民主制度牢牢控制的国家往往都会变成一个"弱国家"，即要么是麦克弗森（MacPherson）所称谓的那种"利益集团压力的无生气的接受者"，要么是莱瑟姆（Latham）所比喻的那种"仅是简单地谋求各种压力集团的平衡"的"收银机"。⑥ 举一个人们熟悉的例子。例如，在

---

① Michael Walzer, "Liberalism and the Art of Separation", *Political Theory*, Vol. 12, No. 3, 1984, p. 326.

② Michael Walzer, *Radical Principles: Reflections of an Unreconstructed Democrat*, New York: Basic Books, 1980, p. 13.

③ Michael Walzer, *Thinking Politically: Essays in Political Theory*, New Haven: Yale University Press, 2007, p. 81.

④ ［美］沃尔泽：《正义诸领域——为多元主义和平等一辩》，褚松燕译，译林出版社2009年版，第375—376页。

⑤ 同上书，第3页。

⑥ 参见［英］帕特里克·邓立伟、布伦登·奥利里《国家理论：自由民主的政治学》，欧阳景根、尹东华、孙云竹译，浙江人民出版社2007年版，第30页。

当今世界上，宪政民主制度运行得最为成熟的美国——纵向上立法权、行政权、司法权的分立，横向上联邦主义对主权的划分，以及在实践中赋予以上主体的相互否决权——相对于它的强大的公民社会及各种社会力量而言，就是一个十分虚弱的"风向标"式的国家。在很多情况下，美国政府都不能与各种政治力量和社会力量进行有效的抗衡，而只能听命于各种政治力量和社会力量的任意排布以至于在政策制定和政策执行上很难有所作为。总之，宪政民主制度成功地"将国家的权力关进了牢笼"，从而避免了国家权力肆无忌惮地腐败作恶，但同时它又使国家成为"虚弱的利维坦"，根本无法应付和抗衡来自统治集团内部以及社会的各种力量，即不能对除国家以外的其他的一切社会善所实施的跨界分配行为进行有效的控制和杜绝。

由上可知，沃尔泽在关于阻止跨界分配的问题上不可避免地陷入了一个悖论当中，而这个悖论正好与曾经被沃尔泽所攻讦的罗尔斯的"差异原则"所导致的那个悖论是极其类似的。具体来说，这个悖论就是：为了防止其他的社会善实施跨界分配，沃尔泽提出，必须要有一个强国家，而强国家又使国家本身极有可能甚至必然会实施跨界分配；在这样的情况下，为了防止强国家实施跨界分配，沃尔泽又提出，必须运用宪政民主制度对强国家进行制约，但这样一来又容易导致国家无法成长为拥有较强力量的强国家，进而也就无法阻止其他的社会善实施的跨界分配行为。这个悖论对于沃尔泽多元主义分配正义论来说，是一个比较严重的缺陷，它使沃尔泽的多元主义分配正义的独立自主和复合平等的目标不能得到实现。

尤其是在没有其他的有效方法对强国家进行制约从而只能采用宪政民主制度来制衡强国家时，沃尔泽自始至终都没有提出一个具有现实可行性的解决思路，既防止强国家自身实施跨界分配，又保证国家拥有足够强大的自主性和相对力量去对抗除国家以外的其他的一切社会善所实施的跨界分配行为。在讲到运用宪政民主制度防止国家暴政时，沃尔泽坦言："我并没有对其中的任何一种做出充分的论证。"[1] 从中不难看出，沃尔泽对于自己所提出的运用宪政民治制度制衡强国家所产生的问题有

---

[1] [美]沃尔泽：《正义诸领域——为多元主义和平等一辩》（中文版序），褚松燕译，译林出版社2009年版，第3页。

一些无能为力，或者说，是有心无力的。

人类社会的历史发展表明，宪政民主制度是迄今为止制衡国家政治权力最为有效的手段之一。也就是说，在制衡国家权力的问题上，若要取得实质性的成效，别无他途，只能选择和依靠宪政民主制度。这意味着，沃尔泽的强国家必须要用宪政民主制度进行控制。那么，沃尔泽的问题就是：如何保证让被宪政民主制度控制的国家还是一个拥有足够强大的力量以至于能够阻止其他的一切社会善实施跨界分配的强国家呢？或者说，如何才能使国家权力"在边界上"（at）是拥有强大力量的——绝对地控制和防止其他一切社会善实施跨界分配，而"在边界内"（in）却是束手束脚的——国家权力受到严格的限制而不能任意地实施跨界分配？

不过，这确实是一个非常棘手的问题。就西方政治思想的发展情况来看，迄今还没有一位思想家能够提出切实有效的方法来解决这个问题。所以，从这一点来看，沃尔泽不能想出切实可行的办法来有效地处理强国家与宪政民主之间的悖论，也是情有可原的。

结　　论

　　分配正义是人类社会的一个经久不衰的话题。在西方思想史上，柏拉图开创了一元主义分配正义论的传统，这一传统延续和发展到罗尔斯发表《正义论》时到达了顶峰。一元主义分配正义论遵循"哲学能够正确地成就一种，并且是唯一一种分配系统"的假设，从而坚持普遍主义的思维方式与信念，进而寻求普适性的分配正义法则。也就是说，他们都认为，世界上或人类社会中存在着一个抽象的、普遍的、唯一的、超越时间与空间的分配正义系统及其分配正义标准，即一个放之四海而皆准的分配正义真理，并努力重构或发现这个真理和标准。一元主义分配正义论的这种思维方式和哲学研究之路引起了沃尔泽的关注和思考。沃尔泽敏锐地洞察到，一元主义分配正义论——形象地说——是"走出洞穴，离开城市，攀登山峰，为自己塑造一个客观的普遍的立场"的方法，即"在局外描述日常生活领域"的方法，将会导致"日常生活领域失去它特有的轮廓而呈现出一种一般形态"，从而使哲学家发现和建构的分配正义法则与人们的观念世界格格不入，以至于使流行的分配正义原则失去应有的实践意义以及实效性。正是出于对一元主义分配正义论的强烈质疑和不满，沃尔泽重启了分配正义新的探索和研究之路。

　　沃尔泽对分配正义理论的探讨和研究是从重新构建分配正义问题的理论根基，即重新确立研究分配正义问题的方法论基础和逻辑起点开始的。沃尔泽首先对柏拉图、功利主义者、权利论者等开创或继承的传统一元主义分配正义论的方法论，即个体主义的本体论和普遍主义的认识论，进行了釜底抽薪式的根本否定（不过，需要指出的是，沃尔泽虽然否定了方法论意义上的个体主义，但并不否定价值观意义上的个体主义，相反，他始终如一地高举和捍卫自由主义所倡导的个体自由），并由此针锋相对地选择和确立了基于"社群"的整体主义本体论和基于"情景"的语境主义认识论，且史无前例地将整体主义本体论和语境主义认识论贯穿到分配正义论的研究当中。沃尔泽的这一做法导致了他的分配正义理论与以罗尔斯的分配正义观为代表的一元主义分配正义理论呈现出完全不同的景象和走向。甚至可以说,沃尔泽多元主义分配正义论与一元主义分配正义论之间所产生的一切差别,都是由这一点引起或决定的。

在整体主义本体论和语境主义认识论的引导下,沃尔泽顺理成章地摒弃了传统的哲学研究方法——发现的路径和建构的路径,而是另辟蹊径地提出了新的哲学研究方法——阐释的路径。阐释的路径与整体主义本体论和语境主义认识论,尤其是与语境主义认识论具有内在的有机关联性和逻辑统一性。具体来说,一方面,从整体主义的本体论出发并运用语境主义认识论去研究分配正义问题,实质上就是在走"阐释之路";另一方面,走"阐释之路"也必然要求从整体主义本体论出发,并运用语境主义认识论去研究分配正义问题。阐释的路径是沃尔泽研究分配正义的一个工具。如果说整体主义本体论和语境主义认识论还是沃尔泽所属的阵营——社群主义者所共有的思想资源,那么,阐释的路径则是沃尔泽独有的思想资源,它是沃尔泽的一个思想创举。这是因为,至少在沃尔泽之前,还没有一位哲学家明确提出阐释的路径,更不用说将阐释的路径运用到对分配正义问题的研究当中。阐释的路径是沃尔泽多元主义分配正义论最为耀眼的地方,也是沃尔泽为哲学研究尤其是为分配正义理论研究所做的一个非常独特而重要的贡献。

运用阐释的路径和工具来研究分配正义问题,沃尔泽系统地论证多元主义分配正义论:(1)分配不是任意的,而是依据人们所共享的关于善是什么和它们的用途何在的观念摹制出来的,即分配是由善的意义决定的;(2)善的意义是产生于社群的文化背景(语境)当中的,即善的意义是由社群的文化背景(语境)所决定的;(3)以政治共同体为背景的社会是由不同的社群构成的,不同的社群因不同的时空条件而拥有不同的文化背景(语境);由(1)、(2)、(3)推论得到,(4)不同的社群拥有不同的分配模式,即应该遵循不同的分配正义原则来对善进行分配。进一步说,分配正义原则不是一元的而是多元的,所有的分配领域都应该坚持独立自主的根本分配标准来进行分配,而绝不允许出现跨界分配现象;一旦出现跨界分配现象,分配就是不正义的。而且,沃尔泽还提出,尽管分配正义原则是多元的乃至于是无穷无尽的,但是,在诸多的分配正义原则当中,有三个原则却是经过了人类社会的分配实践的长期检验，并符合分配正义的起源和目的的核心原则，它们分别是：自愿性的自由交换原则、对称性的归于应得原则和保底性的满足需要原则。从相对意义上讲，这三个核心原则在人类社会的分配实践中运用得最为广泛。

沃尔泽提出的分配正义原则不是先验的或独立于人类而客观存在的实体，而是经验性和人为的价值观，是人类的社会实践与理性反省互动的产物——这一点，与哈耶克所讲的社会中的"自生自发秩序"（内在规则）是非常相似的。于是，对于沃尔泽的分配正义原则，我们还可以这样认为，它本身就是社群文化的一种表达形式或者组成部分。布莱恩·巴利曾经讲过："每个社会都面临着对（法律和道德的）正义规则的需要，以管理其成员的行为，从而将相互打击和冲突最小化，或者更肯定地说，以提升协作。"[1] 毫无疑问，沃尔泽的分配正义原则对于社会也具有这样的作用。而且，由于沃尔泽的多元主义分配正义原则是从社群的文化语境（背景）中生长出来的，它们与社群共同体成员的精神气质和思想情感一脉相承、同根同源，因此，与罗尔斯等通过发现或者建构的方法而得到的与共同体的文化语境相脱离的抽象的分配正义原则比较起来，沃尔泽的分配正义原则能够更有效地约束和管理共同体成员，从而能够更有效地将共同体成员之间因分配所产生的相互打击和冲突最小化，进而能够更好地提升和促进共同体成员之间的协作与互助。

沃尔泽多元主义分配正义论以追求复合平等为根本目标。复合平等与一元主义分配正义论所追求的简单平等是截然不同的。从形式上看，复合平等比古典自由主义对于公正程序的守卫更为坚决，比当代自由主义对于资源平等分配或者福利平等分配的强调更为鲜明，比马克思主义所主张的生活资料平等供给的观点更为深刻；从本质上讲，复合平等所表达和追求的主要是一种人与人之间平等相待、和谐共处的社会关系。进一步说，沃尔泽的复合平等在很大程度上描述的是一种社会意义上的平等。这种社会意义上的平等即社会平等对于罗尔斯等的政治平等（例如，罗尔斯用"自由的平等原则"所保障的政治平等）和经济平等（例

---

[1] ［英］布莱恩·巴利：《作为公道的正义》，曹海军、允春喜译，吉林出版社 2004 年版，第 242 页。

如，罗尔斯用"机会均等原则"和"差异原则"所保障的经济平等①），无疑是一次理论上的历史性超越。那么，从这个方面来看，沃尔泽多元主义分配正义论显然具有划时代的思想史意义。而且，尤其值得一提的是，在人们对罗尔斯等人长期以来所宣传和标榜的简单平等主张逐渐失去信心与耐心的情况下，沃尔泽提出别具特色的复合平等理想，尤其是执着地去追求超越了政治平等与经济平等的社会平等理想就具有难能可贵的现实意义，即它能够鼓舞和激励人们重拾对平等的信心以及实现平等的愿望，进而促进人们继续为实现平等的理想而不懈奋斗。

不过，由于沃尔泽多元主义分配正义论所讲的复合平等并没有提出在较大的程度上对经济平等和政治平等进行调适和控制——因为沃尔泽承认差异的永恒存在，尤其是赞成和支持"垄断性"的占有——从而使沃尔泽所设想和寄托的复合平等尤其是社会平等的美好目标只能停留在理念与空想的层面上，而难以成为真正的现实。从人的本性来看，拥有不同的善的人必然会拥有不同的身份地位，进而必然会拥有不同的心理特征和精神气质。在绝大多数情况下，拥有较多数量的善的人会对拥有较少数量的善的人产生颐指气使的态度，即心理上的高人一等；而拥有较少数量的善的人则会对拥有较多数量的善的人表现出卑躬屈膝的态度，即心理上的低人一等。这几乎是人类社会的一个铁律。对此，休谟就曾说过，"财富产生快乐和骄傲，贫穷引起不快和谦卑"②，"没有东西比一个人的权力和财富更容易使我们对他尊敬；也没有东西比他的贫贱更容易引起我们对他的鄙视"。③ 柯亨也说过："持有物不仅是享受之源，在某些分配中，它也是权力（压制）之源。"④ 这样一来，沃尔泽追求的所谓的"拥有不同数量的善的人能够荣辱与共、和谐相处"的社会平等就只能是一个难以成真的美梦。进一步来说，在实现广义上的平等这一目标上，相较于马克思乃至罗尔斯而言，沃尔泽并没有做出实质性的推进；恰好相反，沃尔泽却与诺齐克走到了同一条道路上，并通向了同一个目

---

① 参见［美］约翰·凯克斯《反对自由主义》，应奇译，江苏人民出版社2003年版，第14页。
② ［英］休谟：《人性论》，关文运译，郑之骧校，商务印书馆1991年版，第351页。
③ 同上书，第394页。
④ G. A. Cohen, *Self-ownership, Freedom, and Equality*, Cambridge: Cambridge University Press, 1995, p. 28.

的地——循环往复的"不平等"或"自始至终"的不平等。一言以蔽之，沃尔泽多元主义分配正义论并不能实现复合平等尤其是社会平等，而只能依然无力于社会的不平等，甚至是加剧社会的不平等。

在谈到分配正义理论时，威尔·金里卡曾经表达过这样一个观点，他说："每一种正义理论都不是从平等理想推演而出的，相反，每一种正义理论都是在追求这个理想，而判断一种理论是否成功就是判断这种追求是否成功。"[1] 从某种意义上讲，金里卡的评判标准是有道理的。根据金里卡给出的评判分配正义论是否成功的标准，并结合前面的分析，我们可以得知，沃尔泽多元主义分配正义论是不成功的，或者说，是不完全成功的。然而，在我们看来，仅仅根据是否成功地实现了对平等目标的追求，就来评判沃尔泽多元主义分配正义论是否成功，显然是不合适的和不合理的，至少是有失偏颇的。这是因为，尽管在实现平等的目标上，沃尔泽多元主义分配正义论或许不及罗尔斯等的分配正义理论，甚至于，沃尔泽多元主义分配正义论还走到了诺齐克的思想轨道上，但是，相对于以罗尔斯为代表的一元主义分配正义论来说，沃尔泽多元主义分配正义论在方法论上却有开创性的突破，而这本身就是一种成功；而且，凭借着这种独特的方法论，沃尔泽完成了多元主义分配正义论的论证，在逻辑上非常严整，在论证思路上非常新颖，这也是一种成功。总而言之，尽管沃尔泽多元主义分配正义论没有像预期那样推进社会平等目标，但从方法论上和论证逻辑上讲它也是比较成功的。

当然，客观地讲，沃尔泽多元主义分配正义论也不可避免地存在一些逻辑上和理论上的缺陷或不足，例如，沃尔泽对多种多样的社会善不能进行科学合理的分门别类，从而导致他对分配领域也不能进行科学合理的分门别类，以至于沃尔泽的分配领域呈现出无限性乃至无序性；沃尔泽的"共享理解"比较理想化，而现实社会中的"共享理解"却并不是那么容易实现的；沃尔泽在提出运用强国家控制其他的社会善实施跨界分配并提出运用宪政民主制度对强国家进行制约时，却找不到有效的办法处理两者之间产生的悖论，即找不到切实可行的办法让被宪政民主控制的国家还是一个拥有强大力量的国家，从而能够对其他的社会善实

---

[1] ［加］威尔·金里卡：《当代政治哲学》（上），刘莘译，上海三联书店2004年版，第85页。

施的跨界分配行为进行有效的阻止,等等。不过,尽管沃尔泽多元主义分配正义论在逻辑上和理论上存在一些缺陷或不足,但它们丝毫不能掩盖沃尔泽多元主义分配正义论的深刻性和成功之处,更难以对沃尔泽多元主义分配正义论构成致命的威胁。换言之,在一个自成体系的哲学家的著作中,既有的一些理论上或逻辑上的缺陷只是白璧微瑕,而不会从根本上动摇或影响理论整体的效果。况且,正是因为既有的一些缺陷,才激起了哲学家进一步对分配正义的相关问题展开全面而深入的思考,从而推动分配正义理论进一步向前发展与不断趋于完善,进而促进分配正义原则更好地适用于人类社会的分配正义实践。仅就这一点来看,沃尔泽多元主义分配正义论也将久惠于人类社会。

在对沃尔泽多元主义分配正义论所涉及的理论层面上的问题进行了审思之后,我们还需要回到本书的落脚点上——沃尔泽多元主义分配正义论对于当下中国的分配正义实践有无启示以及有何启示?应该说,这是研究沃尔泽多元主义分配正义论绕不开、躲不过的一个重要现实问题。关于多元主义分配正义论的现实适用性,沃尔泽曾明确指出:"我所考虑的是美国社会,而不涉及其他。"[1] 也就是说,美国是最适合践行多元主义分配正义理论的国度,而其他国家却并不一定(完全)适用。而且,根据我们的整个研究来看,沃尔泽多元主义分配正义论的最有效的实践土壤确实是宪政民主社会,即一个国家的政治权力受到宪政法治与公民社会有效制约的自由民主社会。那么,这是不是就意味着沃尔泽多元主义分配正义论对于除美国之外的国家的分配正义实践就没有启发意义或启示呢?毫无疑问,答案是否定的。在我们看来,沃尔泽多元主义分配正义论的很多观点和论断对于当下中国的分配正义实践有着特殊的意义和启示。关于这一点,沃尔泽本人在《正义诸领域》的《中文版序》中也富有洞见地指出:"我非常高兴看到《正义诸领域》被翻译成中文,并希望这本书能够对在中国必将日益热烈的有关分配正义的辩论有所助益。"[2] 沃尔泽虽然没有来过中国,但他凭借着理论上的直觉和判断力以及对中国的侧面了解,也断言他的多元主义分配正义论对于当下中国的

---

[1] 转引自张秀《多元正义理论的构建及其困境》,《湖北社会科学》2010 年第 5 期。
[2] [美]沃尔泽:《正义诸领域——为多元主义和平等一辩》(中文版序),褚松燕译,译林出版社 2009 年版,第 1 期。

分配正义实践有启示。

职此之故，接下来，我们将重点讨论一下沃尔泽多元主义分配正义论对于当下中国的分配正义实践的四点基本启示。

首先，沃尔泽多元主义分配正义论启示我们必须坚持多种分配方式并存的分配制度，开放地、灵活地选择和运用最切合中国实际的分配模式和分配程序。沃尔泽多元主义分配正义论的一个核心观点讲到，"社会不同善应当基于不同的理由、依据不同的程序、通过不同的机构来分配"。[①] 具体来说，对于分配善的理由即分配原则而言，自由交换、归于应得、满足需要等要根据所分配的善的社会意义来加以灵活地运用，不同的社会善应该采取不同的与之相适应的分配原则，而不能"一刀切"。对于分配程序而言，没有唯一的、放之四海而皆准的分配程序，要尊重不同的历史文化背景下的传统习俗与习惯，而不能盲目地移植乃至生搬硬套某一种即使是在其他地方被广泛接受并成功推行的分配程序，否则，就会破坏具体场域内的原始的社会正义。对于分配机构而言，该由市场分配的社会善，必须充分地发挥市场的基础性和决定性作用，坚决交给市场，国家与社会尤其是国家绝不能插手，否则，国家权力就会膨胀进而扰乱正常的市场秩序；该由国家分配的社会善，必须充分发挥国家义不容辞的基础性作用，国家在保障公民基本的生存权方面负有第一责任，任何时候国家都要守住这个底线，绝不能袖手旁观。否则，国家就失职了，就要接受民众的问责；该由社会分配的社会善，必须充分发挥社会的辅助性作用，社会是独立于市场与国家的第三领域，要调动社会承担起市场与国家所不能承担的功能。总而言之，要协调好各种分配原则、各种分配程序、各种分配机构，创造一个以善的社会意义为核心的分配格局与分配机制，让各个社会主体都能尽其才、得其益、安其位，从而实现各方都满意的正义秩序。

其次，沃尔泽多元主义分配正义论启示我们必须正视"先富"与"后富"，允许一定程度的收入差距的存在。共同富裕是社会主义的本质属性，也是社会主义的优越性之所在。但是，共同富裕并不能做到同时富裕、同步富裕，必然会产生"先富"与"后富"的问题。"先富"与

[①] [美] 沃尔泽：《正义诸领域——为多元主义和平等一辩》，褚松燕译，译林出版社 2009 年版，第 4 页。

"后富"是由特定时期内的收入差距所引起的。收入差距在任何一个社会（马克思所设想的共产主义社会除外）都是不可避免的。而且，合理的收入差距的存在还有利于激发社会的活力与创造力。排除制度、机制不完善、不健全等方面的因素，由于个人的自然禀赋（天赋）、后天优势以及竞争付出的不同，造成了当前中国社会存在着一定的收入差距。这是正常的现象，不仅不能对其进行打压，而且还应该给予适度的鼓励和支持。客观地说，中国的发展与进步和广大人民群众的一般贡献是密不可分的，但更离不开少部分人在关键时候、关键领域所发挥的关键作用和做出的特殊贡献。对于少部分人为中国的发展与进步所做出的特殊贡献，理应给予特殊的补偿与照顾（这不是特权，而是正当权利），使他们获得比普通民众更多的回报（包括物质的和精神的），这样一来，才能更加激发他们的积极性与创造性，从而为改革与发展提供持久的动力。反之，如果实行"吃大锅饭"的分配方式，"干与不干一个样，干多干少一个样，干好干坏一个样"，那么，整个社会就会丧失活力，就不可能有实质性进步。总而言之，在当代中国，仍然需要坚持"效率优先，兼顾公平"的指导思想[1]，仍然需要坚持古典自由主义所倡导的自由市场经济的基本机制[2]，积极营造一种有差别的平等即复合平等局面，让拥有各种禀赋的社会主体都能积极干事创业。

再次，沃尔泽多元主义分配正义论启示我们必须提高国家的自主性和权威，充分发挥国家在阻止收入分配跨界方面的重要作用。诚如沃尔泽所言，在正常的社会中，"从来没有一种社会善能够自始至终地支配所有领域的物品"[3]，没有一种资源（如权力、财富、知识等）可以跨界操纵、支配和统治一切。然而，就中国的现实来看，支配性的善所导致的跨界分配现象却是相当严重的，最为典型的，当属权力、资本与知识之间的相互结盟，即拥有权力的人凭借其掌握的权力资源跨越政治领域而染指经济领域与学术领域，拥有资本的人凭借其掌握的经济资源跨越经济领域而染指政治领域和学术领域，拥有知识的人凭借其掌握的符号资

---

[1] 参见柳新元《"效率优先、兼顾公平"非权宜之计》，《长江日报》2003年1月28日。
[2] 参见潘德重《"起点平等"vs"结果平等"：古典自由主义再认识》，《探索与争鸣》2004年第6期。
[3] ［美］沃尔泽：《正义诸领域——为多元主义和平等一辩》，褚松燕译，译林出版社2009年版，第11页。

源跨越学术领域而染指政治领域和经济领域，各自成为集政治家、资本家和学问家于一身的通才与全才，攫取本不应当属于他们的财富。从性质与后果来讲，跨界分配以攫取资源与财富是中国各种腐败当中最为严重的腐败，它从根本上扭曲了民众的价值取向，破坏了社会的正义秩序，对中国的改革、发展与稳定构成严重的威胁。所以，"国家必须在促进复合平等的事业中，发挥更大的作用"[1]，进一步说，"国家必须树立权威，提高自身的自主性"[2]，不仅应该致力于防止对领域边界的践踏，而且在必要时应该重新划分领域之间的边界。国家要对那些通过跨界分配谋取不正当利益的腐败行为，不管是谁，不论地位有多高、权力有多大，都要严惩不贷，绝不姑息。

最后，沃尔泽多元主义分配正义论启示我们必须要捍卫做人的基本权利，捍卫人格尊严平等，坚决杜绝"绝望交易"。所谓"绝望交易"，是指为了活命不得不出卖自己的人格尊严与自由权利等。"尽管'绝望'的含义一直存在着争议，但'最后手段的交易'即'绝望交易'是必须要禁止的。"[3] 我们每一个人，剔除我们的身外之物，比如，财富、知识、权力、地位、荣誉，等等，人格始终都是平等的，没有任何人先天地就优越于其他人，凌驾于他人之上，这是一切社会关系的基础，也是人类社会的永恒真理。任何一个人，即使是为了活命，为了生存下去，也不能靠出卖有损自己的人格尊严的"善"来换取金钱与面包。有损人格尊严的"善"与金钱和面包分属于不同的（分配）领域，两者的社会意义是截然不同的，任何时候都不能在两者之间建立数量关系来进行交换，更不能在两者之间画等号。再多的金钱和面包，都不能跨界分配购买人的人格尊严。因此，任何组织和个人出于人道主义对处于社会底层的人给予援助，必须要以维护人格尊严为前提，而不能借行慈善之名而公开地侮辱其人格尊严。侮辱人格尊严的救助不仅不应该提倡，而且发生了也要给予追责和处罚。总的来说，在当代中国，杜绝"绝望交易"，捍卫

---

[1] Michael Walzer, *Thinking Politically: Essays in Political Theory*, New Haven: Yale University Press, 2007, p. 83.

[2] 张晒：《国家自主性与再分配能力：转型中国分配正义的一个解释框架》，《华中科技大学学报》（社会科学版）2014 年第 2 期。

[3] Michael Walzer, *Spheres of Justice: A Defense of Pluralism and Equality*, New York: Basic Books, 1983, p. 102.

平等的人格尊严任重道远，需要国家、社会与我们每个人共同努力，而且，国家要在其中发挥主导性和关键性的作用。

对于沃尔泽多元主义分配正义论对于当下中国的分配正义实践的启示，我们暂且论述到此。在这里，需要特别指出的是，沃尔泽多元主义分配正义论是一座思想富矿，我们可以从多个视角进行挖掘，而它对于当下中国的分配正义实践的启发意义也绝不止以上所阐述的四个方面的内容；然而，限于时间和篇幅，也限于本书研究的重点指向，对于沃尔泽分配正义论对于当下中国的分配正义实践的其他方面的重要启示，我们只好留待以后专门行文再予以细致而深入的讨论。

参考文献

一 中文著作
（一）专著类
1. 译著

[1]［美］沃尔泽：《正义诸领域——为多元主义和平等一辩》，褚松燕译，译林出版社2009年版。

[2]［美］沃尔泽：《阐释和社会批判》，任辉献、段鸣玉译，江苏人民出版社2010年版。

[3]［美］沃尔泽：《论宽容》，袁建华译，上海人民出版社2000年版。

[4]［美］沃尔泽：《正义与非正义战争：通过历史实例的道德论证》，任辉献译，江苏人民出版社2008年版。

[5]［美］沃尔泽：《犹太政治传统》，刘平译，华东师范大学出版社2011年版。

[6]［美］麦金太尔：《伦理学简史》，龚群译，商务印书馆2003年版。

[7]［美］麦金太尔：《追寻美德》，宋继杰译，译林出版社2008年版。

[8]［美］麦金太尔：《谁之正义？何种合理性?》，万俊人、吴海针、王今一译，中国当代出版社1996年版。

[9]［美］桑德尔：《自由主义与正义的局限》，万俊人等译，译林出版社2001年版。

[10]［英］戴维·米勒：《社会正义原则》，应奇译，江苏人民出版社2008年版。

[11]［加拿大］查尔斯·泰勒：《自我的根源：现代认同的形成》，韩震、王成兵、乔春霞、李伟、彭立群译，译林出版社2012年版。

[12]［美］罗尔斯：《正义论》，何怀宏、何包钢、廖申白译，中国社会科学出版社2009年版。

[13]［美］罗尔斯：《政治自由主义》，万俊人译，译林出版社2000

年版。

[14] ［美］罗尔斯：《作为公平的正义——正义新论》，姚大志译，上海三联书店 2002 年版。

[15] ［美］罗尔斯：《万民法》，张晓辉、李仁良、邵红丽等译，吉林人民出版社 2001 年版。

[16] ［美］罗尔斯：《政治自由主义——批评与辩护》，万俊人等译，译林出版社 2000 年版。

[17] ［美］诺齐克：《无政府、国家与乌托邦》，何怀宏译，中国社会科学出版社 1991 年版。

[18] ［美］德沃金：《认真对待权利》，信春鹰、吴玉章译，中国大百科全书出版社 1998 年版。

[19] ［美］德沃金：《至上的美德——平等的理论与实践》，冯克利译，江苏人民出版社 2003 年版。

[20] ［美］德沃金：《原则问题》，张国清译，江苏人民出版社 2012 年版。

[21] ［印度］阿玛蒂亚·森：《以自由看待发展》，任赜、于真译，中国人民大学出版社 2002 年版。

[22] ［印度］阿玛蒂亚·森：《论经济不平等》，王利文、于占杰译，社会科学文献出版社 2006 年版。

[23] ［印度］阿玛蒂亚·森：《正义的理念》，王磊、李航译，刘民权校译，中国人民大学出版社 2013 年版。

[24] ［加拿大］威尔·金里卡：《当代政治哲学》（上卷），刘莘译，上海三联书店 2004 年版。

[25] ［加拿大］威尔·金里卡：《自由主义、社群与文化》，应奇、葛水林译，上海译文出版社 2005 年版。

[26] ［英］沃尔夫·乔纳森：《诺齐克》，王天成、张颖译，黑龙江人民出版社 1999 年版。

[27] ［英］以赛亚·柏林：《自由四论》，胡传胜译，译林出版社 2003 年版。

[28] ［英］以赛亚·柏林：《自由及其背叛》，赵国新译，译林出版社 2011 年版。

[29] ［英］柯亨：《自我所有、自由和平等》，李朝晖译，东方出版社

2008 年版。

[30]［英］柯亨：《马克思与诺齐克之间》，吕增奎等译，江苏人民出版社 2008 年版。

[31]［英］科恩：《拯救正义与平等》，陈伟译，复旦大学出版社 2014 年版。

[32]［法］卢梭：《论人类不平等的根源》，李常山译，商务印书馆 1997 年版。

[33]［美］伊曼努尔·华勒斯坦：《自由主义的终结》，郝明玮、张凡译，社会科学文献出版社 2002 年版。

[34]［美］约翰·凯克斯：《为保守主义辩护》，应奇译，江苏人民出版社 2003 年版。

[35]［美］约翰·凯克斯：《反对自由主义》，应奇译，江苏人民出版社 2003 年版。

[36]［英］哈耶克：《自由秩序原理》，邓正来译，生活·读书·新知三联书店 1997 年版。

[37]［英］哈耶克：《哈耶克文选》，冯克利译，江苏人民出版社 2007 年版。

[38]［美］阿瑟·奥肯：《平等与效率：重大的抉择》，陈涛译，中国社会科学出版社 2013 年版。

[39]［日］川本隆史：《罗尔斯：正义理论》，詹献斌译，河北教育出版社 2001 年版。

[40]［英］诺尔曼·P. 巴利：《古典自由主义与自由至上主义》，竺乾威译，上海人民出版社 1999 年版。

[41]［英］安东尼·吉登斯：《超越左与右——激进政治的未来》，李惠斌、杨雪冬译，社会科学文献出版社 2009 年版。

[42]［英］安东尼·吉登斯：《第三条道路及其批评》，孙相东译，中共中央党校出版社 2002 年版。

[43]［英］安东尼·吉登斯：《第三条道路——社会民主主义的复兴》，郑戈译，北京大学出版社 2000 年版。

[44]［美］布隆克：《质疑自由市场经济》，林季红译，江苏人民出版社 2001 年版。

[45]［美］亚历克斯·卡利尼克斯：《平等》，徐朝友译，江苏人民出版

社 2003 年版。

[46] ［美］马尔库塞：《单向度的人——发达工业社会意识形态研究》，刘继译，上海译文出版社 2008 年版。

[47] ［法］邦雅曼·贡斯当：《古代人的自由与现代人的自由》，阎克文、刘满贵译，上海人民出版社 2003 年版。

[48] ［英］格雷：《自由主义的两张面孔》，顾爱彬等译，江苏人民出版社 2002 年版。

[49] ［法］邦纳罗蒂：《为平等而密谋》（上、下卷），陈叔平译，商务印书馆 1989 年版。

[50] ［丹麦］安得森：《福利资本主义的三个世界》，郑秉文译，法律出版社 2003 年版。

[51] ［法］托克维尔：《旧制度与大革命》，冯堂译，商务印书馆 1992 年版。

[52] ［法］托克维尔：《论美国的民主》，董果良译，商务印书馆 1991 年版。

[53] ［伊朗］拉明·贾汉贝格鲁：《伯林谈话录》，杨祯钦译，译林出版社 2002 年版。

[54] ［美］弗朗西斯·福山：《历史的终结及最后之人》，黄胜强译，中国社会科学出版社 2003 年版。

[55] ［美］彼彻姆：《哲学的伦理学》，雷克勤等译，中国社会科学出版社 1990 年版。

[56] ［英］迈克尔·H. 莱斯诺夫：《二十世纪的政治哲学家》，冯克利译，商务印书馆 2001 年版。

[57] ［英］布莱恩·麦基：《思想家：与十五位杰出哲学家的对话》，周穗明、翁寒松等译，生活·读书·新知三联书店 2004 年版。

[58] ［美］史蒂芬·缪哈尔、亚当·斯威夫特：《自由主义者与社群主义者》，孙晓春译，吉林人民出版社 2007 年版。

[59] ［英］亚当·斯威夫特：《政治哲学导论》，萧韶译，江苏人民出版社 2006 年版。

[60] ［德］马克思·韦伯：《支配社会学》，康乐、简惠美译，广西师范大学出版社 2004 年版。

[61] ［英］布莱恩·巴里：《正义诸理论》，孙晓春、曹海军译，吉林出

版社 2011 年版。

［62］［英］布莱恩·巴利：《作为公道的正义》，曹海军、允春喜译，吉林出版社 2004 年版。

［63］［美］萨托利：《民主新论》，冯克利、阎克文译，东方出版社 1998 年版。

［64］［法］皮埃尔·布迪厄、华康德：《实践与反思——反思社会学导引》，李猛、李康译，邓正来校，中央编译出版社 1998 年版。

［65］［美］丹尼尔·贝尔：《社群主义及其批评者》，李琨译，宋冰校，生活·读书·新知三联书店 2002 年版。

［66］［美］斯蒂芬·加德鲍姆：《法律、政治与社群的主张》，杨立峰译，吉林出版集团 2007 年版。

［67］［美］阿伦·布坎南：《评价社群主义对自由主义的批判》，曾纪茂、毛兴贵译，吉林出版集团 2007 年版。

［68］［美］斯蒂芬·K. 怀特：《政治理论与后现代主义》，孙曙光译，辽宁教育出版社 2004 年版。

［69］［美］罗伯特·A. 达尔：《论政治平等》，谢岳译，上海世纪出版集团 2010 年版。

［70］［美］斯蒂芬·霍尔姆斯：《反自由主义剖析》，曦中、陈兴玛、彭俊军译，中国社会科学出版社 2002 年版。

［71］［美］阿兰·图海纳：《我们能否共同生存？：既彼此平等又互有差异》，狄玉明、李平沤译，商务印书馆 2003 年版。

［72］［英］齐格蒙特·鲍曼：《个体化社会》，范祥涛译，生活·读书·新知三联书店 2002 年版。

［73］［美］齐格蒙特·鲍曼：《共同体》，欧阳景根译，江苏人民出版社 2007 年版。

［74］［美］克利福德·格尔茨：《文化的解释》，韩莉译，译林出版社 1999 年版。

［75］［美］马克·里拉：《以赛亚·柏林的遗产》，刘擎、殷莹译，新星出版社 2009 年版。

［76］［美］乔恩·埃尔斯特：《理解马克思》，何怀远等译，曲跃厚校，中国人民大学出版社 2008 年版。

［77］［美］乔尔·范伯格：《自由、权利和社会正义：现代社会哲学》，

王守昌、戴栩译,贵州人民出版社 1998 年版。

[78] [英] 理查德·贝拉米:《重新思考自由主义》,王萍、傅广生、周春鹏译,江苏人民出版社 2008 年版。

[79] [美] 乔治·H. 米德:《心灵、自我与社会》,赵月瑟译,上海译文出版社 1992 年版。

[80] [美] 塞缪尔·弗莱施哈克尔:《分配正义简史》,吴万伟译,译林出版社 2010 年版。

[81] [美] 玛莎·纳斯鲍姆:《善的脆弱性:古希腊悲剧和哲学中的运气与伦理》,徐向东、陆萌译,译林出版社 2007 年版。

[82] [意] 维柯:《新科学》,朱光潜译,商务印书馆 1989 年版。

[83] [奥地利] 阿尔弗雷德·舒茨:《社会世界的意义构成》,游淙祺,商务印书馆 2012 年版。

[84] [美] 约瑟夫·劳斯:《知识与权力:走向科学的政治哲学》,盛晓明、邱慧、孟强译,北京大学出版社 2004 年版。

[85] [德] 斐迪南·滕尼斯:《共同体与社会——纯粹社会学的基本概念》,林荣远译,北京大学出版社 2010 年版。

[86] [英] 帕特里克·邓立伟、布伦登·奥利里:《国家理论:自由民主的政治学》,欧阳景根、尹东华、孙云竹译,浙江人民出版社 2007 年版。

[87] [德] 约翰·哥特弗雷德·赫尔德:《反纯粹理性——论宗教、语言和历史文选》,张晓梅译,商务印书馆 2010 年版。

[88] [美] 威廉·A. 盖尔斯敦:《自由多元主义》,佟德志、庞金友译,江苏人民出版社 2005 年版。

[89] [美] 布里安·P. 辛普森:《市场没有失败》,齐安儒译,中央编译出版社 2012 年版。

[90] [美] 南茜·弗雷泽、阿克塞尔·霍耐特:《再分配,还是承认?:一个政治哲学对话》,周穗明译,翁寒松校,上海人民出版社 2009 年版。

[91] [德] 威尔福莱德·亨氏:《被证明的不平等:社会正义原则》,倪道钧译,中国社会科学出版社 2008 年版。

[92] [美] 科克 – 肖·谭:《没有国界的正义:世界主义、民族主义与爱国主义》,杨通进译,重庆出版社 2014 年版。

［93］［加拿大］查尔斯·琼斯：《全球正义：捍卫世界正义》，李丽丽译，重庆出版社 2014 年版。

［94］［美］克里斯特曼：《财产的神话：走向平等主义的所有权理论》，张绍宗译，张晓明校，广西师范大学出版社 2004 年版。

2. 专著

［1］慈继伟：《正义的两面》，生活·读书·新知三联书店 2001 年版。

［2］何霜梅：《正义与社群：社群主义对以罗尔斯为首的新自由主义的批判》，人民出版社 2009 年版。

［3］高景柱：《在平等与责任之间：罗纳德·德沃金平等理论批判》，人民出版社 2011 年版。

［4］葛四友：《正义与运气》，中国社会科学出版社 2007 年版。

［5］龚群：《自由主义与社群主义的比较研究》，人民出版社 2014 年版。

［6］顾肃：《自由主义基本理念》，中央编译出版社 2003 年版。

［7］李志江：《良序社会的政治哲学：罗尔斯分配正义理论研究》，人民出版社 2009 年版。

［8］刘化军：《社群主义方法论的批判性分析：兼论唯物史观的当代价值》，科学出版社 2013 年版。

［9］林进平：《马克思的"正义"解读》，社会科学文献出版社 2009 年版。

［10］刘军宁：《自由与社群》，生活·读书·新知三联书店 2002 年版。

［11］马德普：《普遍主义的贫困——自由主义政治哲学批判》，人民出版社 2005 年版。

［12］欧阳康：《当代英美著名哲学家学术自述》，人民出版社 2005 年版。

［13］钱宁：《现代社会福利思想》，高等教育出版社 2006 年版。

［14］石元康：《当代西方自由主义理论》，上海三联书店 2000 年版。

［15］谭安奎：《政治哲学：问题与争论》，中央编译出版社 2014 年版。

［16］王广：《正义之后：马克思恩格斯正义观研究》，江苏人民出版社 2010 年版。

［17］文长春：《逻辑在先的个人权利——诺齐克的政治哲学》，中央编译出版社 2006 年版。

［18］文长春：《正义：政治哲学的视界》，黑龙江大学出版社 2010 年版。

［19］夏纪森：《正义与德性：哈耶克与休谟的正义理论比较研究》，上海

人民出版社 2009 年版。
[20] 许耀桐：《西方政治学史》，外语教学与研究出版社 2009 年版。
[21] 杨方：《第四条思路》，湖南大学出版社 2003 年版。
[22] 姚大志：《何谓正义——当代西方政治哲学研究》，人民出版社 2007 年版。
[23] 姚大志：《当代政治哲学》，北京大学出版社 2011 年版。
[24] 应奇：《从自由主义到后自由主义》，生活·读书·新知三联书店 2003 年版。
[25] 应奇：《共和的黄昏：自由主义、社群主义和共和主义》，吉林出版集团有限责任公司 2007 年版。
[26] 俞可平：《社群主义》，中国社会科学出版社 2005 年版。
[27] 俞可平：《权利政治与公益政治》，社会科学文献出版社 2003 年版。
[28] 吴玉军：《现代性语境下的认同问题：对社群主义与自由主义论争的一种考察》，中国社会科学出版社 2012 年版。
[29] 袁久红：《正义与历史实践：当代西方自由主义正义理论批判》，东南大学出版社 2002 年版。
[30] 岳海湧：《柏拉图正义学说》，人民出版社 2013 年版。
[31] 赵祥禄：《正义理论的方法论基础》，中央编译出版社 2007 年版。
[32] 褚松燕：《个体与共同体：公民资格的演变及其意义》，中国社会出版社 2003 年版。

（二）论文类

1. 学位论文

[1] 刁小行：《多元价值的均衡：沃尔泽政治哲学研究》，博士学位论文，浙江大学，2013 年。
[2] 廖春勇：《宽容·道德·正义——迈克尔·沃尔泽的国际关系思想研究》，硕士学位论文，天津师范大学，2010 年。
[3] 于嘉伟：《沃尔泽复合平等观研究》，硕士学位论文，辽宁大学，2008 年。
[4] 李先桃：《当代西方社群主义正义观研究》，硕士学位论文，湖南师范大学，2008 年。
[5] 范萍：《多元主义正义理论及正义诸领域——沃尔泽多元主义理论评析》，硕士学位论文，南开大学，2007 年。

［6］ 刁桐：《论社会公正的相对性——沃尔泽复合平等理论研究》，硕士学位论文，吉林大学，2007年。

［7］ 彭中礼：《论社群主义对罗尔斯正义观的挑战与批判》，硕士学位论文，湖南师范大学，2007年。

［8］ 张秀：《多元正义的新视角》，硕士学位论文，湖南师范大学，2006年。

［9］ 高扬：《沃尔泽分配正义研究》，硕士学位论文，湘潭大学，2006年。

［10］ 周艳：《区分的艺术——迈克尔·沃尔泽多元主义正义论探究》，硕士学位论文，湖南师范大学，2005年。

2. 期刊论文

［1］ 任辉献：《迈克尔·沃尔泽的政治哲学方法》，《同济大学学报》（社会科学版）2016年第2期。

［2］ 贾凌昌：《沃尔泽复合平等思想的软肋——拒绝群体意识形态的失败》，《华中科技大学学报》（社会科学版）2015年第1期。

［3］ 姚大志：《分配正义的原则：平等、需要和应得——以沃尔泽为例》，《社会科学研究》2014年第1期。

［4］ 姚大志：《复杂的不平等——评沃尔策的平等观》，《苏州大学学报》（哲学社会科学版）2013年第2期。

［5］ 姚大志：《一种约定主义的正义？——评沃尔策的正义观》，《学习与探索》2013年第2期。

［6］ 姚大志：《社群主义的社会批判是如何可能的——以沃尔策为例》，《天津社会科学》2013年第2期。

［7］ 姚大志：《沃尔策：特殊主义与普遍主义之间》，《华中师范大学学报》（人文社会科学版）2012年第3期。

［8］ 姚大志：《社群主义的两幅面孔——评沃尔策的正义理论》，《天津社会科学》2007年第1期。

［9］ 姚大志：《平等：自由主义与社群主义》，《文史哲》2006年第4期。

［10］ 姚大志：《何谓正义：自由主义、社群主义和其他》，《吉林大学社会科学学报》2008年第1期。

［11］ 段忠桥：《平等主义者的追求应是消除非自愿的劣势——G. A. 科恩的"优势获取平等"主张及其对德沃金的批评》，《清华大学学报》

（哲学社会科学版）2014 年第 3 期。

[12] 段忠桥：《马克思正义观的三个根本性问题》，《马克思主义与现实》2013 年第 5 期。

[13] 段忠桥：《也谈分配正义、平等和应得——答姚大志教授》，《吉林大学社会科学学报》2013 年第 4 期。

[14] 段忠桥：《关于分配正义的三个问题——与姚大志教授商榷》，《中国人民大学学报》2012 年第 1 期。

[15] 段忠桥：《正义在马克思的论著中是价值判断而不是事实判断——答李其庆译审》，《江海学刊》2011 年第 5 期。

[16] 段忠桥：《马克思恩格斯视野中的正义问题》，《哲学动态》2010 年第 6 期。

[17] 段忠桥：《马克思的异化概念与历史唯物主义——与俞吾金教授商榷》，《江海学刊》2009 年第 3 期。

[18] 刁小行：《从冲突中寻求和谐：对沃尔泽共同体观念的阐释与批判》，《北京理工大学学报》（社会科学版）2014 年第 1 期。

[19] 张国清、刁小行：《正义、忠诚和团结——罗蒂与沃尔泽社会批评理论之比较》，《浙江社会科学》2013 年第 2 期。

[20] 刁小行：《情景中的正义：对沃尔泽的辩护与阐释》，《华中科技大学学报》（社会科学版）2013 年第 2 期。

[21] 刁小行：《特殊主义、公共生活与普遍主义批判——沃尔泽政治哲学思想剖析》，《重庆教育学院学报》2013 年第 1 期。

[22] 刁小行：《在厚与薄之间：考察正义的语境主义视角》，《中共南京市委党校学报》2012 年第 6 期。

[23] 刁小行：《充分抑或必要：正义的边界问题》，《许昌学院学报》2012 年第 4 期。

[24] 刁小行：《正义的情景：思考正义的语境之维》，《南京政治学院学报》2012 年第 3 期。

[25] 刁小行：《语境主义：思考正义的一种方法论原则》，《天津行政学院学报》2012 年第 3 期。

[26] 刁小行：《情景化的正义：一种语境视角》，《吉林师范大学学报》（人文社会科学版）2012 年第 2 期。

[27] 刁小行：《共同体、哲学与民主：沃尔泽的政治思想》，《北京化工

大学学报》（社会科学版）2012年第2期。

[28] 刁小行：《语境主义：作为一种认识论与正义观——兼论沃尔泽的正义理论》，《中共青岛市委党校、青岛行政学院学报》2012年第1期。

[29] 刁小行：《语境与正义：思考正义的认识论视角》，《江西教育学院学报》2012年第1期。

[30] 刁小行：《多元价值的均衡：沃尔泽的分配正义理论》，《国外理论动态》2016年第1期。

[31] 张晒：《沃尔泽的复合平等之梦与中国的收入分配改革》，《湖北经济学院学报》2014年第3期。

[32] 张晒：《国家自主性与再分配能力：转型中国分配正义的一个解释框架》，《华中科技大学学报》（社会科学版）2014年第2期。

[33] 张晒：《从文本中心主义到历史语境主义：语境、概念与修辞》，《理论月刊》2013年第5期。

[34] 王艳秀：《论"正当优先于善"的道德形而上学前提》，《伦理学研究》2014年第3期。

[35] 龚群：《沃尔泽的多元复合平等观——兼论与罗尔斯的简单平等观之比较》，《湖北大学学报》（哲学社会科学版）2013年第3期。

[36] 龚群：《米勒的多元正义论》，《伦理学研究》2013年第5期。

[37] 龚群：《当代自由主义与社群主义：背景与问题域》，《华中师范大学学报》（人文社会科学版）2012年第6期。

[38] 龚群：《罗尔斯与社群主义：普遍正义与特殊正义》，《哲学研究》2011年第2期。

[39] 姜广东：《功利主义思想的演化及其制度含义》，《东北财经大学学报》2014年第6期。

[40] 刘依平、姚选民：《作为"中介"的"复合平等"——沃尔泽对罗尔斯分配正义理论的批判及其限度》，《行政与法》2013年第3期。

[41] 朱光亚：《战争的道德属性源自于人类文明的进步——与沃尔泽教授的一点商榷》，《华北电力大学学报》（社会科学版）2013年第2期。

[42] 肖孟君：《批判新自由主义的当代社群主义自我观》，《哈尔滨师范大学社会科学学报》2013年第4期。

[43] 王嘉：《论罗尔斯普遍化道德（政治）视角对"公正的观察者"的超越——兼与康德的普遍化道德思维立场比较》，《道德与文明》2013 年第 6 期。

[44] 陈德中：《国家观念厚与薄》，《政治思想史》2013 年第 1 期。

[45] 许纪霖、刘擎等：《政治正当性的古今中外对话》，《政治思想史》2012 年第 1 期。

[46] 谢治菊：《沃尔泽的复合平等理论及对当代中国的启示》，《社会主义研究》2012 年第 5 期。

[47] 王培培：《唯一的分配正义原则存在吗？——沃尔泽对罗尔斯公平正义理论的批判》，《理论探讨》2012 年第 5 期。

[48] 文长春：《沃尔泽对当代分配正义的反诘——基于社会诸善的复合平等观》，《理论探讨》2012 年第 4 期。

[49] 孙岩：《论沃尔泽的复合平等观》，《哲学研究》2012 年第 3 期。

[50] 曲伟杰：《略论民主社会的内部排斥问题——以迈克尔·沃尔泽的理论为视角》，《河北学刊》2012 年第 1 期。

[51] 沃克·考尔：《哈贝马斯、拉马丹和沃尔泽关于政治与宗教的对话》，冯红译，《国外社会科学》2012 年第 1 期。

[52] 王立：《沃尔泽的平等观探析》，《思想战线》2012 年第 1 期。

[53] 罗伯特·诺齐克：《战争、恐怖主义与报复——为道德划定底线》，郭建玲译，《东吴学术》2012 年第 1 期。

[54] 郭佩惠：《社群主义"自我"观的批判性分析——方法论的视角》，《中国矿业大学学报》（社会科学版）2012 年第 3 期。

[55] 张俊义：《论社群主义对普遍权利的批判》，《经济研究导刊》2011 年第 6 期。

[56] 刘化军：《论沃尔泽对罗尔斯正义理论的批判》，《国外理论动态》2011 年第 4 期。

[57] 刘化军、郭佩惠：《社群主义的整体主义方法论浅析》，《社会主义研究》2009 年第 3 期。

[58] 刘化军：《普遍主义正义理论的困境——唯物史观视野下的社群主义对新自由主义正义理论的批判》，《北京行政学院学报》2009 年第 6 期。

[59] 刘化军、李红专：《"第三条道路"与社群主义政治哲学思想之比

较研究》，《云南师范大学》（哲学社会科学版）2007 年第 1 期。
[60] 汤剑波：《分配正义的三个前提性条件——罗尔斯、哈耶克与诺齐克的启示》，《哲学动态》2011 年第 3 期。
[61] 李泳波：《论分配正义的本质特征及内在要求》，《中南林业科技大学学报》（社会科学版）2011 年第 1 期。
[62] 赵妍妍：《群体选择理论与道德的普遍性》，《道德与文明》2011 年第 6 期。
[63] 宁乐锋：《社群主义与自由主义之争的方法论困境及其趋向》，《大连大学学报》2011 年第 1 期。
[64] 宁乐锋：《查尔斯·泰勒的社群主义整体本体论评析——基于语言共同体的视角》，《云南农业大学学报》2010 年第 6 期。
[65] 杜少敏：《评罗尔斯的自我论》，《哲学研究》2011 年第 10 期。
[66] 张秀：《多元正义理论的构建及其困境》，《湖北社会科学》2010 年第 5 期。
[67] 张秀：《两种多元主义正义论的比较——迈克尔·沃尔泽与戴维·米勒正义理论的异同思考》，《社会科学家》2006 年第 1 期。
[68] 张秀：《两个国家、两种多元正义论——M. 沃尔泽与 D. 米勒多元主义正义论之初步比较》，《哈尔滨学院学报》2005 年第 3 期。
[69] 廖春勇、元晋秋：《沃尔泽的干涉理论初探》，《山东省农业干部管理学院学报》2010 年第 2 期。
[70] 马晓燕：《差异政治：超越自由主义与社群主义正义之争——I. M. 杨的政治哲学研究》，《伦理学研究》2010 年第 1 期。
[71] 马晓燕：《沃尔泽多元主义正义标准及其局限——女性主义的一种批判视角》，《中华女子学院学报》2005 年第 5 期。
[72] 马晓燕：《奥金对沃尔泽多元正义论的批判》，《内蒙古师范大学学报》（哲学社会科学版）2005 年第 1 期。
[73] 王瑞雪：《正义与善——新自由主义与社群主义目的论比较》，《湖南行政学院学报》2010 年第 4 期。
[74] 梁东兴、唐鸣：《西方社群主义的洞见与局限》，《社会科学研究》2010 年第 3 期。
[75] 吴玉军：《现代政治的困境及其出路——对当代社群主义政治的一种考察》，《南京社会科学》2010 年第 1 期。

[76] 王焱：《麦金太尔道德合理性思想的法理学意义》，《理论与现代化》2010 年第 1 期。

[77] 杨勇：《正义的局限：批判正义的三种理论》，《求索》2009 年第 5 期。

[78] 夏建中：《社会学的社区主义理论》，《学术交流》2009 年第 4 期。

[79] 高奇崎：《在分配与持有之间：执政党正义的逻辑基础》，《理论与现代化》2009 年第 4 期。

[80] 刘贺青：《论罗尔斯的正义战争观》，《伦理学研究》2009 年第 1 期。

[81] 李见顺：《历史语境主义：昆廷·斯金纳政治思想史研究方法初探》，《船山学刊》2009 年第 1 期。

[82] 张子云：《复合平等——中国公开选拔制度一元多维的公正模式探析》，《湘潭大学学报》（哲学社会科学版）2009 年第 3 期。

[83] 孙晓春：《公平分配：考问当代中国的公平理念》，《天津社会科学》2008 年第 1 期。

[84] 翁祖彪：《复合平等理论及其对转型中国的借鉴意义——读沃尔泽〈正义诸领域〉有感》，《中国农业大学学报》（社会科学版）2008 年第 6 期。

[85] 王凤才：《从"作为公平的正义"到多元正义——罗尔斯、沃尔泽的正义理论评析》，《哲学动态》2008 年第 5 期。

[86] 哈刚：《沃尔泽多元主义正义观及其局限》，《宁夏党校学报》2008 年第 5 期。

[87] 哈刚、王涛：《浅析沃尔泽多元主义正义观》，《理论界》2008 年第 3 期。

[88] 王丹：《关于美国哲学"宽容"理论的评析》，《理论观察》2008 年第 4 期。

[89] 陈应春：《多元的正义、复合的平等——沃尔泽正义观解读》，《理论界》2008 年第 4 期。

[90] 李先桃：《亚里士多德：社群主义理论的源头——论亚里士多德哲学对社群主义的影响》，《湖南师范大学社会科学报》2008 年第 2 期。

[91] 宋建丽：《当代自由主义和社群主义之争：以公民资格为焦点》，

《伦理学研究》2008 年第 1 期。

[92] 刘翠玉：《个人与社群——从社群主义到马克思主义》，《前沿》2008 年第 1 期。

[93] 张国军：《在平等与差异之间——自由主义与多元主义的论证》，《云南行政学院学报》2008 年第 4 期。

[94] 蒋先福、彭中礼：《善优先于权利——社群主义权利观评析》，《北方法学》2007 年第 5 期。

[95] 何霜梅：《制度正义与道德教育二者并重——社群主义公平正义观研究述评》，《中国特色社会主义研究》2007 年第 2 期。

[96] 张书元、石斌：《沃尔泽的正义战争论述评——兼论美国学术理论界有关海外军事干涉的思想分野》，《美国研究》2007 年第 5 期。

[97] 杜凡：《论转型社会的复合平等——以沃尔泽的多元主义为视角》，《中国特色社会主义研究》2007 年第 4 期。

[98] 高艳琼、栾华峰：《罗尔斯、诺齐克、沃尔泽分配正义思想之比较——一个政治哲学的分析视角》，《法制与经济》2007 年第 12 期。

[99] 李志江：《试论沃尔泽与罗尔斯正义观的分歧》，《宁夏大学学报》（人文社会科学版）2007 年第 2 期。

[100] 虞新胜：《论罗尔斯政治哲学中的"正当优先性"》，《天津社会科学》2007 年第 6 期。

[101] 李开盛：《世界主义与社群主义——国际关系规范理论两种思想传统及其争鸣》，《现代国际关系》2006 年第 6 期。

[102] 高信奇：《沃尔泽的多元正义论探析》，《科技经济市场》2006 年第 5 期。

[103] 张艳婉、杨溪阁：《当代西方的正义新路——沃尔泽多元正义论浅析》，《哈尔滨学院学报》2006 年第 1 期。

[104] 钱宁：《"共同善"与分配正义论——社群主义的社会福利思想及其对社会政策研究的启示》，《学海》2006 年第 6 期。

[105] 王维先、郑炳心：《个人优先还是社群优先？——评自由主义与社群主义之争》，《东方论坛》（青岛大学学报）2006 年第 3 期。

[106] 张星久：《寻找政治思想史研究的新视角》，《武汉大学学报》（哲学社会科学版）2005 年第 4 期。

[107] 辛景亮:《多元主义与文科评价》,《淮北煤炭师范学院学报》(哲学社会科学版) 2005 年第 3 期。

[108] 寇东亮:《德性优先于权利——对社群主义伦理的一种解读》,《河南社会科学》2005 年第 1 期。

[109] 何霜梅:《20 世纪 90 年代以来社群主义研究述评》,《教学与研究》2005 年第 1 期。

[110] 奎因:《自然化的认识论》,《世界哲学》2004 年第 5 期。

[111] 王双喜:《社群主义兴起的社会背景及现实意义》,《云南师范大学学报》(哲学社会科学版) 2004 年第 5 期。

[112] 冯颜利:《公正(正义)研究述评》,《哲学动态》2004 年第 2 期。

[113] 单飞跃、刘思萱:《整合性分配:社会分配正义的法哲学理路》,《经济法论坛》2004 年第 4 期。

[114] 顾肃:《评社群主义对自由主义的理论挑战》,《厦门大学学报》(哲学社会科学版) 2003 年第 1 期。

[115] 顾肃:《评社群主义的理论诉求》,《江海学刊》2003 年第 3 期。

[116] 顾肃:《全面认识个人与社群的关系——评自由主义与社群主义的争论》,《南京大学学报》(哲学·人文·社会科学版) 2001 年第 2 期。

[117] 徐友渔:《重新理解"自由主义——社群主义"之争》,《社会科学论坛》2003 年第 6 期。

[118] 张文喜:《在社群主义的叙述逻辑及问题意识背景中的"自我"》,《求索》2002 年第 1 期。

[119] 邓正来:《哈耶克方法论个人主义的研究》,《环球法律评论》2002 年第 2 期。

[120] [美] M. 华尔泽:《社群主义者对自由主义的批判》,孙晓莉译,《世界哲学》2002 年第 4 期。

[121] 何包钢:《沃尔泽的多元正义理论评析》,《二十一世纪》(香港) 2001 年第 8 期。

[122] [美] 沃尔泽:《论复合平等》,李剑译,《哲学译丛》2001 年第 4 期。

[123] 马文彬:《20 世纪中国正义问题研究综述》,《上海交通大学学报》(社会科学版) 2001 年第 2 期。

［124］东方朔：《自我概念之诠释及其冲突——社群主义和伦理学中的反理论思潮对自由主义自我概念的批判》，《开放时》2001 年第 3 期。

［125］欧阳向英：《社群主义是西方左翼政治思想的新形式》，《国外理论动态》2000 年第 6 期。

［126］常宝成：《自由主义传统下的社群主义》，《南京师大学报》（社会科学版）2000 年第 5 期。

［127］盛晓明：《地方性知识的构造》，《哲学研究》2000 年第 12 期。

［128］应奇：《当代政治哲学的三足鼎立》，《国外社会科学》1999 年第 3 期。

［129］韩震：《当代西方的另一种正义理论》，《哲学动态》1994 年第 4 期。

二 英文著作

（一）专著类

[1] Michael Walzer, *Spheres of Justice*: *A Defense of Pluralism and Equality*. New York: Basic Books, 1983.

[2] Michael Walzer, *Thick and Thin*: *Moral Argument at Home and Abroad*. Notre Dame: University of Notre Dame Press, 1994.

[3] Michael Walzer, *Interpretation and Social Criticism*. New York: Harvard University Press, 1987.

[4] Michael Walzer, *Radical Principles*: *Reflections of an Unreconstructed Democrat*. New York: Basic Books, 1980.

[5] Michael Walzer, *Obligations*: *Essays in Disobedience, War and Citizen*. Cambridge, Mass.: Harvard University Press, 1970.

[6] Michael Walzer, *Exodus and Revolution*. New York: Basic Book, 1985.

[7] Michael Walzer, *The Company of Critics*: *Social Criticism and Political Commitment in the Twentieth Century*. New York: Basic Books, 1988.

[8] Michael Walzer, *On Toleration*. Yale University Press, 1997.

[9] Michael Walzer, *Thinking Politically*: *Essays in Political Theory*. New Haven: Yale University Press, 2007.

[10] Michael Walzer, *Politics and Passion*: *Toward a More Egalitarian Liberalism*. New Haven: Yale University Press, 2005.

［11］D. Miller and M. Walzer (eds.), *Pluralism, Justice, and Equlity*. Oxford: Oxford University Press, 1995.

［12］D. Miller, *Citizenship and National Identity*. Polity Press, 2000.

［13］Okin, Susan Moller, *Justice, Gender and the Family*. New York: Basic Books, 1989.

［14］R. P. Woff, *Understanding Rawls: A Critique and Reconstruction of A Theory of Justice*. Princeton: Princeton University press, 1977.

［15］Michael Sandel, *Liberalism and the Limits of Justice*. Cambridge University Press, 1988.

［16］Alasdair Macintyre, *After Virtue: A Study in Moral Theory*. University of Notre Dame Press, 1984.

［17］David Boucher, Paul Kelly, *Social Justice: From Hume to Walzer*. London: Routledge, 1998.

（二）论文类

1. 论文集论文

［1］Michael Walzer, "Justice Here and Now", in Frank S. Lucash, eds., *Justice and Equality: Here and Now*. Ithaca, New York: Cornell University Press, 1986.

［2］Michael Walzer, "A Critique of Philosophical Conversation", in Michael Kelly, *Hermeneutics and Critical Theory in Ethics and Politics*. Mass: MIT Press, 1990, A179 – 197.

［3］Michael Walzer, "Toward a Theory of Society Assignments", in W. Knowlton and R. Zechhauser, *American Society: Public and Private Responsibilities*, ed., Cambridge: Harper and Row, Ballinger, 1986, A79 – 96.

［4］Michael Walzer, "Citizenship", in T. Ball, J. Farr and R. L. Hanson, eds., *Political Innovation and Conceptual Change*, Cambridge: Cambridge University Press, 1989, A211 – 219.

［5］Michael Walzer, "Pluralism in Political Perspective", in Michael Walzer, *The Politics of Ethnicity*, Cambridge, Massachusetts: Harvard University Press, 1982, A1 – 28.

2. 期刊论文

［1］Michael Walzer, "Philosophy and Democracy", *Political Theory*, Vol. 9,

No. 3, 1981, pp. 388 – 389.
[2] Michael Walzer, "Liberalism and the Art of Separation", *Political Theory*, Vol. 12, No. 3, 1984, p. 326.
[3] Michael Walzer, "What Kind of state Is a Jewish State?", *Political Theory*, Vol. 17, No. 1, 1989, pp. 7 – 21.
[4] Michael Walzer, "The Communitarian Critique of Liberalism", *Political Theory*, Vol. 18, No. 1, 1990, pp. 6 – 23.
[5] Michael Walzer, "The Moral Standing of States: A Response to Four Critics", *Philosophy and Public Affairs*, Vol. 9, No. 3, 1980, pp. 209 – 229.
[6] Michael Walzer, "The Long – term Perspective", *Bulletin of the New York Academy of Medicine*, Vol. 62, No. 1, 1986, pp. 8 – 14.
[7] Susan Moller Okin, "Political Liberalism, Justice, and Gender", *Philosophy and Public Affairs*, Vol. 105, No. 1, 1987, pp. 23 – 43.
[8] Thomas Nagel, "The Problem of Global Justice", *Philosophy and Public Affairs*, Vol. 33, No. 2, 2005, 33 (2), p. 115.
[9] Joshua Cohen, "Review of 'Spheres of Justice: A Defense of Pluralism and Equality' by Michael Walzer", *The Journal of Philosophy*, Vol. 83, 1986, pp. 457 – 468.
[10] Elizabeth Bounds, "Conflicting Harmonies: Michael Walzer's Vision of Community", *Journal of Religious Ethics*, Vol. 22, No. 2, 1994, pp. 355 – 374.
[11] William Galston, "Community, Democracy, Philosophy: The Political Thought of Michael Walzer", *Political Theory*, Vol. 17, No. 1, 1989, pp. 119 – 130.
[12] Norman Daniels, "Review of Spheres of Justice", *The Philosophical Review*, Vol. 94, No. 1, 1985, pp. 142 – 148.
[13] Norman Daniels, "An Argument about the Relativity of Justice in Egalitarian Ethics", *Revue International de Philosophie*, Vol. 43, No. 170 (3), 1989, pp. 361 – 378.
[14] Thomas Nagel, "The Problem of Global Justice", *Philosophy and Public Affairs*, Vol. 33, No. 2, 2005, pp. 113 – 147.

后　　记

　　如果不是因为手头上有一篇博士学位论文，我现在是很难静下心来完成一本专著的。因此，本书完全是在博士学位论文的基础上修改而成的，没有新的突破。那么，对于这个后记，我想还是主要围绕着博士学位论文及其相关的人和事来写。

　　读博进而写博士学位论文于我而言稍不寻常。硕士毕业后，我并没有像许多同学那样顺利地继续读博深造，而是走上了工作岗位，来到了机场。虽然为自己没有顺利地读博进而一口气完成学历和学位教育感到惋惜，但是，对于人生的第一份工作我还是很向往的。到了机场后，我迅速投身到机场的发展当中，用自己的态度和能力很快就站稳了脚跟，并在整个机场留下了良好的口碑，尤其是与领导和同事结下了深厚的情谊。舒适的工作环境、良好的人际关系、可期的发展前景，竟使我一度产生了要在机场工作一辈子的想法。但与此同时，返校读博的想法也在与日俱增。"留下来"还是"走出去"一度困扰着我。最终，我决定还是"走出去"。当我拿着博士录取通知书、走进领导的办公室向领导提出辞职申请时，领导表现得很诧异，他们不太相信，一位优秀的员工会在工作状态颇佳和评价颇佳的情况下突然离职。对于我的辞职，领导表示了惋惜和挽留，甚至有领导在与我交心谈心时还晒出了泪花，现在想起当时的那个情景来，我都难以抑制心中的感动。就这样，我告别奋斗了两年的机场，在依依惜别中回到了令我魂牵梦绕的珞珈山。

　　拥抱珞珈山，一切都是那么熟悉，而一切又是那么陌生。从社会回到学校、从工人转为学生，尽管我在机场与社会没有完全洗尽身上的朴素心和书生气，但初始还是有些不适应——毕竟外面的世界更精彩，社会生活更丰富。不过，我很快就进入正轨，融入书香。经过一年多的博士课程学习，我就开始着手博士学位论文写作的事情。然而，后面的博士学位论文写作却完全是偶然的。按照导师的建议和要求，我原本是要研究"自由与平等的关系"这一问题的，但当我深入到涉及"自由与平等的关系"的相关著作时，却完全摸不着方向；尤其是某一天在一篇论文中读到一个从未见过甚至从未听过的名字"迈克尔·沃尔泽"时，我一下子就失去了研究的信心，顿时觉得"自由与平等的关系"研究不下去。我沉思了几天，并把沃尔泽与"自由与平等的关系"有关的主要著作《正义诸领域——为多元主义和平等一辩》找来翻了翻，于是，心中一个念头便产生了：不如研究沃尔泽吧！随后，我把自己的想法跟柳老师做了汇报。柳老师没有反对我，当时就同意了我的选题变更。就这样，我开始了对沃尔泽多元主义分配正义论的研究。

　　在写作博士学位论文过程中，我还算是顺利的，既没有经历过比较大的思想上的纠结，也没有遭受过比较大的精神上的折磨，只是偶尔有一些零星的焦虑和困惑，而它们在老师和同学、朋友的及时帮助下，很快就得到了化解。所以，当我现在回忆博士学位论文的写作过程时，脑海中竟没有让我特别感动或激动的瞬间，也无法体会别人所说的写博士学位论文所承受的那种巨大的痛苦。然而，这并不代表我在写作博士论文的过程中就没有吃过苦头。苦头绝对是有的！那年差不多整个夏天的夜晚，我都是睡在一个面积不足八平方米、没有正常通风的窗户和门、没有空调、位于顶楼、被火热的太阳长时段炙烤的狭小的宿舍里，浑身不停地冒着汗珠、眼睛酸痛睁不开、大脑昏沉……每天早起的第一件事，就是冲进浴室用冷水洗澡，然后跑到食堂买一杯冰冻绿豆汤，坐在食堂空调下吹冷风。至今记忆犹新！如果说别人写博士学位论文遭受的是精神上的折磨，而我更多地遭受的是身体上的折磨。

　　完成这篇博士学位论文，对我自己而言，实在没有什么可以感谢的！无论自己为这篇博士学位论文付出了多少，都是自己的选择造成的，都不值得感激。而真正需要感谢的，是与这篇博士学位论文有关的其他人，是我的选择给他们增加了或多或少的负担。因此，在这里，我要向与这篇博士学位论文有关的所有人表示诚挚的感谢！

　　我要感谢我本科的班主任，硕士、博士导师柳新元教授。在珞珈山九年的时光，我一直在柳老师门下修德、修业、修身，柳老师的谆谆教诲、殷殷关怀、切切期盼，如同父辈的温情和光芒一样照耀着我、支撑着我。在与柳老师交往过程中，柳老师那率真的性格、坦荡的襟怀，深深地感染着我、影响着我。我在求学问道过程中产生的一些思想火花，也有很多来源于柳老师的启发。尤其是博士学位论文从选题到开题、从初稿到定稿,都凝结着柳老师的辛劳与智慧。

我要感谢在珞珈山遇到的各位授业恩师。他们是武汉大学政治与公共管理学院的谭君久教授、虞崇胜教授、张星久教授、储建国教授、刘俊祥教授、申建林教授、叶娟丽教授、徐琳教授、唐皇凤教授、刘伟教授、尚重生副教授、陈刚副教授、胡勇副教授、朱海英老师、付小刚老师,以及给予我知识、引导我思考、激励我前行的其他各位老师。要是没有这些老师对我的培养和帮助,我很难从一个对政治学一无所知的门外汉,成长为一个以政治学为术业的青年学者。

我要感谢博士学位论文的校外评审专家——天津师范大学高建教授、南开大学孙晓春教授、华中师范大学吴理财教授,以及参加博士论文答辩的校外专家——武汉市社会科学院萧斌研究员、华中师范大学邓大才教授。

偶然中选择的一个陌生的题目,在经过一年多的时间消化而完成的博士学位论文被送至各位专家时,我的内心是忐忑不安的,但评审结果和答辩结果却很理想。我深知,并非是因为我的学位论文写得好,而是各位专家宽容善待青年,不吝提携后学所致,其精神令人感动,催人奋进。

我要感谢在珞珈山遇到的各位同窗好友。我之所以想读博、之所以能读博、之所以能够顺利地完成博士学位论文,与一些同学和朋友是分不开的,他们或者给予我精神上的鼓励,或者给予我思想上的启发,或者给予我心灵上的愉悦……每当回想起从本科到博士的任何一个时间点时,一连串熟悉的面孔就能够在我脑海中立刻浮现,让我沉浸在与他们度过的一切欢乐时光中。遗憾的是,由于版面有限,恕我在这里不能将他们的姓名——列下,但他们的姓名会一直在我的心中。

我要感谢在九龙湖遇到的各位同人。从珞珈山到九龙湖,人生的第一次异地战略大转移,使我在兴奋与憧憬之外,更多的是不适与恐慌,我得到了来自同系的季玉群老师、高晓红老师、魏福明老师、张敏老师、杨煜老师、靳力老师、廖静如老师等给予的关心和帮助,也得到了东南大学人文学院王珏院长、李涛书记等各位领导以及其他同事给予的关心和帮助,使我能够将跳动的心安放下来,并较快地进入工作正轨。尤其是此次博士学位论文的出版,更是得到了东南大学人文学院王珏院长、王俊副院长、季玉群主任等给予的支持和帮助,在此一并表示感谢。

　　我要感谢东南大学中央高校建设一流大学（学科）和特色发展引导专项资金的资助以及东南大学社科处的支持,还有出版资助评审专家对于拙著的认可以及资助的建议。

　　同时,我还要感谢中国社会科学出版社卢小生主任所付出的努力和辛劳——从出版过程中的第一次电话联系,到后面的邮件沟通,以及编校审核等,卢小生主任的耐心、细心、贴心,都给我留下了深刻的印象,为我减少了很多麻烦。要不是得到以上诸多帮助,这本著作是不可能这么快就出版的。

　　最后,我要感谢我的父亲和母亲。在同龄人都完成了自己的阶段性任务时,我却依然任性地按照自己的理想往前摸索和行进,他们却对我满是理解、宽容与支持,而且尽他们最大的努力帮助我生活得更好,学习得更好,工作得更好。我要感谢我的祖父和祖母。我是祖父和祖母一手带大的。每当想起祖父和祖母在世的情景时,我的眼泪便在眼眶中打转。两位老人家不仅让我健康快乐地成长,还传给我做人做事的道理,深深地影响着我。不管在什么时候,不管在什么地方,我都无比地怀念和感恩两位老人家。

　　借此机会,我还要向这么多年来在我的求学路上、成长路上所有给予我关心、支持和帮助的老师、同学、同事、朋友以及亲人表示由衷地的感谢!

张晒
2017 年 12 月于九龙湖